KB235148

성좌
CONSTELLATION

현 시대의 철학적 고찰

이정일 지음

이담
Books

머리말

이 글은 매우 짤막한 단편들로 된 에세이들이다. 오늘 우리는 예측 불가능한, 그리고 경우에 따라서는 전체를 말할 수 없는 시대에 살고 있다. 상대주의와 회의주의는 우후죽순처럼 번져 가지만 우리는 대립하는 입장들을 통합할 수 있는 통일된 세계상을 아직 가져 보지 못했다.

과학이 세계를 영역화하면서 대상을 전문화된 방식으로 통제하면 할수록 전체에 대한 우리의 앎은 그만큼 멀어져 간다. 반대로 우리가 과학의 시대에 전문화된 지식을 인정하지 않은 채 공허한 전체를 주장하면 주장할수록 학문과의 충돌이 불가피하게 되었다. 과학은 전문화된 지배를 구축함으로써 제한된 영역 안에서 헤게모니를 독점하려 든다. 하지만 여전히 과학은 전체에 대한 사고를 아직 제시하지 못하고 있다. 하지만 이런 한계를 과학의 실패로 여겨서는 안 된다. 과학적 삶 안에서도 전문가가 전문가를 속이는 현상이 비일비재하게 발생하고 있다. 진리는 검증의 이름으로 나타나지만 검증이 진리를 다 대체하는 것은 아니다. 삶이라는 큰 틀 안에서 과학적 발견을 재통합하는 지혜가 우리 시대만큼 절실하게 요청된 시대도 없다.

성좌(constellation)란 천문학 용어다. 우리는 별자리들이 서로 만나지도 않지만, 그렇다고 한 점에서 만날 수 없는 긴장을 잘 알고 있다. 입장들은 끊임없이 움직인다. 하지만 입장들의 움직임이 어느 한 지점에서 수렴하거나 만나는 것은 아니다. 입장을 유지하면서도 긴장된 운동을 할 수밖에 없다. 전체와 통일성이라는 그릇된 헤게모니보다는 입장 차이를 인정하면서 우리는 우리가 부딪히고 있는 삶의 리얼한 모습들에 충실해야 할 것이다.

인간의 자기 이해에 있어서 우리가 살고 있는 시대는 충격효과를 지나치게 극대화하려 든다. 진리가 힘이 아니듯이 충격이 진실을 대체하는 것은 아니다. 시장에서의 충격효과가 흥미와 관심을 끌 수는 있을지 몰라도 진실을 대체하는 것은 아니다. 흥행은 그냥 흥행에 불과하다. 사실은 사태의 현존을 말한다. 이것은 참과 거짓의 진위 대상이 된다. 하지만 사실은 우리가 만들었다는 것을 포함하고 있다. 우리는 사실을 만들 때 사실을 왜 성립시키는지를 동시에 드러내지 않으면 안 된다. 이때 사실은 상상력과 결합된다. 사실을 만드는 우리들은 사실들을 성립시키는 과정에서 우리가 지니고 있는 가치연관과 삶의 창조를 드러내고 있다. 그렇기에 우리는 진정으로 이런 가치연관이 의존하고 있는 삶의 양식들이 어떻게 공유될 수 있는지를 물어보아야만 한다.

절대에서 출발하는 자들은 항상 회의로 끝난다. 반대로 회의에만 머무르는 자들은 아무 발전이 없다. 회의는 정당하지만 방향이 있어야만 한다. 우리는 맹목적인 회의가 아니라 방향이 있는 물음을 제시해야만 한다. 회의가 생산적인 전개로 발전한다는 어떤 필연도 없다. 하지만 회의가 결실을 맺으려면 회의는 방향과 생산성을 입증할 수 있어야만 한다. 무지도 지의 발전 계기들 안에 포섭되어야지 무지를 위한 무지에 매달려서는 안 된다.

유전자 해독이 기술적으로 용이해졌다고 해서 생명의 본질이 풀리는 것은 아니다. 유전자는 복잡한 생명현상의 한 현상일 뿐이다. 우리는 자연을 연구할 때 정확하고 세부적으로 이해하기 위해 복잡성을 단순성으로 환원할 필요가 있다. 하지만 환원의 필요성이 환원주의가 정당하다는 것을 뜻하지는 않는다. 생명현상의 복잡성을 이기적 유전자로 환원하려는 도킨스의 시도 자체는 지나치게 과장되어 있고 경험적으로 적합하지도 않다. 그렇다고 해서 자연을 정신의 외화라고 주장하는 것 역시 자연을 지나치게 사변화하는 단순성이 있다. 생명은 여전히 이해 과정 중에 있고 우리는 이것을 사태의 본성에 따라 개방성이 있는 문제들로 남겨 두어야만 한다. 이에 비례해서 윤리와 도덕에 있어서 생명에 대한 문제제기 자체가 새롭게 시도되어야만 하는 것은 매우 자명해졌다.

엔트로피에 의해 지배되는 자연은 그만큼 자연과 공존해서 살아야만 하는 인간들에게 자연을 정당하게 이해하고 취급해야만 하는 문제들을 제시한다. 자연에 대한 올바른 이해와 자연에 대한 무제약적인 책임은 이제 인간이 종의 공진화를 위해서 불가피하게 대답하지 않으면 안 되는 문제들이 되었다. 리스본 대지진, 쓰나미 참사, 사천성의 대지진, 아이티의 참혹한 지진피해는 자연통제에 대한 인간의 자만이 얼마나 무기력한 것인가를 새삼 우리에게 확인시켜 주고 있다. 공진화를 원하는 인류는 이제 살기 위해서라도 자연의 내적 가능성을 정당하게 생활화하지 않으면 안 되도록 우리를 재촉하고 있다. 자연에 대한 인간의 책임은 이제 자연과 함께 공진화해야만 하는 인간에게 있어서 절대적인 의미에서 정언명령이 되어 버렸다. 우리는 우리가 우주 안에서 어떤 삶을 살든지 간에 자연을 우리와 같은 목적론적 동반자로 대우하지 않으면 안 된다.

　여기에 모아 둔 이런 글들은 오늘날에 진행되는 삶에 대한 일면적이고 불완전한 해석을 담고 있다. 전체는 내가 늘 추구하는 대상이었지만 늘 나에게서 빠져 달아나고 있다. 나는 이런 무능력을 뼈저리게 느끼고 있다. 이런 글들은 불완전하기 짝이 없는 단편들로 구성되어 있다. 이 모자이크로 구성된 글들이 어떤 의미를 지닐 수 있는지에 대해서는 나는 회의적이다. 중요한 것은 내가 글을 쓰면서 나의 무지까지 다 검증할 수 없다는 것이다. 그렇기에 내가 파악하지 못하고 있는 것들은 비판을 통해 보충되지 않으면 안 된다는 것이다. 비판이란 이 점에서 보충하고 완성하는 것을 수행하지 않을 수 없다. 이 과제는 독자의 몫이다.

목 차

법과 정의

1. 公권력과 恐권력의 차이

사마천은 한무제에게 이광의 무죄를 변호하다가 성기가 절단되는 형벌을 받는다. 그는 백이와 숙제를 빌려서 자기의 처지를 반영한다. 도대체 하늘의 도가 있기나 한 것인가 하고 말이다. 그리고 그는 오자서를 빌려서 그의 행위에 대해 어느 정도 공감하고 있다. 아부하는 환관들과 쓰레기 같은 황실의 외척들은 현실에서 호의호식을 하면서 잘사는데 의인은 핍박을 받고 단명하는 현실을 개탄하면서 사마천은 자신의 탁월한 역사 저술 『사기』에서 잘 보여 주고 있다.

법이 모두를 구속하는 정의의 반영이 아니라 권력의 주구로서 악용되어 온 사례들은 역사에서 수없이 많다. 법이 지배하는 것은 법이 정의를 따르기 때문에 가능하다. 정의가 법의 근거이고 기초다. 하지만 법이 정치나 권력의 노예가 되어서 타락할 때 법은 그 자체가 폭력이 된다. 우리는 그렇기에 법을 통한 지배와 법에 의한 지배를 구별하지 않으면 안 된다.

법은 힘에 기초하는 것이 아니라 정의에 기초한다. 아우구스티누스가 정확하게 규정한 것과 같이 국가가 정의에 기초하지 않을 때 국가의 권력은 폭력으로 타락한다. 국가는 법의 공정성을 통해 지배를 정당화할 수 있다. 법이 폭력이 되지 않으려면 모든 법질서의 집행은 정의를 따르고 반영해야만 한다. 법의 기초는 정의고 법은 공권력을 통해 그 정당성과 타당성을 집행한다. 공정한 법의 집행은 오직 정의의 요구에 일치하는 한에서만 정당화된다. 이것은 누구나 다 아는 자명한 사실이다. 하지만 경험적 현실에서는 이런 자명성이 더 이상 자명하지 않게 발생하고 있다. 이것이 근본 문제다.

공화정은 주인도 없고 노예도 없고 오직 법의 공정한 지배만을 지배의 유일한 합법성으로 인정한다. 공화정치 아래서의 법은 특권은 없지만 법의 공정한 지배는 인정한다. 모든 지배를 폭력으로 규정함으로써 지배 자체를 거부하는 무정부주의하고 공화정의 법 지배는 확연히 구별되어야만 한다. 부당한 법은 어떤 경우에도 집행될 수 없지만 공정한 법은 항상 집행되지 않으면 안 된다.

악법은 어떤 경우에도 법으로서 구속력이 없다. 공적인 구속력이 없는 것은 법이 될 자격이 없다. 법은 정의를 따르는 한에서만, 그리고 정의를 집행하는 한에서만 정당한 힘을 행사할 수 있다. 힘의 정당성은 그것이 정의를 따르고 집행하는 한에서만이다. 법은 처벌을 공적으로 행할 수 있다. 처벌은 공적인 구속력을 훼손한 자들에게 법이 정의를 회복하기 위해 범법자를 제재해야만 하는 것에 기초한다. 왜냐하면 정의는 어떤 경우에 반드시 지켜지지 않으면 안

되는 것이니까 말이다. 처벌의 공적 성격은 그렇기 때문에 법질서
의 보편구속성을 반영하는 한에서 언제나 정당하다. 처벌이 복수나
사적인 힘의 행사하고 구별되는 이유가 여기에 있다. 처벌은 훼손
된 공권력이 스스로를 회복하는 것에 기초한다.

법은 자유를 공적으로 인정하고 집행한다. 이 점에서 법은 자유
의 제한이 아니라 자유의 공적인 완성이다. 법은 자유를 공적으로
제도화함으로써 공적으로 개인들의 자유를 지켜 주고 그 권리를 보
장해 준다. 자유의 행사와 법의 공적인 집행은 서로 대립관계에 있
는 것이 절대 아니다. 법은 자유의 제한이 아니라 자의를 제한할 뿐
이다. 자의는 법의 형성과정에서 일반의지 내지는 보편구속력을 충
족시키지 못하기 때문에 배제되거나 제한되지 않으면 안 된다.

동양의 전제군주는 힘과 권력을 항상 법 위에다 두었다. 여기서
는 그의 자의적인 지배만이 문제다. 그의 무소불위 권력은 항상 법
위에서 법을 무기력하게 만들 만큼 절대적이었다. 따라서 그가 폭
군이고 경우에 따라 그 의지가 아무 제어를 받지 않으면 진시왕의
분서갱유와 같이 참혹한 결과를 초래하게 된다. 동양의 전제군주는
법을 지키지 않는 자를 자기 질서에 대한 도전으로 보고 무자비하
게 복수한다. 결국 동양 전제군주의 자의적 절대성은 모든 것을 집
어삼키는 공룡에 지나지 않는다. 주인도 노예도 없고 모두가 주인
이면서 모두가 오직 법에 의해 보장된 질서 안에서 공적인 자유를
마음껏 누리고자 하는 공화정의 이념이 동양에서 생활화되지 않은
것은 우연이 아니다. 여전히 동양정치의 후진성은 공화정의 부재하
고 깊게 연관되어 있다.

정의에 기초한 법은 어떤 경우에도 흥정의 대상이 될 수 없다. 흥

정으로 전락한 법은 이미 더 이상 법으로서의 구속력이 없다. 법은 아무리 무기력하고 껍데기만 남아 있어도 여전히 공적인 구속력이라는 것에 기초하지 않을 수 없다. 그렇기 때문에 전체의 부패가 불가능한 한에서 법의 타락은 절대로 있을 수가 없다. 법을 해석하고 집행하는 자들에 의해 법이 왜곡되게 사용될 수는 있어도 법 자체가 타락할 수는 없다. 왜냐하면 법의 기초는 항상 정의에 근거하기 때문이다. 공적인 구속력이 없는 법은 이미 더 이상 법이 될 수가 없다. 문제는 현실에서 법을 집행해야 할 사람들이 마치 법의 제정자이거나 법의 시혜자인 것처럼 특권적으로 행동하는 데 있다. 법 집행자 역시 법의 정의 요구를 대표하고 집행한 것이지 그들이 마음대로 그것을 지배하는 것이 아니다. 이 점에서 법 집행의 왜곡을 막기 위해 법관들을 다시 한 번 공적으로 통제하거나 제어하는 것이 필요하다. 법을 해석하고 판결할 수 있는 위치에 있다는 것은 그들이 마치 법을 자신이 마음먹은 대로 할 수 있다는 것과는 확연히 구별된다. 돈과 권력 앞에 자발적 노예가 되거나 매춘을 하면서 마치 자신들이 법질서와 정의를 실현하는 것처럼 처신하는 법관들을 보면 정말이지 공화국의 진정한 시민이 될 수 없는 인간들이다.

법이 도덕과 구별되는 것은 법은 법을 어긴 자들에 대해 공적인 처벌을 가한다는 데 있다. 도덕은 제재할 수 있지만 처벌하지는 않는다. 도덕은 규범을 어기면 그에 상응하는 규범적 제재만 받지만 법은 법을 침해한 자에게 법이 공적인 질서를 회복하기 위해 처벌을 반드시 가하지 않을 수 없다. 병이 든 자가 건강을 그리워하듯이 법은 범법자를 필연적으로 처벌하지 않을 수 없다. 왜냐하면 법의 파괴는 모두의 파괴로 이어지기 때문이다. 법의 필연적 제재는 공동체 구성원 모두가 스스로를 지키기 위해 공동체 구성원 모두를 침해한 자에게 필연적으로 가하는 데 기초한다. 그렇게 해서 공동체 구성원 모두는 스스로를 지키게 된다. 법은 공적인 자유를 실현하기 위해 반드시 지켜지지 않으면 안 된다.

악법은 법도 아니다. 또 법이 되어서도 안 된다. 하지만 현실에서는 악법이 법이 되는 것이 자주 발생한다. 정당한 법을 왜곡되게 사용하거나 법 적용을 형평의 요구에 따라서가 아니라 권력이나 재력의 시녀로 전락해서 사용할 때 그런 왜곡이 발생한다. 아무리 독재국가라고 해도, 그리고 아무리 추한 독재자라고 해도 법을 지키라는 원론적인 소리는 잘한다. 하지만 독재국가에서의 법 준수와 진정한 법치국가에서의 법 준수는 그 의미가 확연히 다르다. 동양적 전제군주들과 독재자들 법이 정의에 기초하는 것을 망각한 채 마치 그것이 힘에 의해 정당화될 수 있다고 잘못 알고 있거나 착각하고 있다. 그들에게 중요한 것은 법의 원론적 정의나 이해에 있는 것이 아니라 그것이 힘을 따르고 반영해야 한다는 것에 있다. 따라서 법 위에서 법을 불구로 만드는 위치에 있기에 그들은 자신들의 권력을 유지하기 위해 법을 강제하는 것이다. 법의 정당성에 대한 근거 지음이 문제가 아니라 그들에게는 법을 실제로 강제할 수 있는 권력만이 문제가 된다. 이런 자들에게는 악법도 법이 된다. 이들에게 권력은 타인을 지배하기 위한 아주 효과적인 폭력이 된다. 따라서 공권력은 정당한 질서에 기초하는 公權力과 부당한 질서를 강제하는 恐勸力으로 구별될 수 있을 것이다.

2. 정당한 질서의 집행과 자의의 추방

법의 기초는 정의다. 정의는 모두를 구속할 수 있는 질서에 기초한다. 법의 적용 대상이 되는 사람들 모두를 구속할 수 있을 때에 한해서 법은 공적인 구속력을 지닌다. 이미 말한 것과 같이 법에 종사하는 자들(예를 들어 판사, 변호사, 검사 등)은 법의 기초인 정의를 따르고 반영하는 한에서 그 일에 대한 대가로 밥을 먹고 사는 인간들이다. 그들은 정의를 대표하고 집행하는 자들이지 법을 지배하는 자들이 아니다. 그들이 법을 전문적으로 다룬다고 해서 그들이 정의감이 더 탁월한 것은 아니다. 우리 모두는 법의 공적인 지배 아래 있다. 여기서는 어느 누구도 특권을 부여받을 수 없고 예외로 인정될 수가 없다. 물론 동양적 전제군주들과 독재자들은 이것에 저항하지만 우리는 법의 지배를 통해 이들을 추방하지 않으면 안 된다. 그래서 법의 지배 아래서는 왕을 추방하지 않으면 안 된다. 법의 지배가 법을 지배하는 개인들의 지배로 전락해서는 안 된다. 따라서 법을 집행하는 자들은 법에 따르면서 법이 반영하는 정의를 실현하도록 해야만 한다. 그들은 법을 집행할 처지나 조건에 있지 법을 마음대로 좌지우지하는 권력을 지닌 특권층이 아니다. 이런 자명한 상식이 사실상 통하지 않는 나라가 아마 대한민국일 것이다. 법이 모두를 구속할 수 있는 공적 질서의 창조라는 것을 망각한 채 마치 권력을 걸머진 자들의 이윤추구 각축장이 된 것을 우리는 우리 한국 사회에서 지워 버릴 수가 없다. 왜냐하면 실제로 법에 종사하는 자들이 그런 추태 아닌 추태를 보이고 있기 때문이다. 유전무

죄, 무전유죄는 어떤 경우에도 정당화될 수가 없다. 하지만 이런 판결이 현실에서 집행된다면 그것은 법이 정의를 가장해서 부정의를 행하는 것에 지나지 않는다. 바로 이것이 법의 규범적 폭력이다. 법을 지키고 따라야 할 사람들이 법을 악용하고 왜곡되게 사용하는 데서 법집행의 폭력이 발생한다. 물론 이런 왜곡된 판결과 집행을 막거나 심의하기 위해 최고재판소가 있기는 하지만 그들이 규범적 폭력을 행사하지 않는다는 보장은 없다. 법집행의 왜곡과 타락 가능성은 배제할 수 없다. 하지만 그것을 용인하고 방치할 수는 더더구나 있어서는 안 된다.

법정에서는 진실이 반드시 이기는 것도 아니다. 진실이기 때문에 이긴다는 보장은 어디에도 없다. 반대로 법정에서 이겼다고 해서 정의가 반드시 이겼다고 추론할 수도 없다. 정의가 항상 이긴다는 것은 동화책에서 자라나는 아이들에게 도덕적 착한 동기를 가르치기 위한 것에 지나지 않는다. 현실에서는 반드시 그렇게 진행되고 있지 않다. 진실이기 때문에 지고 위선이나 거짓이기 때문에 이기는 경우도 종종 발생한다. 법관의 판결이 다 공적이고 정의롭고 진실인 것은 아니다. 변호사가 변론을 잘해서 이겼다는 것은 그것이 진실과 정의가 승리했다는 것을 의미하지 않는다. 판결의 옳고 그름을 결정하는 곳에서조차 정의가 아닌 것이, 이권과 흥정 그리고 추잡한 담합이 이길 때가 있다. 불의가 정의를 이기고 몰아내는 현상이 발생했거나 발생할 수도 있다. 판결하는 자의 양심에 의존해서 이 모든 것을 자동적으로 교정할 수 있다고 생각하면 그것은 지나치게 안이한 생각이다. 오죽했으면 판사의 판결 결정을 받아들이지 못하고 하도 억울해서 차에 돌진하는 사람도 있을까? 그것은 분명히 판결을 부당하게 내린 사람에 대한 억울함의 사적인 분노 표현이다.

2008년 베이징 올림픽이 열리는 시점에도 억울한 경우를 호소하기 위해 베이징에 몰려든 수많은 사람들은 법의 공정한 보장을 받지 못하고 있기 때문에 공안당국에 쫓겨 다니고 있는 실정이다. 나는 여기서 중국이라는 국가의 법 후진성을 말하려는 것이 아니다. 아마도 이런 후진성은 중국에만 해당하는 것이 아니라 동양의 낙후된 전제군주정치 모두에 해당될 것이다. 국가가 법을 정의에 기초해서 운영하지도 않고 판결을 내리고 집행하는 자들의 양심이 하도 부패해서 왜곡되게 사용되고 있는데 정의에 호소하는 것은 그야말로 추운 겨울에 해수욕을 하기를 바라는 것만큼이나 절망적이다. 법관이 정의를 따르고 지킴으로써 공적인 행복을 유지해 가는 것이 아니라 부당한 질서를 강요함으로써 자기 이익을 극대화하는 경우를 우리는 경험에서 많이 목격한다. 법관의 부당한 판결을 시정하는 것은 삼심제의 부활로만 자동적으로 교정되는 것은 아니다. 여기서 우리는 법을 공적 자유의 표현으로 유지해 가려는 교육이나 덕 아니면 공공성의 부활을 망각할 수가 없다.

공적 질서와 공적인 행복을 지키기 위해 법의 불가피성이 있다. 하지만 법의 공적인 집행이 법의 규범적 폭력이 될 수 있다는 가능성을 우리가 배제할 수 없는 한 우리는 법 집행자를 통한 법질서의 파괴 가능성을 경계하지 않을 수 없다. 정의는 어떤 경우에도 자동으로 보장된 것이 아니다. 서글프지만 우리는 권리를 위한 싸움과 투쟁을 하지 않을 수 없다.

아무리 훌륭한 자연권이라고 해도 생명, 재산, 안전은 자동으로 보장되지 않는다. 이런 자연의 양도할 수 없는 권리들이 보장받는

곳은 그나마 법이라는 공적인 구속력의 공간에서만이다. 따라서 모든 자연권이 보호받고 보장되기 위해서라도 법이라는 공적인 제도를 통해야 한다. 인간조건은 자유를 보장받기 위해서 행복한 낙원에 초대받은 것이 아니다. 자명한 것도 자명하지 않을 때 우리는 자명성을 지키고 유지하기 위해 자신을 투쟁하는 자로 스스로를 방어하지 않으면 안 될 때가 있다.

정의는 행복하고 자유로운 삶을 위해 필요한 것이지만 충분한 것은 아니다. 하지만 필요한 것도 현실에서는 당연하거나 자동으로 보장된 것이 아닐 때가 있다. 자명한 것도 자명하다고 증명하거나 악을 써야 할 때 겨우 명맥이 유지될 때가 한국의 현실에서 종종 있다. 그렇기 때문에 인간은 자신의 자연적인 권리를 지키기 위해 법이라는 공적인 공간에서 자신들의 파괴될 수 없는 권리들을 법으로 만들지 않으면 안 된다. 권리 위해 잠들고 있는 자는 아무 것도 보장받을 수가 없다. 법은 사회 전체가 자유를 공적으로 유지하기 위해 만들거나 창조하지 않으면 안 되는 인간의 정의로운 작품이다. 작품은 자연적으로 주어진 것이 아니라 인위적으로 산출되지 않으면 안 된다. 법을 통한 자의의 추방은 정의사회 실현의 필수조건이다. 한국 사회가 아직 정의롭지 못하거나 정의로운 사회에 미치지 못하는 것을 반영한다고 한탄해도 아무 쓸모가 없다. 문제는 정의로운 사회를 만듦으로써 정치적 자유를 공적으로 누릴 수 있어야 한다는 것이다. 정의로운 사회는 정의에 대해 더 이상 말하지 않는다. 그런 사회에서는 정의의 공적인 집행만이 있을 뿐이다. 깡패들이 정의사회를 구현하겠다고 호소하면 그것을 누가 믿는다 말인가? 정의는 그것이 정의이기 때문에 반드시 집행되지 않으면 안 된다.

그것은 호소가 아니라 명령이다. 정의사회 구현은 도덕적 호소가 아니라 객관적 명령으로 집행되어야만 한다. 유럽이나 미국에서 자명한 것이 한국에서는 법의 공적인 구속력의 무감각으로 인해서 범주적 착각을 일으키고 있다. 이런 혼란스러움과 착각이 얼마나 더 지속될지는 전적으로 경험적 문제에 속한다. 한 가지 분명한 것은 법질서에 대한 한국인들의 감각은 세계에서 그렇게 좋은 점수를 받고 있지 못하다는 사실이다. 이런 후진성은 법 집행자들이나 법 집행의 대상이 되는 자들 모두에게서 발견된다는 사실에서 명백하게 입증될 수 있다. 우리는 이것을 꼴불견이라고 한다.

恐的인 법의 폭력을 경험한 자들에게는 법 냉소주의가 판치고 있다. 恐的인 법을 집행한 자들에게는 처벌만능주의가 위세를 떨치고 있다. 이런 양극단이 이 땅에서 사라지지 않는 한 한국 사회는 절대로 정의로운 사회라는 자격을 얻지 못할 것이다. 그리고 이런 부당한 질서로 인한 피해자가 없도록 하고 부당한 법 집행을 하지 못하도록 막을 수 있는 것은 오직 권리를 위한 투쟁에서 각성한 인간들이 법을 정당하게 집행하고 지킬 때 한해서만이다. 거듭 말하지만 공화정치에서는 법의 지배는 있되 특권을 통한 지배는 없다. 사람 밑에 사람 없고 사람 위에 사람 없다. 모두는 어떤 특권이나 불이익을 경험하지 않은 채 모두가 예외 없이 법의 공정한 지배 아래 있을 뿐이다. 판결하는 판사도 판결의 공정성에 대해 다시 한 번 심판을 받아야만 한다. 공적인 질서를 집행하는 검사도 공권력의 사용이 정당한지 부당한지에 대해 다시 한 번 심판받아야만 한다. 변호하는 자들이 법을 돈벌이의 수단으로 잘못 사용하고 있는지 그렇지 않은지에 대해 다시 한 번 검증을 받아야만 한다. 법을 왜곡하고 자

의적으로 사용하는 권력자들이나 재력가들의 횡포는 법의 공정한
심판을 통해 반드시 제어되지 않으면 안 된다. 그렇지 않을 경우 공
적인 질서를 통한 모두의 자유 실현은 사라지기 때문이다. 자신의
자유를 지키고자 하는 자들은 이런 왜곡된 권력 사용에 대해 절대
로 침묵을 해서는 안 된다. 아무 제재를 받지 않은 동양식 전제군주
로 인해 전 세계는 많은 고통과 굴욕을 감수하지 않으면 안 되었다.
恐火국의 악몽이 재현되도록 방치해서는 안 된다. 왜냐하면 자유인
은 독재정치 아래서는 살 수가 없기 때문이다.

3. 자유와 복종의 일치

  자유는 가장 부정적인 의미에서 일체의 모든 간섭이나 억압으로
부터 벗어나 있는 것을 말한다. 자유주의자들은 자유를 국가의 폭
력과 부당한 간섭으로부터 자신들의 자유를 보호받으려는 의미에
서 국가권력의 부당한 사용으로부터 벗어나려고 했다. 이것은 백번
지당한 요구다. 국가는 권력의 왜곡된 사용을 통해 개인들의 자유
를 침해할 권한이 절대로 없다. 또 있게 해서노 안 된다. 인간의 자
연권과 기본권이 국가 헌법의 기초이기 때문에 개인들은 자신들의
권리를 보호받기 위해 국가의 헌법이 자연권과 기본권을 따르도록
그렇게 의무화하고 있다. 국가의 헌법은 자연권과 인간의 권리 모
두를 공적으로 보장한다. 법을 통해 공적으로 보장받지 못할 때 인
간의 모든 자연권은 그야말로 공염불에 지나지 않는다.

공권력의 왜곡 가능성이 있다고 해서 공권력 자체를 폭력으로 부정해서는 안 된다. 무정부주의자들은 국가가 폭력의 화신이기 때문에 국가 자체의 소멸을 요구한다. 이것은 국가가 공권력을 자의적으로 사용하거나 왜곡할 때는 일견 타당한 요구다. 하지만 공권력을 통해 제도적으로 보장받지 못하면 자유는 그 어떤 곳에서도 자유롭게 숨 쉴 수가 없는 것이 사실이다. 따라서 국가의 공권력이 왜곡되게 사용되는 것을 막고 방지하기 위해 공권력을 정의에 입각해서 계속 검증하는 것이 필요하다. 우리는 국가를 없애라는 비현실적 요구 대신에 국가가 정의의 요구에 충실하게 따를 수 있도록 그렇게 공권력의 공적인 감시자가 되어야 할 것이다.

역사적으로 보면 자유주의자들은 전제군주들이나 절대왕정과 싸울 때는 자신들의 자유를 억압으로부터의 해방이라고 요구해 왔다. 하지만 그들이 재력과 산업을 통해 지배계층으로 편입되고 난 다음부터 그들은 정치적 참정권의 범위를 제한했고 국회를 그들의 집행위원회나 로비단체로 전락시켜 왔다. 사적 이익을 추구하는 자신들의 요구를 공적인 요구를 대표하는 국가 위에다 두려는 이런 치열한 싸움은 신자유주의 시대에는 더더욱 기승을 부리고 있는 추세다. 그렇기 때문에 자유주의자들은 모두가 정치에 참여해야 한다는 참여민주주의자들로부터 항상 비판의 대상이 되어 왔다.

법이 비록 형성 과정에서 자유로운 자들의 무제약적 토론에 의해 산출된 것은 아닐지라도 적어도 이런 요구에 따라 만들어져야만 한다는 것은 피해 갈 수가 없다. 문제는 법이 정의의 요구를 관철하는 한에서 법을 통한 구속력의 집행이 반드시 인간의 자유를 제한하는 것과 일치하지 않는다는 것이다. 법은 이미 말한 것과 같이 자유를 공적으로 현실화하고 이것을 집행하는 것이다. 그렇게 본다면 우리는 부당한 규제와 정당한 규제를 구별할 수 있어야만 한다. 국가는 어떤 경우에도 부당한 권력을 사용해서는 안 된다. 이 점에서 자유주의자들은 백번 옳다. 하지만 정당한 권력은 국가를 통해 항상 공적으로 집행되어야만 한다. 이렇게 볼 때 국가를 통한 공적인 규제의 정당한 집행은 개인의 자유에 대한 침해가 아니라 그것의 현실적 보장이 된다.

모든 사람들은 단지 법에만 복종한다. 법 이외에 그 어느 것도 개인들의 권리를 침해할 수 없다. 법을 통한 개인의 권리 제한은 제한이 아니라 사실은 보장이 된다. 왜냐하면 법은 모두의 보편의지를 집행함으로써 개인들에게 그에게 합당한 권리를 현실화하고 있기 때문이다. 우리는 법이 자유의 제한이 아니라 자유의 공적인 보장과 완성이라는 것을 알게 된다. 그렇기 때문에 법만이 오직 공공질서의 이름 아래 개인들의 자의적 권리를 제한할 수 있다. 사업자가 부당하게 피고용인을 해고할 때 법은 공정의 잣대로 이런 일방적인 해고에 제동을 걸 수 있다. 부당한 규제는 반드시 철폐되어야만 하고 정당한 규제는 반드시 집행되지 않으면 안 된다. 이런 공정성을 집행한다면, 그리고 이런 공정한 집행에 따르는 한에서만 법을 통한 규제는 제한이 아니라 자유의 공적인 실현이 된다.

국가의 기초는 보편성이다. 아무리 껍데기만 남아 있다고 하더라도 국가의 기초는 모든 권리 주체들을 포괄하는 보편성에 기초하지 않을 수 없다. 시장의 자유는 보편성이 아니라 특수성에 기초한다. 특수성이 보편성을 대체할 수는 없다. 국가는 공평한 것에 기초하기 때문에 시장의 특수성을 위해 편파적으로 사용될 수가 없다. 아무리 국회의원들이 자신들을 후원하는 로비스트들의 이익을 반영하는 것에 의해 움직인다고 하더라도 그들이 제정한 법은 구성원 모두를 구속할 수 있는 것에 따르지 않을 수 없다. 미국이라고 해서 예외가 되는 것은 아니다. 시장의 자유를 통한 국가의 무기력화는 오늘날 전 지구적으로 벌어지고 있는 세계화 시대의 근본 추세다. 설령 그렇다고 하더라고 국가의 규범적 기초가 시장의 특수한 자유에 기초하는 것은 아니다.

법치국가는 법의 보편적 지배에 기초한다. 법치국가는 특정한 자들이 지배하는 것을 절대로 허용하지 않는다. 대통령조차 공권력을 대표하는 자에 불과하지 특권을 가진 자가 아니다. 법의 지배 아래 대통령도 예외는 아니다. 법의 지배는 사람을 통한 사람의 지배를 철저하게 추방한다. 그렇기 때문에 법을 통한 공정한 지배는 모든 특권을 추방하지 않을 수 없고 그런 한에서 대통령조차 법의 지배 아래 구속할 수 있다. 법의 공정한 지배가 대통령을 지배하지 그 반대는 아니다. 공룡이나 절대군주는 법의 지배 아래서 추방되지 않으면 안 된다. 법 밑에(under the law) 있다는 것은 어느 누구도 특권을 누릴 수가 없다는 것을 말하고 이것은 어떤 경우에도 예외를 허용하지 않는다. 공화정은 사람을 통한 사람의 지배를 영원히 종식하기 때문에 오직 법을 통한 공권력의 정당한 집행만이 있을 뿐이다.

한국은 절대 왕정의 삶을 살아왔다. 임금은 사라졌지만 대통령이 때로 법 위에서 임금과 같이 행사하려는 유혹이 있다. 시민사회를 거치지 않았고 권력분립에 대한 제한이 생활화되지 않았기에 절대군주의 한마디에 법이 자의적으로 사용될 위험이 여전히 있다. 법을 통한 자유의 실현이라는 공화정의 이념은 사람들의 마음속에서

자리 잡지 못하고 있기 때문에 마치 권력 만능주의가 판을 쳐도 된
다는 식이다. 하지만 이것은 바로 한국의 민주정치가 공화정의 이
념을 구현하지 못하고 있다는 반증이다. 법 위에 있으려는 대통령
의 왜곡된 전제성이 쉽게 사라질 것 같지는 않지만, 그렇다고 그것
을 용인해서도 절대 안 된다. 전통은 그 영향력이 하루아침에 사라
지지 않는 경향이 있기에 우리는 그 부당한 영향력을 바로잡지 않
으면 안 된다. 대통령은 공권력을 대표할 뿐 그것을 위해 군림하는
자가 아니다. 또 그렇게 되도록 방치해서도 안 된다.

역사에서 노예가 사라진다는 보장은 없다. 치자와 피치자가 같은
동등성의 구조로 되어 있는 민주정치 시대에도 자발적 노예들은 많
이 있다. 반대로 특권이 사라진 시대에도 마치 특권자인 것처럼 행
사하려 드는 미친 전제군주들이 많이 있다. 전제군주나 자발적 노
예의 추방 없이 법을 통한 공화정의 지배는 불가능하다. 법이 자유
를 공적으로 지키고자 한다면, 그리고 각자가 노예가 아니라 주인
답게 정당하게 권리를 행사하면서 살기를 원한다면 우리는 법을 통
한 지배를 공적인 자유의 완성으로 생각하지 않을 수 없다. 그리고
이런 법은 나의 자유의 구속이 아니라 나의 자유의 공적인 실현이
기 때문에 우리는 법을 통한 복종을 우리의 자유로운 삶으로 만들
어야만 한다. 대표자가 대표자를 가능하게 한 자들의 요구를 듣지
않을 때 저항권이 정당하다는 것을 항상 기억해야만 한다. 주인이
주인다움을 잃고 자신의 권리를 전제군주에게 헌납할 때 그에게 돌
아오는 것은 자유의 실현이 아니라 비참한 예속이라는 것을 우리는
히틀러의 독재정치를 통해 분명히 목격했다. 스스로 지는 짐은 무
겁지 않다. 마찬가지로 자기가 자발적으로 복종한 법은 자유의 침

해가 아니라 자유의 공적인 실현이 된다. 우리는 오직 법을 통해서만 우리의 자유를 공적으로 누릴 수가 있다. 이것이 법치국가가 행복한 이유다. 법치국가는 법을 통한 지배를 통해 단순히 독재자만을 제어하는 우월성만 있는 것이 아니라 구성원 모두가 자유를 마음껏 누릴 수 있다는 장점이 있다. 인간은 오직 자신의 자유를 법 밑에 자발적으로 일치시킬 때 진정으로 자유를 누리고 사는 것이다. 관념이나 이념 속에서만 있는 공허한 자유가 아니라 현실에서 실제로 누릴 수 있는 그런 자유 말이다.

인간은 만물의 척도인가

1

사실 이 물음은 인간이 모든 면에서 만물의 척도가 될 수 없다는 것을 이미 함축하고 있다. 수학의 진리는 우리 인간이 진리라고 규정했기에 타당한 것이 아니라 타당하기에 우리가 그것을 필연적인 것으로 받아들이지 않을 수 없는 것이다. 수학은 그것이 타당하기 때문에 우리가 그것을 타당한 것으로 받아들이지 않으면 안 된다. 규칙 따르기는 그것이 타낭하기 때문에 우리를 강제하는 것이지 우리가 따르기 때문에 진리인 것은 아니다. 수학의 타낭성은 예외 없이 이 모두를 강제하기 때문에 인간은 예외 없이 수학적 진리를 따르지 않으면 안 된다. 인간은 수학적 원리의 타당성을 발견하고 그것을 단지 따르면 그만이다. 원리를 아는 자가 지배할 수는 있어도 우리 인간이 원리 자체까지 만들 수는 없다. 인간은 원리 자체를 발견하도록 강제당하고 있다.

논리학의 규칙 역시 그것이 타당하기 때문에 우리를 강제한다. 하지만 우리가 따르기 때문에 그 사고법칙이 타당한 것은 아니다. 심리적인 것은 그것에 동의하는 인간의 마음이 중요하지만 수학의 증명과 논리학의 타당성은 우리가 그것을 따르든 따르지 않든지 간에 관계없이 그 자체로 타당하다. 수학과 논리학은 그 진릿값이 인간의 마음에 의존하지 않으면서도 인간을 강제한다.

인간의 만물 척도론은 이런 것 하나만 보아도 절대적인 것으로 받아들여질 수 없다. 인간은 모든 것에 있어서 중심도 아니고 절대도 아니다. 우리 인간이 모든 진리의 척도가 아닌 한에서 우리 인간은 만물의 척도가 될 수 없다. 공리의 자명성과 타당성은 우리가 그것을 인정하든 인정하지 않든 그런 것에 상관없이 항상 타당하다. 수학과 논리학은 타당하기 때문에 우리를 강제할 수 있다. 이 점에서 우리 인간은 수학적 원리를 따르지 않을 수 없다. 우리는 원리의 타당성을 수용하도록 그렇게 강제받고 있다. 이런 맥락에서 인간은 만물의 척도가 아니다. 인간들 모두가 수학의 필연적 증명에 따르도록 강제될 뿐이다.

소피스트들은 이미 인간이 모든 것의 기준이라는 것을 정식화했지만 이 주장은 비판적인 검토를 통해 그 타당성이 많이 약화되어 버렸다. 초월이 사라진 곳에서 미의 기준이나 의미규정은 사람에 따라 다를 수 있다. 미학의 차원에서 인간은 미의 기준이 될 수도 있다. 하지만 그렇다고 해서 인간이 모든 것을 마음대로 결정하는 것은 아니다. 인간이 모든 것의 기준이라는 것은 반드시 약화되거나 상대화되지 않으면 안 된다. 이미 플라톤은 이데아의 객관실재성에 입각해서 소피스트들의 근본 문제점들을 조목조목 비판하고 있다. 물론 이데아 자체의 타당성이 비판적으로 검토되어야만 하는 것은 말할 필요도 없다. 하지만 만물척도에 대한 인간의 자기 절대화를 경계한 점에서 플라톤의 소피스트 반박은 매우 의미가 크다. 니체가 말한 인간이 모든 가치의 근원이라는 주장 역시 이 점에서 재검증이 불가피하다.

만물척도론은 근대 인식론에서 인간중심적 관점에서 다시 한 번 재현되었으나 그 생명력은 그렇게 오래가지 못했다. 자기의식 안에 진리를 마감하려고 시도하면 시도할수록 진리는 자기의식 안에 마감될 수 없다는 것을 역설적으로 경험함으로써 우리는 자기의식이 진리의 고향이 아니라는 것을 깨우치게 되었다. 자기의식 안에서 진리가 검증되는 것은 맞다. 그렇다고 하더라도 자기의식을 통해 모든 진리가 근거 지어지는 것은 아니다. 자기의식은 진리를 검증하는 요구자는 될 수 있어도 자신이 진리의 근원이라고 허세를 부릴 수는 없다. 자기의식을 통한 진리검증은 불가피하지만 그렇다고 해서 모든 것이 자기의식을 통해 근거 지어지는 것은 아니다.

수학과 논리학은 타당하기 때문에 우리가 그 타당성을 받아들이지 않으면 안 된다. 여기서는 진리가 주관화의 위험에 대해 항상 거부한다. 주관화의 위험으로부터 진리를 구해 내고자 한다면 자기의식이 진리의 근거라고 주장하는 그 허세부터 때려 부수지 않으면 안 된다. 진리는 우리 인간이 이러저러하게 마음대로 처분할 수 있는 것이 아니라 우리가 따르지 않으면 안 되는 것으로 우리 모두를 강제한다.

모든 분석판단은 필연판단이다. 필연성의 부정은 필연적으로 자기모순에 빠지게 된다. 우리 모두는 자기모순으로부터 벗어나야만 하기 때문에 어떤 대안도 설정할 수가 없게 된다. 이것은 부인할 수 없는 명백한 사실이다. 수학과 논리학의 타당성에 대해 회의론자들의 의심은 아무 효과도 없다. 왜냐하면 그들의 의심은 그들의 무능력을 반영하기 때문이다. 이미 말한 것과 같이 수학과 논리학의 타당성은 인간의 마음에 독립적이다. 어느 누가 피타고라스의 정리를 의심할 수는 있어도 이 의심으로 인해 그 진리가 도전을 받거나 해체되는 것은 아니다. 회의주의자가 방향을 잃지 않으려면 의심은 항상 무엇에 대해 의심해야만 한다. 수학과 논리학에 대해 의심할 수는 있지만 그 의심은 결국은 무의미하거나 무능력하다는 비판을 받게 된다. 어느 하나라도 확실한 진리가 있으면 회의주의는 난파하게 되어 있다.

2

자연과학에서 가설은 실재의 복잡성을 이해하기 위한 통로로서 필요하다. 하지만 가설의 타당성은 실재에 입각해서 그 진리주장이 다시 한 번 재검증되지 않을 수 없다. 결국 실재의 그러함이 모델이나 가설을 심판하는 궁극척도로 작용하고 있는 것이다. 그렇다면 우리는 가설과 함께, 그러나 가설에 거역해서 사고하지 않을 수 없는 것이다. 우리로 하여금 가설을 비진리로 격하시키도록 작용하는 것은 결국 실재의 모습이다. 그렇기 때문에 우리의 경험과학적 가설은 실재와 함께, 그러나 실재를 통해 그 타당성이 검증되지 않을 수 없게 된다. 그렇게 본다면 과학 역시 세계를 인위적으로 창조하는 것이 아니라 실재와의 생생한 접촉을 통해 그렇게 실재를 인식해 가고 있을 뿐이다. 결국 과학적 인식도 시행착오의 과정을 거친다. 이 점에서 우리는 진리나 척도의 제공자가 아니라 진리를 발견하는 자에 불과하다. 이 점에서 인간의 만물척도론은 절대적으로 수정되지 않으면 안 된다.

과학은 법칙을 발견한다고 하지 법칙을 인간이 창조한다고 말하지 않는다. 중력 법칙의 타당성은 뉴턴 이전에도 뉴턴의 발견 당시에도 그리고 뉴턴 이후에도 항상 타당하다. 우리가 발견했기 때문에 비로소 타당한 것이 아니라 그것이 타당하기 때문에 우리 모두가 그 법칙에 종속하도록 강제하는 것이다. 아인슈타인의 상대성 이론도 그가 발견하지 않았어도 누군가는 그 법칙의 타당성을 발견했을 것이다. 법칙이 타당하다는 것과 그것이 누구에 의해 발견되었다는 것은 별개의 문제다. 중력법칙의 타당성은 뉴턴의 발견과 무관하게 항상 성립한다. 또 항상 성립하고 있었기 때문에 우리로 하여금 그것의 타당성을 발견하도록 한다. 법칙은 우리가 창조하기 이전에 그렇게 타당한 것으로 작용하고 있을 뿐이다. 그렇다면 우리는 법칙을 발견한다고 밀해야지 법칙을 창소한다고 말해서는 안 된다. 칸트의 선험철학이나 니체의 해석이 실패할 수밖에 없는 것이 바로 여기에 있다. 우리의 오성은 자연에 대해 법칙을 주는 것이 아니라 자연의 법칙을 발견하도록 그렇게 요구받거나 강제당하고 있는 것이다. 우리는 법칙의 타당성을 반영하도록 그렇게 요구받고 있다.

우리가 법칙을 발견했기 때문에 법칙이 비로소 타당한 것은 아니다. 우리의 발견과 무관하게 법칙은 항상 타당한 것으로 작용하고 있었다. 우리 인간이 법칙의 발견과 더불어 비로소 개별현상을 규정하는 법칙의 지배를 알아들었을 뿐이다. 즉 모르는 상태에서 아는 상태로의 변형이 가능했을 뿐이다. 법칙을 발견하기 위해 우리가 가지고 들어가는 모델은 불가피하다. 하지만 이 불가피성이 반드시 자연의 성립근거일 필요나 보장은 없다. 왜냐하면 실재의 복잡성을 이해하기 위해 우리가 불가피하게 가지고 들어갈 수밖에 없는 모델의 단순성은 실재를 설명할 수도 있고 설명할 수도 없는 가능성에 불과하기 때문이다. 그렇기 때문에 우리는 실재 안에서 모델을 확인할 수도 있고 확인하지 못할 가능성도 함께 경험하게 된다. 모델은 불가피하지만 그렇다고 절대나 무오류는 아니다. 무오류라는 자기 절대화로 인해 오류가능성을 인정하지 않거나 오류의 가능성으로부터 스스로를 차단하려는 모든 시도는 결국 진리를 이데올로기의 노예로 만들려는 것에 지나지 않는다. 이것은 인간의 자기계몽에 철저하게 위배된다.

사실은 사실을 사실로써 성립시키는 인간의 주관적 전망에 의존한다. 주관적 전망은 세계를 바라보는 틀을 결정한다. 이 틀을 통해 세계가 전망적으로 해석된다. 하지만 해석된 사실은 단지 해석되었을 뿐 검증된 것은 아니다. 따라서 해석된 사실은 사실의 성립에서 마감되는 것이 아니라 검증의 객관적이고 공적인 과정을 통해 비로소 확증되어야만 한다. 검증의 요구, 반증의 가능성, 반례를 통한 예외의 확인, 법칙의 타당성을 제한하는 예외의 증가로부터 벗어나 있는 가설의 성역화는 있을 수가 없다. 진리의 검증 요구로부터 벗어난 것은 아무것도 없다. 칼 포퍼가 잘 규정한 것과 같이 우리는 과학적 발견이 항상 시행착오를 통해 역동적으로 진행된다는 것을 인정하지 않을 수 없다. 이 진행은 어떤 논리적 절차에 따르는 것도 아니도 미리 보장된 것도 아니다. 과학적 발견은 경험적 실재를 설명할 수 있는 모델의 타당성을 통해서만 의미 있게 진행될 뿐이다. 자연의 현상들에 대해 책임을 지고 있는 가설의 책무는 결국 가설이 경험을 타당한 것으로 설명하는 한에서만 그 정당화의 짐이 충족될 수 있을 뿐이다. 아무리 아인슈타인이 주사위 놀이를 하지 않는 신을 끌어들이면서 양자론의 근본 가설을 인정하지 않으려고 해도 미시 영역은 비결정성이라는 인과율에 의해 파악될 수밖에 없는 것이다.

과학자는 세계를 지배하는 법칙을 발견할 뿐이지 세계 자체를 결정하는 자가 아니다. 세계는 주어져 있고 세계를 움직이는 법칙 역시 작동하고 있다. 과학자는 그 법칙을 발견하도록 요구될 뿐이다. 법칙의 타당성은 타당하기 때문에 구속력이 있는 것이지 우리가 발견했기 때문에 타당한 것이 아니다. 타당성이 발견을 종용한다. 우리 인간은 이 법칙을 발견함으로써 법칙의 타당성을 다시 한 번 타당한 것으로 추인할 뿐이다. 이 점에서 인간이 모든 것의 기준일 수는 없다. 사실은 해석을 통해 성립한다. 해석은 전망에 입각해 있다. 전망은 허구로 드러날 수도 있다. 전망이나 지평은 진리의 가능성과 오류의 가능성 모두에 노출되어 있다. 그렇다면 전망이 진리라는 보장이 반드시 성립하지 않는다. 우리는 발견의 주관적이고 심리적인 배경에는 관심이 없다. 문제는 발견의 주관적 맥락이 아니라 발견물의 객관적이고 공적인 검증이다.

모델은 불가피하게 자연관찰을 주도해 간다. 하지만 관찰이 이론에 의해 인도되고 이론이 패러다임에 기초한다는 것이 중요한 것이 아니라 경험적 실재를 통해 그 타당성이 공적으로 확인될 수 있는 것이 중요하다. 우리 마음 바깥에 세계가 있다는 것을 증명하라고 요구하는 것은 정말이지 아주 골이 빈 요구다. 그것은 증명이 불가능한 것이 아니라 증명할 필요가 없다. 왜? 세계가 있다는 것은 너무 자명해서 증명할 필요가 없기 때문이다. 우리가 과학의 객관적 검증에서 요구하는 것이 가설로 그려진 상과 실제의 경험세계가 과연 일치하는가를 확인하는 데 있다. 이론은 진리발견의 안내자이지만 경험적 현실을 통해 확증되지 않으면 단지 마음 안에서 구성한 허구에 지나지 않게 된다. 그렇기 때문에 우리는 다시 한 번 우리가 지니고 있는 가설을 경험적 현실을 통해 확증시켜야만 한다. 우리의 가설은 절대적으로 타당한 것이 아니라 한시적으로 타당할 뿐이다. 이 점에서 우리는 가설과 함께 그러나 가설에 거역해서 사고하지 않을 수 없다. 탐구의 역동적 과정은 세계에 대한 우리 인간의 상이 한시적이라는 것을 일깨워 준다.

과학에서 법칙의 타당성이라는 것은 결국 그 법칙의 규정을 통해 설명하려는 개별 현상들에 적합하기 때문에만 가능하다. 그렇기 때문에 실재가 법칙을 거부할 때 법칙은 그 타당성을 제한받거나 경우에 따라서는 폐지될 수 있는 변화를 경험한다. 우리는 법칙이 불변하다는 것에서 벗어나야 한다. 법칙의 불변성은 예외가 없거나 예외의 출현가능성이 발생하지 않는 한에서만 유지될 수 있을 뿐이다. 우리 인간이 법칙을 발견했기 때문에 법칙이 타당한 것이 아니라 우리 인간은 법칙의 타당성을 발견하도록 강제되고 있을 뿐이다. 물론 발견자에게 영광이 주어지는 것은 사실이지만 그렇다고 해서 그 발견자를 통해 법칙이 비로소 타당하게 되는 것은 아니다. 이런 맥락에서 보더라도 우리 인간이 진리의 척도라고 주장하는 것이 별로 설득력이 없어 보인다. 우리는 여전히 발견자이고 탐구자일 뿐이다. 자기 우상화로부터 스스로를 정화하는 것이 진리발견의 가장 좋은 태도이자 안내자다.

3

진리는 주관화의 위험에 저항한다. 진리는 진리일 따름이다. 진리가 우리를 해방시킬 뿐이다. 인간은 해방되려면 진리를 알아듣고 그것을 따르지 않으면 안 된다.

가치란 어떤 것이 얼마만큼의 값이 나간다는 것을 말한다. 그것은 측정될 수 있다. 하지만 그 측정에는 측정하는 자의 주관적 판단이 개입하게 된다. 가치에 있어서는 그것이 항상 **누구에게 가치가 있다**는 방식으로만 측정된다. 이 측정의 객관성이 무엇인가에 대해서는 분명히 의견이 분분하다.

역사적 사실은 그 사실이 이미 있었다는 점에서는 불변이다. 하지만 사실의 해석은 해석하는 자의 가지판난에 언판되어 있다. 그렇기에 사실 역사적 사실은 해석되기 위해서 사실을 필요로 하는 자의 주관적 전망에 의존되어 있게 된다. 하지만 사실에 대한 가치판단적 해석은 해석의 검증과정에서 적지 않은 검증의 치열함을 거치지 않을 수 없다. 고정된 해석 따위는 없다. 모든 것은 해석하는 자의 평가에 의존해서 다시 재평가되지 않을 수 없다.

　승자는 모든 것을 자기 관점에서 정당화할 수 있다. 그렇기에 역사는 승자의 역사로 규정되어 왔다. 하지만 승자가 전리품을 챙기면서 역사서술도 함께 보너스로 지급받던 시대는 지나갔다. 왜냐하면 승자가 부산물로 얻은 역사적 정당화 역시 정당화의 검증 과정에서 재검증받아야만 하기 때문이다. 사실은 고정불변하는 것이 절대성이 아니라 해석하는 자의 관점에 따라 다르게 평가될 뿐이다. 사실은 가치평가의 문맥 안에서 언제나 요동치고 있다. 그리고 이런 것은 그때그때의 필요와 가치판단에 따라 해석될 따름이다.

　사실의 발견에는 전망과 관점 그리고 주관적 지평이 함께 작용한다. 사실은 사실을 사실로 인정하는 자의 주관적 가치판단을 통해 형성된다. 사실은 만들어지는 것이다. 사실은 주어진 것만이 아니라 만들어지는 측면이 있다. 주어진 것은 불변하는 사실을 말하고 만들어지는 것은 사실이 역사적 평가를 통해 새롭게 탄생되는 과정을 말한다. 해석하는 자의 입장에서 볼 때 사실은 불변하는 강제가 아니라 유동적인 과정에 종속된 것에 지나지 않는다. 이미 일어났었던 사실만이 아니라 사실을 사실로 역동화시키는 과정에서 사실이 비로소 재창조되는 것이다.

　인간은 추상적이고 공허한 문맥에 있지 않다. 인간은 항상 자신이 누구라는 것을 밝히기 위해 스스로를 가치 있는 자로서 창조해 왔다. 그는 사실을 수용하는 것만이 아니라 사실을 창조하는 자이기도 하다. 하지만 어떤 것을 창조할 수 있는가는 여전히 사실에 대해 의미를 부여하고 있는 자의 몫이다. 적어도 사실의 영역에서 인간은 사실을 창조할 수 있다. 이 점에서 사실은 인간이 창조한 것이 된다. 인간 자체가 일의적이지 않은 것은 자명하다. 반대로 인간의 차이가 동일성에 대한 이해를 가로막는 것은 아니다. 인간은 분명히 같은 측면과 다르다는 차원들에 의해 역동적으로 이해되어야만 한다.

행위의 규범적 정당화, 사실의 창조, 예술품의 평가, 삶의 의미에 있어서 우리는 항상 인간의 자기이해가 숨어 있는 것을 발견하게 된다. 초인에 대한 니체의 삶이나 예술을 전망으로 여기는 그의 전망주의 예술 이해는 모든 인간이 아니라 일차적으로는 니체라는 인간의 자기이해에 지나지 않는다. 아이러니하게도 절대를 부정하는 자가 스스로를 절대화하려 드는 것은 자기파괴적인 허세에 지나니 않는다. 법칙은 예외를 반드시 전제할 필요가 없지만 예외는 반드시 법칙을 전제로 하지 않을 수 없다. 모든 것이 상대적이라는 주장은 역설적이게도 절대적으로 타당하다. 다른 것은 아니지만 내 것만은 절대라고 우기는 것은 그야말로 예외를 법칙화하거나 특권화하는 어리석음과 같다.

사실은 재탄생의 역동적인 과정에서 계속 살아남아야만 한다. 살아남을 수 있는 사실만이 고전이라는 가치를 지니게 된다. 고전이기 때문에 살아남는 것이 아니라 살아남을 수 있기에 고전이라는 영관을 누리게 된다. 과학의 가설 검증은 사실의 그러한 요구를 충족하기 위해 경험적으로 계속 확인되어야만 하는 과정에 종속해야만 한다. 역사적 삶에 있어서 사실 검증은 사실을 사실로 인정하는 인간의 가치평가 과정을 통해 살아남을 수 있어야 한다. 사실은 의미검증이라는 평가의 과정을 통과하지 않을 수 없다. 이런 통과의 과정에서 이전에 없는 새로움이 발생할 수가 있다. 사실은 마치 진화의 과정과 같이 살아남기 위해 재적응의 과정을 거치지 않을 수 없다.

다윈의 진화론이 주장하는 것과 같이 진화는 새롭고 변화된 환경에 직면해서 유전자를 새롭게 재조합하지 않을 수 없게 된다. 그렇지 못한 종들은 멸종할 것이지만 그 반대로 유전자 재조합을 창조해 낼 수 있는 종들은 진화의 승자가 될 것이다. 마찬가지로 역사적 사실 역시 검증을 통과하는 한에서만 그 의미가 살아남게 된다. 고정불변의 사실이 아니라 인정되고 살아남은 사실, 즉 진화된 사실은 구별되어야만 한다. 사실은 사실을 만드는 자의 역동적인 창조적 과정을 거친다. 사실은 진화의 과정을 철저하게 통과해야만 한다. 어떤 자들에게는 그리스가 이상화되고 낭만화될 수 있을지 모르지만 나에게 그것은 그저 한 방식의 삶에 지나지 않는다. 강요된 해석은 강요된 상황이 종료되면 순식간에 재로 변해 버린다. 역사에 있어서 정치적으로 강요된 삶이 얼마나 많이 평가의 과정에서 소멸되어 버렸는가를 일일이 열거하는 것이 불필요할 정도다.

사실의 확인 과정이 아니라 평가 과정에서는 모든 것이 새롭게 재검토되지 않을 수 없다. 이 평가를 통해 살아남는 것만이 때로 드물기는 하지만 역사적 고전의 영광을 얻기도 한다. 그러니까 사실은 만들어지는 과정에서 누구에 의해서도 능가될 수 없다는 점에서만, 즉 완성의 지평에서만 고전의 지위를 얻기도 한다. 그런데 모든 사실이 무차별적으로 다 같은 것은 아니기에 우리는 해석의 경합과정에서 사실의 우열을 구별하지 않을 수 없다. 가치 있는 사실을 사실로 결정하는 과정에서 작용하는 기준들은 다 같은 것이 절대 아니다. 여기에 우리는 사실을 사실로 성립시키는 노력과 열정 그리고 땀의 의미를 보게 된다.

모차르트의 음악이 계속해서 사람들에 의해 지속되는 것은 그것이 반복될 가치가 있기 때문에 그럴 것이다. 니체의 철학은 니체를

높게 평가하는 자들에게는 구속력이 있지만 그렇지 않은 자들에게
는 경멸의 대상이 된다. 평가 자체가 역동적인 진행 중에 있기에 우
리는 궁극적 평가 자체를 자제할 수 있어야 한다. 나에게 의미가 있
는 것이 타인들에게 그렇다는 강제성이 없기에 우리는 해석 자체를
강제할 수는 없다. 해석은 해석하는 자의 평가를 통해서만 그 타당
성이 계속 검증될 수밖에 없다. 사실의 해석에는 인간척도론이 타
당하게 적용될 수 있다.

4

　정의는 강자의 이익이 아니다. 만약에 그렇게 된다면 정의는 힘
에 기초하게 된다. 힘은 단지 더 큰 힘에 의해 능가될 뿐이다. 그렇
다면 정의는 성립할 수 없고 항상 더 큰 힘에 의해 능가되는 악순환
에 빠져들게 된다.
　하지만 정의는 힘이 아니라 보편타당한 구속력에 기초하기 때문
에 공적 질서의 유지에 의존하게 된다. 공직인 질서를 집행하기 위
해 힘이 필요하다. 왜냐하면 그렇지 않을 경우 공석 질서는 무기력
하게 방치될 것이기 때문이다. 정의는 보편타당한 구속을 충족하기
때문에 정의로 자격을 얻는 것이다. 우리 인간은 공공선의 추구와
행복의 실현이라는 공통의 목표가 있다. 바로 그렇기 때문에 이런
것이 사회질서를 가능하게 하는 것으로서 작용하게 된다. 정의는
집행을 위해 힘을 필요로 하지 힘에 기초하지 않는다. 이렇게 본다

면 정의가 강자의 이익에 지나지 않는다는 것은 아무 타당성이 없다. 인간은 모든 면에서 그 어떤 것을 자기 마음대로 할 수 있는 것이 아니다. 인간은 자기의 본성 안에 깊이 간직되어 있는 인간성의 요구를 따름으로써 비로소 인간이 되어 간다. 힘 절대주의나 만능주의는 일시적인 현실을 지배할 수 있어도 타당한 사회를 지배하지는 못한다. 인간은 여러 점에서 모든 것의 주인이 아니라 모든 것의 정당한 관리자에 불과하다. 우리는 인간성을 임의로 창조하는 것이 아니다. 우리는 인간본성을 따르며 사는 것이지 인간성 자체를 창조해 낸 것은 아니다. 니체가 아무리 가치창초를 떠들어 대도 그가 창조한 가치 역시 인간성의 인정 아래서만 그 의미가 있을 뿐이다. 우리는 우리 모두가 인간성의 결을 따르고 추구하는 한에서만 각자 자신으로서 인간이 되어 가는 것이다.

인간으로서의 공통성이 있기에 우리는 인간을 공통과 차이의 관점에서 평가하지 않을 수 없다. 진리는 주관화의 위험에 저항하고 인간은 사태의 그러그러함을 따름으로써 사태의 참임을 자기의 참된 내용으로 알아 가는 것이다. 모든 판단 진리도 결국은 그 타당성이 실재를 통해 충족되지 않으면 안 된다.

우리의 지성은 판단하는 능력으로 규정된다. 지성은 진리를 자기의 추구 대상으로 삼는다. 이 점에서 지성은 사물의 그러그러함을 따라가면서 스스로를 진리충족으로 실현해 가는 것이다. 지성은 존재의 질서를 수용하는 가능적 인식에 불과하다. 지성은 칸트와 같이 자연에 대해 입법자가 아니라 조건부적 동반자에 지나지 않는다. 왜냐하면 우리의 지성이 실재를 수용함으로써만 실재에 대한 자기의 규정을 충족하고 완성할 수 있기 때문이다.

우리 의지의 추구대상은 선일반이다. 선은 우리 의지가 추구하는 궁극대상이 된다. 의지는 비록 통제되지 않고 맹목적인 충동에 의해 지배되는 측면도 있지만 그렇다고 해서 마음대로 모든 것을 처리할 수 있는 것이 아니다. 내적으로 의지는 이성의 올바른 명령에 따라 인도되고 외적으로 의지는 전체를 알려는 근본 욕구에 의해 추동된다. 이런 의지의 추진력과 충족은 궁극적으로 타자와의 만남을 통해 비로소 실현된다. 그러기에 의지는 의지를 근원적으로 앞서가는 것에 의해 부름을 받고 있다고 보아야만 한다. 의지는 맹목적으로 살려는 것에 의해서 남김없이 규정되는 것이 절대 아니다. 의지의 맹목성이 있는 것은 사실이지만 삶의 창조를 위해 그것의 남용과 오용은 분명히 통제되어야만 한다. 성적인 욕망이 있다고 해서 아무나 겁탈하고 강간할 수는 없는 것이다. 또 그렇다고 해서 그것이 반드시 허용되도록 방치해서도 안 된다.

아름다움도 우리의 절대적인 기준에 의해 마련되는 것은 아니다. 자연의 표현물들은 우리에게 소재를 제공하고 우리는 그것을 나름대로 완전성의 지평에서 완성한다. 자연은 예술품이 태어날 수 있는 토양을 제공한다. 미의 기준도 전적으로 주관 안으로 해소되지 않는다. 모든 예술품이 다 주관의 기준으로 환원되지 않는다. 사물 안에 지니고 있는 내적 가능성은 예술가를 분발시킨다. 자연과 함께 그러나 자연의 가능성을 현실적으로 완성하는 데서 예술가의 천재성과 독창성이 있기는 하지만 그렇다고 해서 천재가 자의적이고 임의적으로 그것을 완성하는 것은 아니다. 하물며 예술이 이러할진대 우리 인간이 무엇을 절대척도의 지평에서 만들어 낼 수 있을까?

자기 안에 절대 진리를 마련하려는 인간의 시도, 모든 것의 기준으로 작용하려는 인간의 척도 설정은 절대적인 의미에서는 허구다. 왜냐하면 인간은 모든 측면에서 측정하는 기준이 아니라 측정당하는 기준에 지나지 않기 때문이다. 중력의 법칙은 인간이 그 법칙의 타당성을 알아들었기에 자연을 더 잘 이해하는 것이지 우리 인간이 만든 것이 절대 아니다. 뉴턴이 아니라고 하더라도 누군가는 그것을 발견했을 것이다. 우리는 자연의 법칙을 발견한다고 말해야지 창조한다고 말할 수는 없다. 발견의 문제는 인간이 호기심을 통해 자연의 숨은 질서를 알아듣는 한에서만 의미가 있다. 아인슈타인 역시 상대성 원리를 발견했다고 말했지 그가 그것을 창조했다고 말하지는 않았다. 왜냐하면 자연의 질서를 움직이는 법칙성은 우리 인간이 만들었기에 타당한 것이 아니라 타당하기에 우리가 그것을 받아들이고 수용하지 않으면 안 되게끔 우리를 자극하기 때문이다. 니체의 전망주의적 진리관은 자연과학 앞에서는 아무 쓸모가 없는 쓰레기에 불과하다.

실재를 지배하는 근본 질서를 알아들음으로써만 우리는 실재에 대한 앎을 유지해 갈 수 있는 것이다. 실재론 없는 관념론은 공허하다. 관념론 없는 실재론은 무규정성에 빠진다. 이런 양극단을 피하기 위해서 우리는 우리의 앎이 존재의 질서에 기초하고 있다고 말하지 않으면 안 된다. 우리는 칸트의 코페르니쿠스적 전회와 같이 자연의 입법자가 절대 아니다. 입법자가 아니라 입법을 반영해야만 하는 조건부적 주체에 지나지 않는다. 인간은 만물을 알아들을 수 있는 능력이 가능적으로는 있지만 그 능력이 가능적으로 있다고 해서 자연의 주인 행세를 하면 안 된다.

소피스트 그리고 데카르트 이후 계속해서 철학의 망령을 배회하

고 있는 문제가 바로 인간이 자기를 절대화하는 입장이다. 주관성
철학은 기껏해야 막다른 골목에서 근거가 없다는 심연을 발견하고
그 무지의 깊이 앞에서 소스라치게 뒷걸음치고 있다. 우리는 자기
우상화를 피하는 한에서 언제나 주관과 함께, 그러나 주관에 거역
해서 사고할 준비가 되어 있어야만 한다.

독단적 사고는 주장만 하고 주장의 정당화 근거를 제공하지 않기
에 위험하다. 회의주의는 방향이 없을 때 항상 냉소적 파괴로 전락
한다. 하나라도 확실한 것이 있으면 회의주의는 무너지게 되어 있
다. 사람이 수학의 타당성을 의심해 볼 수는 있지만 수학의 진리를
안 받아 줄 수는 없다. 수학의 타당한 진리가 회의주의자들의 병적
인 무능력과 분별없음에 대해 책임을 질 필요는 없다. 무엇을 의심
하고 무엇에 대한 내용적 검증을 해야지 모든 것을 무차별적으로
의심하는 것은 회의주의가 벌이는 가장 잔인한 자멸행위에 속한다.
회의와 독단의 피안에서 우리는 우리가 가지고 들어가는 우리의 사
유지평을 항상 함께 검증할 수 있어야만 한다.

모든 내용적 진리에 대한 무차별적 테러는 결국 의심하는 자 자
신의 자기파괴로 이어진다. 세상의 질서를 이해하지 못하는 자는
결국 그만큼 자신이 세계로부터 소외된 것이다. 이 거리감을 제거
하기 위해 회의주의자들은 관계를 맺지 못하는 사신의 무능을 민저
고백하지 않으면 안 된다. 있는 그대로의 질서를 날조하는 자들이
나 있는 그대로의 질서를 반영하지 못하는 자들 모두 있는 그대로
의 질서를 파괴하는 자들에 지나지 않는다.

존재는 가장 포괄적이다. 존재는 항상 그 충족성에 있어서 우리
모두를 포함하고 능가하고 있다. 그렇기 때문에 우리의 지성은 충

족의 궁극근거로서 존재를 자기 앞의 궁극적 척도로 여기지 않을 수 없다. 존재가 의식을 측정하는 기준이 된다. 그러나 그 반대는 아니다. 주체를 통한 존재의 지배는 그것이 철저하면 철저할수록 그만큼 존재로부터 멀어지는 파괴를 경험하게 된다. 결국 이 파괴는 주체를 존재로부터 고립시키는 위험에서 극에 달한다. 하지만 이 극은 결국 주체로 하여금 방향을 돌리도록 불가피하게 요구하게 된다. 주체성을 상호주관성으로 확장시킨다고 하더라고 결국 진리는 그런 것에 기초하는 것이 아님이 드러나게 된다. 존재는 우리로 하여금 그것을 파악하도록 강제한다는 점에서 모든 진리의 궁극척도로 작용하고 있는 것이다.

과학 자체는 절망하지 않지만 과학자 한 사람 한 사람은 모두 절망하고 있다. 과학의 절망은 심리적인 절망이 아니라 전체를 알 수 없다는 근본적인 무능에 기초한다. 과학은 존재를 영역화하면서 통제하지만 전체를 통제할 수 없다는 근본 한계 때문에 좌절을 경험하게 된다. 좌절은 심리적인 무능이 아니라 전체에 대한 근본적인 물러섬을 말한다. 그렇게 본다면 우리는 과학과 함께 과학을 넘어서 사고하지 않을 수 없는 것이다. 현대의 양자론이 결국은 실재의 질서 때문에 인과율의 정지(결정론적 법칙)를 경험하게 되었다는 것은 결코 우연이 아니다. 하지만 이런 난파로부터 우리가 무엇인가 배울 수 있다면 과학은 그만큼 계몽에 많이 기여하고 있는 것이다.

비진리로부터 자기를 구제할 각오가 되어 있다면 우리는 우리를 지배하는 비진리의 본질을 정확하게 파헤쳐야만 한다. 인간중심적인 철학은 그중에서 인간을 가장 현혹하는 암초로 작동한다. 우리는 인간이기에 인간의 한계에 대해서만 안다고 호들갑을 떨어서는 안 된다. 한계란 항상 한계초월이라는 궁극성을 지시하고 있다. 결국 우리는 한계 너머를 통해 한계 안에 갇힌 우리를 해방해야 할 것이다. 여전히 진리의 척도는 있으며 우리 인간은 그것을 우리 앎의 기준으로 설정해야만 진정한 자기 해방과 진리를 경험할 수 있다. 진리가 우리를 안내하고 지배한다. 인간은 자기가 모든 것의 중심이라는 것을 버리고 사태의 그러함에 따라갈 용기와 인내가 필요하다.

왜 아직도 우리는 계몽을
지속해야만 하는가

1. 자신에게 고유한 궁극성의 완성

인간이 지속하는 한, 그리고 그가 자기 삶에 대해 의식적인 주인이기를 포기하지 않는 한 인간 각자는 바로 자기 스스로를 영원히 계몽시키지 않으면 안 될 것이다. 자기 삶에 대해 의식적인 주인이 되고자 한다면 바로 자기 자신의 삶을 성숙하게 만들 필요가 있다. 이런 점에서 철학이 존재한 이래로 줄곧 계몽이라는 테마는 철학 자체의 본래적인 문제를 형성해 올 수 있었던 것이다.

자신을 계몽된 자로서 완성하는 것은 자기의 삶 전체에 대해 책임을 지고 성숙한 자세로 일관한다는 것을 의미한다. 인간은 살아가면서 항상 자신의 궁극성이 문제가 되는 존재이며 또한 자신의 궁극성을 의식적으로 완성하지 않으면 안 된다. 우리는 살아가면서 어떤 형태로든지 간에 형이상학을 하지 않으면 안 된다. 인간에게 있어서 형이상학이란 자신의 존재 완성에 대한 각성된 책임과 수행을 말한다.

우리는 이미 계몽된 시대에 살고 있는 것이 아니라 계몽이 생활화되어야만 하는 시대에 살고 있다. 미성숙한 삶이 아직 극복되지 않았기에 우리는 이미 계몽된 시대에서가 아니라 앞으로 더 계몽되어야만 하는 시대에 살지 않으면 안 된다. 대중성이나 익명성에 함몰되었기 때문에 오늘의 우리는 타인들의 도움 없이 자기 혼자 힘으로 사고하고 판단하는 것을 거부하거나 이것으로부터 도피하고 있는 실정이다. 의식적인 도피가 지배하고 있는 한, 그리고 불성실이 만연하고 있는 한 본래성에 대한 호소는 그만큼 멀어져 가지 않을 수 없다. 현대적 삶을 반성해 볼 때 우리는 자기실현과 자기상실이라는 극복 불가능한 차이 속에서 이미 살고 있다. 그렇기 때문에 오늘의 우리에게도 자기계몽을 통한 삶의 완성은 하나의 피할 수 없는 과제로 남아 있게 된다. 익명성이나 무책임한 삶으로부터 방향을 전환해서 자기 삶에 대해 의식적인 책임을 지는 것은 그렇기 때문에 더더구나 필요하게 되었다.

살아가면서 우리는 언젠가 어디에서든 피할 수 없이 한 번은 가장 궁극적인 문제를 직면하게 된다. 인간은 자기실현에 대한 고유한 과제를 바로 각자가 설정하고 이것을 각자가 완성하도록 요구받게 된다. 이 점에서 우리는 살아가면서 어떤 형태로든지 산에 형이상학을 완수하지 않을 수 없으며 그것은 결국 각자가 자기의 유의미한 전체에 대해 책임을 자발적으로 떠맡는 것을 의미하게 된다. 계몽과 연관시켜서 말할 때 자기 삶의 의식적인 주인이 되는 것은 결국 각자가 자기가 될 것이 되었다는 것을 의미한다.

자신이 된다는 것(To be myself)은 자신이 되어야 할 바 전체로서의 바로 그것이 된다는 것을 말한다. 자신이 되어야 할 바 전체는 행위를 가능하게 하는 목적으로 작용하게 된다. 인간이란 각자가 자기가 되어야 할 바로 그 완성을 내적인 자기의 고유한 가능성으로 걸머지고 있으며 그것을 하나의 이룩해야만 하는 과제로서 결국 완성하지 않으면 안 된다. 계몽은 자기완성에 대한 과제를 자발적으로 걸머짐으로써 각자로 하여금 각자가 자신에게 속한 궁극성을 완성할 것을 떠맡도록 요구한다. 스스로 지는 짐은 결코 무겁지 않다. 자기완성에 대한 요구는 미루거나 연장할 수는 있어도 결국 피해 갈 수는 없다. 왜냐하면 우리는 항상 이 완성의 지평에서 우리 자신의 행위를 묻도록 요구받고 있기 때문이다. 각자 자기가 원하는바 그것이 되었는지 그렇지 않은지를 우리는 양심을 통해 심판하게 된다.

익명성으로부터 벗어나서 자기의 고유한 가능성을 자발적으로 수행하는 가운데 인간 각자는 자기를 일치시켜 간다. 일치는 언제나 완성에 다가가는 것을 말하기 때문에 진행형으로 드러나게 된다. 자기가 자기에게 일치를 이룩하는 것이 행위가 충족되는 가장 근본적인 토대가 된다. 어느 누구도 자기의 삶을 대리시키면서 살게 할 수는 없다. 내가 나에게 하나의 의무가 되는 것은 인간 각자가 본래적인 의미에서 자기 삶에 대해 책임질 때에 한해서만 발생하게 된다. 실존신학자이자 철학자인 키르케고르는 본래적인 의미에서 자기가 되라는 요구를 받아들임으로써 자신의 삶 전체를 진정한 삶 (authentic life)으로 완성하라고 요구한다. 하이데거는 신 앞에 선 인간의 고독한 결단이라는 키르케고르의 진정성 윤리학을 세속화하면서 비본래적 실존으로부터 본래적 실존을 완성할 것을 요구한다.

진정성이란 자기의 삶 전체에 대해 의식적인 책임을 지는 끝까지 수행하는 삶을 말한다. 키르케고르는 진정성과 책임을 기초로 한 인간의 본래적인 결단과 성실성을 철저하게 완성할 것을 요구하는 한에서 책임의 윤리를 각자의 삶에 부과하고 있다. 우리는 자기가 되어야만 하는 과제 앞에서 그 과제를 수행하든지 아니면 포기하도록 결단하지 않을 수 없다. 결단이 피할 수 없는 것이라면 우리는 본래성의 요구에 용감하게 응하지 않으면 안 된다. 각자는 이 점에서 자기에게 말 걸어오는 본래성의 요구에 절대적인 책임을 지지 않으면 안 된다. 계몽이 결국 자기계몽으로 귀착되는 것은 바로 각자에게 있어서는 그들 각자의 궁극성을 완성하는 것이 유일하게도 삶의 목적과 완전히 일치하기 때문이다.

2. 자유로운 자기 창조와 책임의 불가피성

칸트는 타인의 도움 없이 자기 홀로 판단하고 성숙한 삶을 영위하는 것을 계몽의 가능조건으로 실정했다. 계몽은 무지몽매와 미성숙한 삶의 억압적 조건으로부터 해방되는 측면만 있는 것이 아니라 적극적인 의미에서는 자기의 삶에 대해 의식적인 주인이 되는 것을 관철시킬 때 책임 있고 현명하게 대처하는 것까지도 요구한다.

우리 모두가 억압이나 비진리로부터 해방되기를 바란다면 우리 모두는 우리를 억압하는 거짓과 기만의 조건들 모두를 타파하지 않을 수 없다. 우리의 지성은 판단하는 능력을 의미하고 판단은 항상 진리를 충족함으로써 스스로를 인식대상과 일치시키게 된다. 판단은 진리충족을 수행함으로써 대상에 대한 올바른 앎을 소유하게 된다.

우리가 인간으로 살고 있는 한 인간은 순수추상이나 무중력의 공간에 있을 수가 없기 때문에 항상 역사적으로 각인된 삶의 특정한 조건 아래서 살고 있게 된다. 의미는 내가 창조하기 이전에 삶의 형식으로 우리에게 주어진다. 하지만 우리 인간은 구조의 노예나 수인이 아니기 때문에 이미 형성된 삶의 틀에 결정된 것은 아니다. 인간이 개별 인간으로서 특정한 삶의 문맥적 조건에 있다는 것과 인간이 이것을 통해 결정되었다는 것이 결코 같은 것으로 여겨져서는 안 된다. 우리 인간 모두는 전통을 통해 영향을 받고 있지만 동시에 전통을 통해 결정된 것으로 있는 것은 아니다. 전통은 그 전통을 검증하는 인간의 자발적 동의를 거칠 때에 한해서만 그 의미가 다시 한 번 확인된다. 우리는 전통을 통해 영향을 받고 있기는 하지만 전통을 의식적인 변경을 통해 다르게 변형할 수도 있다. 이 점에서 우리는 자기 행위의 진정한 주인이 될 수 있다. 전통과 주체는 상호 검증을 통해 서로서로를 발전시켜 가게 된다.

계몽은 규범의 타당성 요구를 검증함으로써 인간 각자를 해방된 자로서 성숙시키는 것을 과제로 삼는다. 철학은 그것이 행위의 보편타당한 실질 구속력을 충족하기 위해서 행위의 근거요구를 관철시키지 않으면 안 된다. 계몽의 자율성 요구는 이미 현존하는 것으로 작용하고 있는 전통에 맹목적으로 거부하는 것이 아니라 그것의 타당성을 계속해서 검증하는 것을 불가피하게 만들고 있다. 왜냐하면 그렇지 않을 경우 인간은 자신의 자율성을 가로막는 타율성의 노예로 전락될 수 있기 때문이다.

철학은 부분을 전체적인 것으로 위장하는 이데올로기를 비판하지 않을 수 없다. 그리고 주체의 자율적인 성숙을 가로막는 전통의 왜곡된 억압을 언제나 극복의 대상으로 삼지 않으면 안 된다. 철학은 존재하는 것 모두를 앎의 대상으로 삼기 때문에 특정한 현실성을 마치 존재 전체로 여기는 이데올로기의 편협성을 비판하지 않을 수 없다. 이데올로기 비판만이 철학과 같은 것은 아니지만 철학은 진리를 이데올로기화하는 폐쇄성에 대해서는 언제나 비판을 하지 않을 수 없다.

자율성에 대한 요구는 모든 내용을 무화하는 것과 아무 연관이 없다. 그 반대로 자율성은 이미 작용하고 있는 전통의 삶을 검증하는 과정에서 전통을 창조해 가게 되는 것이다. 전통에 의해 매개되지 않은 순수 자율성은 아무 내용이 없게 된다. 반대로 진정한 주체의 검증을 거치지 않은 전통의 신격화는 주체에 대한 왜곡된 폭력을 행사할 위험이 있다. 자율성의 요구는 주체가 전통을 검증함으로써 동시에 주체가 자기를 검증하는 계기를 형성하게 된다. 주체가 전통을 승인함으로써 전통을 계승시키게 될 것인지 아니면 전통을 거부함으로써 새로운 전통을 창조할 것인가에 대해서는 주체 자신들의 전통에 대한 구체적인 태도를 통해서 드러나게 된다. 우리가 역사 안에서 살기 때문에 우리가 역사적인 존재로 특징지어지는 것은 아니다. 반대로 우리가 역사를 창조적으로 형성해 가기 때문에 우리는 역사적으로 살고 있다고 말해야만 한다. 역사는 사실의 집합으로서가 아니라 의미들이 지속적으로 형성되어 가는 삶의 창조로 이해되어야만 한다.

우리 모두는 각자 자기완성의 관점에서 자기 삶 전체를 조망하는 것이 가능하게 된다. 자기계몽은 언제나 각자가 자기완성의 관점에서 각자의 삶을 유의미하게 재구성할 때 발생한다. 그렇기 때문에 인간은 자율성의 극대화를 통해 자기의 모든 행동을 완성의 관점에서 철저하게 완성하지 않으면 안 된다. 이 점에서 자율이란 주어진 것이 아니라 스스로를 완성해야만 하는 것이다. 자기 자신이 되었다는 것과 자기 자신이 되지 않았다는 것 사이에는 건너뛸 수 없는 심연이 자리 잡고 있다. 이런 차이의 지배가 발생하지 않도록 하려면 인간은 자기에게 요구된 과제를 의식적으로 완성하지 않을 수 없게 된다. 결국 우리는 우리 자신에 대해 하나의 완성이라는 채무를 지고 있는 것이다. 자율은 이 점에서 책임을 걸머지고 완성하지 않을 수 없다. 내가 인간이라는 것은 내가 개별자로서 인간이 되어야만 하는 것을 말한다. 마찬가지로 각자는 바로 자기에게 속한 것을 자기가 의식적으로 완성시키지 않으면 안 된다. 자기완성의 과정에서 우리는 우리에게 미리 주어지고 있는 삶의 타율적인 조건들을 자기 성숙함의 계기로 변형시키지 않을 수 없다.

모든 해방은 알고 보면 자기 해방으로 귀결된다. 해방되기를 바란다면 해방을 가로막는 억압과 폭력의 요인을 찾아서 이것을 제거하지 않으면 안 된다. 각자에게 계몽이 필요한 것은 인간 모두가 처음부터 완성의 상태나 단계에서 자동적으로 살고 있는 것이 아니기 때문에 그렇다. 완성이라는 것은 주어진 것이 아니기 때문에 우리가 소유할 수가 없다. 완성은 하나의 이룩해야만 하는 과제이기 때문에 전체에 대한 책임을 불가피하게 요구하지 않을 수 없다. 이 점에서 보면 각자는 자기계몽의 의무를 자기가 자발적으로 걸머지는 가운데 자기완성에 대한 것을 책임 있게 수행하지 않으면 안 된다.

계몽된 주체들은 완성시키고 완성하는 각성 가운데 열린 모험을 생산적으로 진행시킨다. 괴물과 싸우면서 스스로는 괴물이 되는 것을 경계해야 하듯이 우리는 자율을 절대 공허나 결단으로 방치해서는 안 된다. 완성은 시간 개념으로 이해되는 것이 아니라 시간의식을 가능하게 하는 것으로 작용한다. 그렇기 때문에 우리는 항상 열린 각성을 통해서 자기의 고유한 과제를 지금 여기서 완성하도록 독촉을 받고 있게 된다. 그 결과 우리는 자기 각성을 통해 자기의 유의미한 의미 전체를 현실적으로 수행하게 되는 것이다. 보이지 않게 스스로를 변화시키고 완성해 가는 가운데 우리는 자기 일치를 이루어 가는 것이다.

3. 유대성을 통해 인간조건을 인간화시키는 것

인간이 인격으로 규정되는 것은 인간의 고유한 정신 때문이다. 질료 없는 순수 형상이 불가능하듯이 육체를 매개로 하지 않는 순수 정신 역시 인간의 조건에는 있을 수가 없다. 질료와 형상의 개별 실체로 인간이 소선 시어저 있다면 인간은 필연서으루 타인과의 관계를 형성하지 않을 수 없게 된다. 어떤 경우에도 혼자 살 때 정의의 요구는 발생하지 않는다. 정의는 인간이 공동존재로서 공동생활을 할 때만 가능하다. 타인은 그 안에서 내가 발견되는 거울이기도 하지만 내가 동시에 비판적인 거리를 두지 않을 수 없는 존재이기도 하다. 인간 조건이 타자와 연관되어 있다는 공동성은 아무 의심의 여지가 없다. 하지만 인간의 공동존재가 맹목적인 결합을 의미해서는 절대 안 된다.

우리 인간은 타인과 긍정적이든 부정적이든 여하튼 어떤 형식으로든지 간에 연결되어 있다. 하지만 이 연관의 불가피성이 연관 자체를 고정된 것으로 결정하는 것은 아니다. 연관의 불가피성과 연관의 결정성은 전혀 다른 일이다. 타인은 그 안에서 내가 발견되는 장소이기도 하지만 동시에 내가 극복해야 할 모습을 제공하기도 한다. 그렇기 때문에 우리 각자는 자신들이 관계하는 타인들이 누구인가를 계속해서 검증하지 않을 수 없다. 타인들이 사르트르와 같이 지옥으로 경험되든 아니면 천사로 인정되든 간에 타인은 나라는 개별 존재의 연관을 불가피하게 만드는 자임에는 틀림없다. 그렇기 때문에 타인과의 관계 맺음은 그런 불가피성을 자기 해방을 위해 생산적인 관계로 성숙시킬 필요가 있다.

타자를 배려하지 않는 절대자유는 타자를 죽일 수 있는 절대 광기나 폭력으로 둔갑될 수도 있다. 유토피아를 독점하고 그것을 만들겠다는 선민의식이 인간을 지옥으로 둔갑시킨 역사적 사례들은 일일이 열거할 필요가 없을 정도로 많이 발생했었다. 인간개조론이 지니는 위험과 야만성은 역사에서 저질러진 가장 야만적인 행위에 속한다. 유대인의 선민사상, 유럽 중심이 지닌 야만성, 중화주의가 지니고 있는 배타성, 독일민족주의의 파렴치함은 그것들이 타인들과의 건전한 유대를 파괴했다는 점에서 언제나 극복되지 않으면 안 된다. 타자를 타자로서 인정하지 않고 타자를 개조하겠다는 태도야말로 인간이 가장 경계하지 않으면 안 되는 것이다.

인간은 자신이 속한 공동체의 특정한 구성원이기 이전에 인간은 먼저 인간에게 공통으로 속한 것을 같이 공유하지 않으면 안 된다. 우리는 먼저 인간으로 분류되고 그 다음에 특정한 공동체의 구성원으로 분류된다. 그리고 인간은 사회와 역사 안에서 살고 있지만 이것을 통해 결정된 존재가 아니라 그것을 의식적인 창조를 통해 스스로 만들어 가는 존재다. 책임 있는 존재는 행위를 누구 탓으로 전가시키는 태도를 거부한다.

인간이 가장 경계해야 할 야만성은 인간을 사물과 같이 교환 가능하고 거래 가능하고 대체 가능한 사물처럼 취급하는 데 있다. 이 점에서 인간을 노예로서 거래한 것은 인간이 저지른 가장 야만적인 행위에 속한다. 백인들에 의해 저질러진 흑인들의 노예화는 결국 인간들이 인간들을 사물화할 수 있다는 야만성을 보여 준 점에서 역사상 가장 잔인한 행위로 평가받지 않을 수 없게 되었다. 인간을 노예화함으로써 인간을 통한 인간의 지배를 영구화하려는 이런 파렴치한 행동은 반드시 근절되지 않으면 안 된다. 인간을 마치 사물과 같이 교환 가능하고, 대체 가능하고, 반복 가능한 물건과 같이 취급하는 것은 인간이 인간에 대해 저지를 수 있는 가장 야만적인 행위이기 때문에 반드시 거부되지 않으면 안 된다. 악에 대한 인간의 뿌리 깊은 성향은 그렇기 때문에 계몽을 통해 정화되지 않으면 안 된다.

우리 인간은 타자와의 건전한 유대를 회복함으로써 반인간적인 행위에 대해 연대책임을 지지 않으면 안 된다. 우리 인간은 인간으로서 도대체가 해서는 안 될 일이 있다는 것을 시인하지 않으면 안 된다. 식인풍습, 노예화, 상품화, 고문, 근친상간, 유아 성폭력, 전쟁의 낭만화, 살인 등등은 어떤 경우에서든지 간에 반인륜적인 범죄로서 거부되지 않으면 안 된다. 우리가 인간으로 존재하는 한 우리는 반인륜적인 태도에 대해 언제나 거부하지 않으면 안 된다. 우리 인간은 해서는 안 되는 일이 있다. 그렇기 때문에 우리는 할 수가 없다고 말하지 않으면 안 된다.

오늘날 전 세계적으로 진행되고 있는 세계화는 부자국가들에 의한 가난한 국가들의 지배를 영구화하는 위험이 있다. 그리고 선진국 안에서도 가진 자가 가지지 못한 자에 대한 지배를 영구화하는 위험이 내재하고 있다. 자본은 이윤을 극대화해야만 하는 요구와 압박 때문에 전 세계를 투기장으로 만들어 버리고 있다. 이런 자본의 반격이 수그러들지 않는 한 가난한 국가들의 빈곤 퇴치는 영원히 불가능하게 될 것이다. 우리는 세계화를 거리의 종언으로 이해할 수는 있어도 세계 시민이나 연대로 이해할 수는 없다. 이것이 세계화가 감추고 있는 지배의 영구화의 진짜 모습이다. 세계화가 진행되면 진행될수록 인간의 연대성은 분명히 해체되어 간다. 지배가 아니라 참된 인정이 인간관계의 완성을 의미한다면 세계화를 통한 지배와 피지배의 고착화는 인간 유대성의 상실로 귀결되게 된다. 칸트가 계몽의 완성으로 이해한 세계 시민성의 요구는 세계화의 시대에서는 영원히 불가능한 것으로 되어 버릴 위험에 처해 있다.

인간들이 자아실현을 위해 인간 조건을 개선하는 방향으로 사회를 형성하는 것이 요구된다. 하지만 인간들이 그가 처한 조건들의 우연성에 의해 인간의 자아실현을 방해하도록 압박을 받는 곳에서 진정한 인간 해방을 기대하기는 불가능하다. 자기실현을 위해 인간 조건을 해방시킬 것인지 아니면 우연하게 주어진 삶의 지배구조를 영구화하기 위해 인간을 지배와 피지배로 고착시킬 것인가를 결정하는 문제는 우리에게 남겨져 있다. 이데올로기는 그것의 비객관성과 편협성 때문에 극복되지 않으면 안 된다. 유토피아는 그것이 현실화될 수 없는 공허함 때문에 우리의 관심을 끌지 못한다. 하지만 우리는 인간조건과 인간조건이 궁극적으로 추구하는 인간 해방 사이에 놓인 차이를 감안하면서 이 차이를 인간의 자기실현으로 변형하도록 하는 현실적 요구를 외면할 수는 없다. 공동체가 해체되어 버린 시점에서 세계 공동체를 말하는 것은 비현실적이다. 그렇다고 우리가 이성을 아도르노와 같이 체념적이거나 냉소적으로 사용할 필요는 없다. 반대로 우리는 지배와 피지배의 영구 고착을 통해 인간조건을 극복할 수 없다는 절망에 굴복할 필요는 없다. 이미 말한 바와 같이 우리는 조건들의 제약을 받을 뿐 이것들을 통해 결정된 것은 아니다. 이런 상황에서 우리가 할 수 있는 것은 인간의 고유한 유대성을 실현 가능한 범위 안에서 실천하는 것이다.

스토아 사상가들과 퇴계 이황이 우리에게 가르치고 있는 것은 우리가 물질의 지배를 받는 것이 아니라 우리가 물질을 지배함으로써 진정한 자기를 유지할 수 있다는 것이다. 인간은 자신의 의지의 맹목성을 극복할 필요가 있다. 물질적 조건은 인간이 자기를 실현하는 범위 안에서 충족되어야만 한다. 물질의 노예가 되는 것이 아니라 그것의 진정한 지배자가 될 필요가 있다. 각자는 의지의 맹목성과 폭군을 통제해서 이런 것들을 이성의 올바른 명령에 일치하도록 해야만 한다. 그리고 인간들은 삶의 자기실현의 가능조건 아래서 자아실현의 연대성을 실현하기 위해 인간조건을 자아실현에 도달할 수 있도록 그렇게 사회를 만들지 않으면 안 된다. 여기에서 인간의 유대성에 대한 요구가 설득력을 얻게 된다.

우리 모두가 악을 의식적으로 추구하지 않듯이 우리 모두는 절망하기 위해 사는 것은 아니다. 하지만 인간조건이 불행한 처지에 있는 사람들은 희망을 가지지 못하고 있게 된다. 이런 처지에 있는 사람들에게 인간적인 유대를 형성하는 것은 불가피하다. 그리스도교의 사람이 아니라고 하더라도 우리는 인간의 유대성을 회복함으로써 인간조건을 개선하는 데 힘쓰지 않으면 안 된다. 누구든지 자기의 이웃을 돕는 자는 하늘나라의 아버지를 돕는 것과 같은 것이다. 이웃 사랑은 인간의 유대성을 실현하기 위한 필수조건이다. 그리고 실제적으로 인간조건을 개선시킬 수 있는 행동이 수행되지 않으면 안 된다. 선행은 선행을 낳고 이것은 인간 조건을 개선하는 방향으로 현실화되어야만 한다. 동정심은 유대성의 한 표현이다. 하지만 심정적인 동조 하나로 불행한 인간 조건이 개선되는 것은 아니다. 인간의 유대성은 인간 해방을 가로막고 인간의 유대성을 저지하는 모든 종류의 폭력조건을 폐지시키지 않으면 안 된다. 동정심 하나가 유대성을 현실화시킬 수는 없다. 행동이 필수적으로 실행에 옮겨지지 않으면 안 된다.

우리는 홉스와 같이 만인의 만인에 대한 투쟁을 인간조건이라고 인정할 필연성을 느끼지 못한다. 우리는 사르트르와 같이 타인을 지옥으로 매도할 필요는 없다. 우리는 진화론이 말하는 것과 같이 적자생존이 우리 사회 성립의 기본조건이라고 단정할 필요는 없다. 우리는 인종론자들이 말하는 것과 같이 우생학을 인간의 불변하는 진리로 여길 어떤 과학적 증거도 지니고 있지 않다. 부르주아 경쟁 사회가 선전하는 것과 같이 우리는 인간들이 경제적인 지배를 위해 서로 싸우는 이기적 존재로만 인간을 고정시킬 필요는 없다. 우리는 동물농장을 토대로 해서 폭력과 전쟁이 인간의 본질이라고 주장하는 자들을 항상 경계하지 않으면 안 된다. 이런 모든 것들은 어느 특정한 관점에서 검증되지 않은 인간의 특성을 일반화하는 점에서 일반화 오류의 위험을 보이고 있다. 갈등론자들이 말하는 것과 같이 인간과 인간 간의 기본 관계가 투쟁과 대립을 통해 결정되었다고 체념할 필요는 없다.

분명히 인간의 반회성은 인간이 인간으로서 자기를 실현하는 것과 인간이 인간들을 서로 묶는 것을 불가능하게 하고 있다. 이런 반사회성이 발견된다고 해서 반사회성에 기초한 것이 인간의 본질이라고 여길 필요는 없다. 반사회성과 유대성이 서로 배척관계에 있기 때문에 우리는 유대성을 확보하기 위해 반사회성을 극복하지 않을 수가 없는 것이다. 유대성에 대한 건전한 호소만이 인간이 지배와 피지배라는 낡은 이데올로기를 벗어던지고 각자가 자기를 실현할 수 있는 삶의 조건에 다가가는 것을 가능하게 한다.

인간의 본성은 행복을 추구하고, 합리성을 추구하고, 자기실현을 목적으로 하며, 정신적인 것을 추구한다. 인간은 자기 목적이기 때문에 타자를 위한 수단이 되어서는 절대 안 된다. 행복 추구라는 공통성이 있기 때문에 우리는 이것으로부터 얼마든지 인간이 인간조건을 인간화할 유대성을 이끌어 낼 수가 있다. 징의는 바로 이런 것에 기초하게 된다. 정의를 추구하고 지킨다는 것은 인간 각자가 행복한 사회를 실현하기 위한 조건으로서 반드시 충족하지 않으면 안 되는 것들이다. 우리 모두가 행복을 추구하지 절망을 의식적으로 추구하지는 않는다. 우리 모두는 아주 병적인 극소수의 예외자를 제외하고는 일반적으로 선을 의지의 추구대상으로 삼지 악을 의식적으로 추구하지는 않는다.

오늘날 우리는 정치적인 동등성의 이념에 기초해서 인간의 보편성을 인정하고 있다. 모든 인간들이 정치적으로 동등한 권리의 소유자라는 것은 자연법의 일관된 요구사항이다. 하지만 정치적인 권리의 실현이 인간들이 처한 조건들의 차이로 인해 점차 사라져 가고 있다는 것은 부인할 수 없는 사실이다. 사실상 경제 민주화 없이 정치 민주화가 제대로 꽃을 필 수가 없는 것은 예나 지금이나 부인할 수 없는 사실이다. 정치적 권리의 동등성과 경제적 능력의 차이 사이에 존재하는 차이의 해소는 오늘날 우리는 유대성의 회복을 통해서만 극복할 수 있을 것이다. 우리 모두가 그가 처한 현실적 삶의 우연성을 책임질 필요는 없다. 우리 모두는 우리 모두가 행한 행위에 대해서만 책임을 질 수가 있다. 이런 관점에서 우리는 인간의 자기실현을 위해 인간조건을 우연으로 방치하지 않고 그것을 인간의 자기실현에 이바지하도록 개선할 수 있다. 국가가 시장과 같이 지배나 경쟁에 기초해서는 안 되는 이유가 여기에 있다.

국가는 혈연이나 지리적인 인접성을 기초로 한 공동체가 절대 아니다. 또 그렇게 되어서도 안 된다. 국가는 자유를 현실화하는 인간들을 위해 있고 그런 인간들에 기초한 공동체다. 따라서 국가는 시장과 같이 경쟁과 효율을 통해 서바이벌 게임을 일반화할 것이 아니라 인간의 자기실현을 위한 행복의 조건을 극대화하도록 해야만 한다. 자유의 진정한 내용이 자기실현에 있다면 국가의 기초는 자유를 현실적으로 완성하는 데 있다.

세계화의 시대에 세계 시민과 세계 공동체의 이념은 현실화가 불가능하게 되어 버렸다. 국가를 통한 인간 공동성과 유대성의 실현

은 시장의 논리에 의해 밀려 나가고 있는 실정이다. 하지만 그렇다
고 해서 국가의 기초가 시장과 같이 지배와 경쟁에 기초할 수는 없
다. 시장이 국가를 상대로 벌이는 서바이벌 요구에 국가가 굴복할
수 없는 이유는 국가만이 현실적으로 유일하게 인간조건의 불평등
성을 인간의 자기실현으로 변형할 수 있는 공동성을 책임지고 있기
때문이다.

4. 과학을 통한 계몽의 지속(위기 사회)

　역사적으로 보면 계몽주의는 검증되지 않은 하나의 전제 위에서
그들의 기초를 절대화했다. 그것은 과학을 신격화하는 데 있다. 계
몽주의는 이성을 신학의 시녀로 만드는 위험을 지적하고 모든 독단
을 거부하는 점에서 철저하게 우상을 파괴해 버렸다. 하지만 이런
정당성이 있었음에도 불구하고 계몽주의는 스스로의 전제를 검증
하지 않은 채 과학을 신격화하는 자기 우상에 빠지게 되었다. 따라
서 계몽주의의 이데올로기 사체가 이제는 계몽의 대상이 되지 않으
면 안 된다. 우상파괴를 목적으로 하는 계몽주의가 스스로를 자기
우상화하는 오류에 빠졌다는 아이러니는 계몽주의의 계몽과 철학
적인 의미에서 요구되는 철학 자체의 자기계몽을 구별하지 않으면
안 되도록 만들었다. 역사상 저질러졌던 가장 잔인한 전쟁은 계몽
주의가 그렇게도 멋진 신세계로 예찬했던 바로 그 과학문명 안에서
일어났다는 것을 우리는 기억해야만 한다. 멋진 신세계가 아니라

가장 잔인한 지옥을 경험했다는 점에서 과학이 인간 구원에 역행할 수 있다는 것을 우리는 간과할 수가 없다. 바로 그렇기 때문에 오늘의 우리는 깊은 잠을 잘 수가 없으며 그 결과 심한 우울증을 앓게 되었다. 한때 과학은 독단과 우상파괴를 통해 계몽을 자처했지만 오늘의 우리는 계몽을 확장된 의미로 사용하면서 계몽의 독점을 과학에 맡길 수 없는 처지에 있다. 따라서 우리는 계몽을 지속하는 현실적 과제를 반과학적으로 사고하는 것(사실 이것은 역사적 진보를 다시 후퇴시키는 야만성에 지나지 않는데)에서가 아니라 초과학적으로 사고하는 데서 마련하지 않을 수 없게 되었다. 과학과 함께, 그러나 과학을 넘어서 요구되는 계몽의 현실적 필요는 우리로 하여금 전체적인 삶의 성숙을 사고하도록 만들고 있다.

과학은 지평에 대해서만 책임을 지고 있지 자유에 대해서는 책임을 지고 있지 않다. 하지만 계몽은 자유의 실현과 연관이 있기 때문에 과학을 통한 합리성의 증가를 자기의 조건 안에 포함하지 않을 수 없다. 이 점에서 우리는 계몽을 지평을 넘어서 자유의 현실화로 가는 것으로 정의하지 않을 수 없다. 여기서 과학적 사고는 계몽의 필수조건은 될 수 있어도 충분조건은 되지 못한다는 것을 다시 한 번 확인하게 된다. 따라서 과학과 함께, 그러나 과학을 넘어서 사고하는 것이 진정한 계몽의 실현을 위해 반드시 거치지 않으면 안 되는 과정이라는 것이 다시 한 번 타당성을 얻게 된다.

오늘에 요구되는 새로운 학문적 요구

1. 개념 진화의 불가피성

오늘날 과학이론은 칸트가 규정한 '경험 가능성의 조건'에 대한 이론을 검증이론과 시행착오론으로 대체해 버린다. 칸트는 순수수학과 순수자연과학의 형이상학적 근거를 준다고 했지만 오늘의 과학이론은 칸트의 해법을 시대착오적인 것으로 거부하고 있다. 칸트가 회의주의와 독단론으로부터 선험철학의 성립가능성들을 정당화하려고 노력한 것은 잘 알려진 사실이다. 하지만 그렇다고 해서 칸트의 선험철학이 모든 비판으로부터 면제된 채 철학적 최후근거를 충족하는 것은 아니다. 이미 신칸트학파 안에서도 칸트 철학의 현재성을 놓고 격렬한 논쟁이 있었다. 뉴턴을 철학적으로 정당화했다고 해서 마부르크의 신칸트학파는 칸트의 선험철학이 과학에 대한 최종적인 근거지음이라고 생각했다. 반대로 하이델베르크를 중심으로 하는 신칸트학파는 칸트를 문화철학적인 의미에서 그 유산을 보존하려고 했다. 양자론의 충격 이후에 칸트의 과학이론을 계속 고집하는 것은 시대착오적인 웃음거리에 지나지 않는다는 인식 때문에 이들은 과학이 아니라 도덕과 문화, 역사 방향에서 칸트 이론의 유산을 현재화하려고 했다.

우리는 르네상스의 이념, 즉 진리는 시대의 딸이라는 것을 항상 기억해야만 한다. 헤겔은 이것을 자기 철학의 중심으로 설정하면서 처음으로 시대 자체를 철학의 분석 테마로 삼았다. 칼 포퍼와 그의 추종자들인 비판적 합리론자들은 반증에 견디는 한에서만 이론을 잠정적으로 인정하고자 한다. 실용적 검증에 통과하는 것만이 이론적으로 스스로를 입증한 것이기 때문에 모든 이론은 반증에 견뎌야 하고 새로운 도전으로부터 스스로를 방어할 수 있어야만 한다.

칸트의 경험조건들에 대한 가능성의 탐구, 피히테의 자아일원론, 셸링의 절대동일성, 헤겔의 사변변증법은 사실상 오늘날 비판적으로 재검토되고 있으며 그런 과정에서 비판적인 해체를 경험하고 있다. 이런 해체작업은 아직도 계속 진행 중에 있기 때문에 우리는 진리를 독단으로부터 구하는 한에서 비판적 해체작업을 가속화하지 않으면 안 된다. 살생부를 통해 무엇이 아직도 살아 있고 죽어 있는지를 정확하게 해부해 보아야만 한다. 이 과정에서 우리는 어떤 주체가 죽었는지를 정확하게 부검할 의무가 있다.

진리와 시간을 결합한 헤겔의 시도가 포퍼에 의해서 비판적으로 문제시되고 해체를 경험한다고 해서 우리는 조금도 당황할 필요가 없다. 이미 헤겔과 칸트의 지식이론이 우리의 관심을 사로잡았던 시대가 아니기 때문에 우리는 그런 조종을 그렇게 슬퍼할 필요가 없다. 이론의 진화는 이론이 새로운 도전에 직면해서 그 상황을 극복할 수 있을 때만 타당한 것으로 성립된다. 그렇기 때문에 칸트와 헤겔의 학문이론이 진화에 실패했다면 우리는 그 이론들에 대해 그 것에 합당한 대우를 해 주어야만 한다. 문제는 어디서 그런 실패를 정당한 것으로 평가할 수 있는가에 있다. 진리가 시대의 딸이라고 주장한 르네상스의 근본 주장은 여전히 독일관념론에도 적용되지 않으면 안 된다. 포퍼는 헤겔을 잘 알지 못했지만 여전히 타당한 헤겔 비판을 수행하고 있다.

이론이 타당성을 유지하기 위해 경험과의 검증이 필요하다는 것은 이제 상식이 되었다. 이론과 경험의 충돌은 이론의 부적합성을 증명하는 것이기 때문에 이론은 새로운 적응을 위해 자신의 낡은 외피를 해체시키지 않으면 안 된다. 이론의 실패는 이론으로 하여금 새로이 실재와 접촉하는 것을 가능하게 하기 때문에 실재는 이론을 부단히 진화시키는 동력으로 작용한다. 이론과 실재 사이에 있는 이 팽팽한 긴장은 이론의 자기완결성을 철저하게 거부하도록 만든다. 칼 포퍼는 개념의 동력은 수용하지만 이 동력에 대해서는 헤겔과 다른 해법을 제시한다. 이론의 실재에 대한 적응의 실패는 이론으로 하여금 실재에 대해 진화하도록 압박을 가한다. 이론은 실재와의 부적합성을 극복하기 위해 자신의 비진리를 극복하도록 압박을 받는다. 포퍼는 헤겔이 개념에 부여한 자율적인 운동을 비판하면서 이런 변화의 가능조건은 개념 자체의 논리가 아니라 실재의 압박으로부터 발생한다고 주장한다.

칼 포퍼는 탐구의 역동성을 통해 진리를 가능성의 조건 해명으로 설정한 칸트의 무역사성을 비판한다. 그가 주장한 시행착오론은 탐구 행위가 역동적으로 진행되어야만 한다는 것을 강조하는 점에서 그 어떤 이론도 예외로 두지 않는다. 포퍼는 이 점에서 헤겔과 마찬가지로 범주를 역사화하려는 헤겔의 칸트 비판과 매우 유사하다. 반대로 포퍼는 헤겔과는 달리 탐구의 역동성은 이론의 실재에 대한 진화의 실패에 있기 때문에 그 역동성을 주도하는 것은 개념의 자율운동이 아니라 실재의 압박으로 설명한다. 탐구의 역동성을 설명하는 방식에 있어서 비록 포퍼와 토마스 쿤이 아주 첨예한, 그러나 생산적인 논쟁을 벌이고 있음에도 불구하고 우리는 이 둘의 유사성을 발견할 수 있다.

패러다임은 실재에 대한 가장 포괄적이고 총체적인 틀로서 작용한다. 우리는 이 패러다임을 통해 세계와 접촉하고 세계를 규정한다. 하지만 패러다임으로 설명할 수 없는 이상징후나 예외의 발견은 패러다임의 포괄성에 대해 의문을 갖도록 만든다. 기존의 패러다임을 옹호하는 자들은 이런 예외나 이상징후의 출현을 보조가설을 통해 해결하려고 한다. 왜냐하면 그들은 패러다임을 지키기 위해 보조가설을 통해 이런 예외를 기존의 틀 안에 흡수하려고 하기 때문이다. 하지만 예외의 증가와 이상징후의 축적은 보조가설마저 의문시하면서 기존의 패러다임이 유효하지 않다고 비판을 가한다. 결국은 새로운 현상에 직면해서 새로운 패러다임이 발생할 수밖에 없고 이런 발생은 새로운 패러다임이 새롭게 제기되는 현상을 가장 잘 설명한다는 이유 때문에 그 타당성을 유지하게 된다. 결국 패러다임의 변화는 불가피하다. 물론 이 변화를 놓고서 포퍼와 쿤 그리고 화이어아벤트가 격렬한 논쟁을 벌이고 있기는 하지만 말이다.

개념은 실재와의 생생한 접촉을 상실할 때 스스로 진화하도록 압박을 받고 있다. 이론의 실패는 이론으로 하여금 적응할 기회를 제공한다. 따라서 이론은 스스로를 새롭게 재규정하지 않으면 안 된다. 포퍼의 시행착오론은 논리학에서의 후건부정과 유사한 구조로 되어 있다. 포퍼는 이론의 실패로 하여금 이론이 새롭게 실재에 동화해 갈 수 있는 기회를 주기 때문에 이 과정의 역동성을 통해서만 이론은 실재와의 긴장을 유지할 수 있다고 본다. 포퍼의 시행착오론은 범주의 불변성이 하나의 거짓된 신화임을 분명히 밝히고 있다. 포퍼와 칸트 둘 다 비판철학자이지만 그들이 비판이라는 의미를 규정하는 방식은 서로 다르다. 포퍼에게 비판은 이론의 한계를 뚜렷하게 드러냄으로써 이론의 자기완결성과 자족성을 해체하는 것을 목적으로 한다. 그렇기 때문에 이론의 자족성과 완결성은 그것이 폭력적인 독단으로 작용할 수밖에 없게 된다고 그는 주장한다. 포퍼는 이론의 진화를 주장함으로써 이론이 실재에 대해 적응을 해야지 폭력을 행사해서는 안 된다고 경고한다.

칸트가 주장한 범주의 불변성과 자족성 그리고 충분성은 철저하게 재검토되거나 부정되지 않으면 안 된다. 왜냐하면 실재를 그렇게 설명할 수 있는 개념은 없거나 있더라도 그렇게 세계가 구성되어 있지 않기 때문이다. 실재와 무관하거나 실재로부터 고립된 채 개념의 그릇된 성을 쌓을 수는 있다. 그리고 그 안에 안주해서 사상의 것을 마치 진리인 것인 양 사기를 기만할 수도 있다. 인간만이 자기를 기만할 수 있는 유일한 동물이다. 이 점에서 인간은 아주 비참해질 수 있다. 포퍼와 쿤의 학문이론은 이런 거짓 자기기만에 대해 철저하게 부정한다. 학문이론에서 제기되는 새로운 합리성의 기준은 진리는 개념과 실재의 일치를 충족시킬 뿐만 아니라 이 충족이 사이비 충족이 되지 않기 위해서는 계속해서 경험적인 검증을 거쳐야만 한다는 것이다. 검증을 통해 살아남는 것만이 이론의 타당성을 유지할 자격이 있다. 공적인 검증을 거침으로써만 이론은 자신의 타당성을 입증할 수 있을 뿐이다. 비판만이 열려 있다는 칸트의 근본 주장은 포퍼나 쿤에 의해 새롭게 변형되고 있다. 이 변형은 오직 공적인 검증을 계속해서 견뎌 낼 수 있은 이론만이 스스로를 입증한 것으로 받아들여질 수 있다는 것이다. 따라서 진리를 합의로 재구성하려는 하머마스의 시도는 비판되지 않으면 안 된다. 합의는 비록 제한된 영역에서 적용될 수 있는 부분적인 타당성은 지닐지 모르지만 진리에 대한 기초제공이나 대안은 아니다. 진리는 공적 검증을 통과함으로써 이론이 실재에 대해 적합성과 충족성을 지속적으로 유지할 수 있을 때만 가능하다. 개념과 실재의 일치, 이론과 경험과의 적합성은 이제 일회적인 것으로서가 아니라 지속적인 과정으로서 검증되지 않을 수 없다.

2. 독단, 회의, 탐구의 역동성

관찰은 이론에 의존해서 이루어진다. 이론은 패러다임에 기초하고 있다. 하지만 패러다임은 고정되어 있는 것이 아니라 지속적인 변화의 과정에 있다. 그리고 이 과정은 탐구의 역동성이라는 것으로 진행되어 갈 뿐 논리적인 보증이나 자기완결적인 체계에 의해 마감되는 것이 절대 아니다.

독단론자들은 주장만 할 뿐 그 주장을 정당화해 줄 근거제시를 하지 않는다. 따라서 모든 독단은 계몽의 적으로서 비판되지 않으면 안 된다. 진리는 처음부터 끝까지 독단을 거부하지 않을 수 없다. 비판적 사고는 독단적 사고를 부적합하고 폭력적인 것으로 부정하지 않을 수 없다.

회의론은 독단의 전제군주를 비판하는 한에서 옳다. 하지만 회의에도 내용은 있어야 한다. 의심을 위한 의심이 아니라 무엇을 위한 의심인가를 밝혀야만 한다. 그런 한에서만 의심은 구체성을 입증할 수 있다. 모든 것을 다 의심한다는 것은 모든 것의 차이를 전혀 고려하지 않고 모든 것을 다 획일화시키는 위험과 맹목성을 드러낸다. 모든 것의 진리주장에 대해 의심할 수는 있어도 모든 것이 다 의심의 대상이 되는 것은 아니다. 수학의 진리를 의심하는 자는 그만큼 무능하거나 불필요한 짓을 하는 것이다. 수학에 있어서 증명의 필연성과 논리학에서의 추론의 타당성은 심리적인 것이 아니기 때문에 심리적인 의심의 대상이 될 수 없다. 과학적 가설은 의심할 수 있지만 수학의 공리는 의심의 대상이 될 수 없다. 내용에 의해 연결되지 않은 회의의 남용은 회의가 독단을 막는 데 일조하는 것에 못지않게 스스로를 독단화하는 위험에 빠뜨릴 수가 있다.

진리를 주장하는 자들은 진리주장에 대한 타당성을 충족시켜야만 한다. 마찬가지로 회의론자늘은 무엇에 대한 회의인가에 대해 내용적인 검증을 해야만 한다. 무엇을 모른다는 것과 아무것도 모른다는 것은 하늘과 땅만큼이나 차이가 있다. 무엇에 대해 의심하는 것과 모든 것에 대해 무차별적으로 의심하는 것은 전혀 다른 차원의 것이다. 회의가 방향을 잃지 않으려면 회의는 내용에 대한 연관을 구체적으로 제시할 수 있어야만 한다. 계몽적 사고는 회의가 독단을 피하는 한에서만 그 필요성을 인정하지만 모든 내용에 대해 무차별적인 테러를 자행하는 맹목적인 의심에 대해서는 거부한다. 이럴 경우 회의는 자기구제의 가능성으로 이어지는 것이 아니라 병이 된다. 우리가 맹목적으로 의심하는 자들의 무지까지 책임질 필요는 없다. 자기기만을 피하고 실재와 생생한 접촉을 원한다면 우리는 그 연관을 가로막고 있는 억압의 조건에 대해 정확하게 대결하지 않을 수 없다. 황달에 걸린 자에게 세계가 노랗게 보이는 것은 어쩔 수 없지만 그렇다고 해서 세계가 노랗게 되어 있는 것은 아니다. 어떤 것이 의심스럽게 보일 수는 있어도 세계가 있다는 것이 의심스러울 수는 없다. 그런 의심은 아무 가치도 없고 또한 아무 소득도 산출하지 못하며 경우에 따라서는 공연한 피곤함만을 불러일으킨다.

독단의 폭력성과 회의의 무연관성을 극복하는 것은 탐구의 역동성을 통해서만 가능하다. 탐구는 이론의 경험과의 생생한 검증을 공적으로 제도화하는 것이기 때문에 독단의 폭력성이나 거짓된 자기완결성으로부터 우리를 해방시켜 준다. 또한 탐구의 역동성은 회의주의자들의 대상 관련 상실로부터 우리를 지켜 줄 수 있기 때문에 이론의 세계에 대한 연관을 계속해서 끌고 갈 것을 요구한다. 내용을 파괴하는 이론의 폭력성과 아무것도 산출하지 못하는 무관련적 자기 소진을 극복하기 위해서 우리는 탐구의 역동화를 참된 의미에서 계몽적 합리성으로 제시하지 않을 수 없다.

가설을 통해 세계를 설명해 보고 세계와의 구체적인 검증을 통해 가설의 타당성을 유지할 것인지 아니면 그것을 폐지할 것인지를 우리는 정해야만 한다. 폐지된 가설은 새로운 적응을 위해 새롭게 재구성되면서 실재와의 연관을 잠정적으로 유지하게 된다. 실재의 복잡성을 이해하기 위해 가설을 설정하는 것은 피할 수 없지만 그렇다고 해서 우리는 가설을 실재라고 착각하면 안 된다. 모델의 단순성은 실재의 복잡성을 설명하기 위한 도구적 틀이지 도구 자체가 실재는 아니다. 따라서 우리는 도구의 유용성과 불가피성을 인정해야지 도구 자체를 세계라고 단정해서는 안 된다. 실재의 복잡성은 이해를 위해서 모델의 단순함을 불가피하게 요구할 뿐이고 이론의 단순함 역시 실재의 복잡성에 비추어서 새롭게 재규정되지 않으면 안 된다.

오늘의 카오스 이론은 초기 조건들이 지니고 있는 요인들의 복잡성으로 인해 후기조건들의 결과가 복잡해진다는 주장을 제시한다. 따라서 우리는 이 과정을 결정된 인과율로 확정할 수 없고 질서로 환원되지 않는 엔트로피의 증가를 이론의 한계로 인정하지 않을 수 없게 된다. 카오스 이론에 따르면 질서는 기껏해야 무질서의 한 특별한 경우다. 하지만 그 반대는 아니다. 그렇기 때문에 탐구의 역동성에서 우리는 인과율을 마치 결정론으로 그릇되게 사용해서는 안 된다. 실재의 불연속성과 비연속성을 마치 인과율이라는 틀을 통해 획일화된 것으로 결정해서는 안 된다. 실재구조의 복잡성은 그 이해를 위해 이론적인 단순성으로 모델화될 필요는 있지만 그렇다고 해서 모델이 실재 자체는 아니다. 모델과 실재 사이의 관계는 환원과 재검증을 통해 끊임없이 재구성되지 않으면 안 된다.

이론이 실재에 대해 폭력을 행사하거나 거짓된 관계를 산출하지 않으려면 우리는 이론이 과연 그것이 설명하려는 대상을 통해 그 타당성이 충족되었는지를 검증하지 않을 수 없다. 독단적 사고의 폭력성과 회의주의 사고의 임신 불가능성은 이 점에서 철저하게 극복되지 않으면 안 된다. 탐구의 역동성은 회의를 인정하지만 회의를 위한 회의로서가 아니라 내용과의 연관을 지속적으로 산출하는 것인 한에서만 회의를 탐구의 역동성 안에 불가피하게 계기화하지 않을 수 없다.

진리는 이론의 실재 규정과 실재의 규정 충족이 모두 이루어질 때만 성립한다. 마음 안에서는 구체적인, 개념적인 규정으로 드러나고 마음 밖에서는 실제로 존재하는 것으로 충족될 때 이런 일치는 동시에 실현된다. 이 점에서 우리는 이론이나 개념을 수반하지 못하는 무연관성의 과도한 집착을 회의주의의 병으로 비판하지 않을 수 없다. 관계 자체를 맺지 못하는 무능력 못지않게 위험한 것은 관계 자체를 왜곡하고 그 왜곡된 것을 지속적으로 강요하는 것이다. 비판적 사고는 계몽적 사고로서 이런 그릇된 관계 자체를 해체하지 않을 수 없다. 비판적 사고는 해방적 사고로서 이 점에서 자기 구원의 가능성을 스스로 걸머지고 가지 않으면 안 된다. 진리를 주관화하려는 위험으로부터 계속해서 건져 내고 스스로를 계몽된 자로서 살기 위해서 우리는 자기기만의 가능성과 암초를 계속해서 극복하지 않으면 안 된다. 이론이 타당하게 적용될 수 있는 범위를 정함으로써 이론으로 하여금 그 한계 안에서 타당성을 지배하도록 하는 것은 결국 이론과 실재에 유익하다. 탐구의 역동성은 그렇기 때문에 무용, 남용, 오용 모두를 그릇된 것으로 해체시키지 않을 수 없다. 거짓된 기만과 싸우는 것 역시 자기 구원의 길로 가는 과정을 형성한다.

명제의 진리검증은 참과 거짓을 분리하는 활동을 통해서 이루어진다. 여기서 거짓은 비진리로서 모든 연관 충족이 좌절된 것을 말한다. 하지만 진리검증의 차원이 아니라 해방적 일치의 과정에서 저질러지는 오류의 가능성은 우리가 그 오류를 다시 재생산하지 않는다는 점에서 진리발견의 불가피한 계기를 이룬다. 여기서 오류는 비진리로 포기되는 것이 아니라 의미 있는 시행착오로서 탐구의 진행 과정 안에 편입된다. 그때에 한해서 우리는 오류도 진리발견의 한 계기로 작용할 수 있다는 것을 알게 된다. 포퍼가 말하는 시행착오는 단순한 착오가 아니라 진리발견에 있어서 우리 인간들이 의미 있게 치러야 할 불가피한 대가를 의미한다. 하지만 이 오류가 의미가 있으려면 우리는 그 오류가 발생한 과정을 재구성함으로써 그 오류를 진리발견의 계기 안에 편입시킬 때뿐이다. 참으로 성숙한 신은 우리 인간이 시건방지게 때 아니게 성장하는 것을 싫어한다. 마찬가지로 우리도 진리발견의 과정에서 오류를 저지를 수 있다는 가능성을 숨기지 말아야 한다. 완벽에 대한 과도한 요구가 결국은 이론적 무능과 무기력을 감추려는 시도에 지나지 않듯이 시행착오 없이 단숨에 진리에 이르려는 성급함 역시 우리는 경계하지 않을 수 없다. 독단론과 같이 우리가 완전히 자족하는 체계로부터 출발할 때 우리는 그런 체계가 절대로 성립할 수 없다는 해체를 경험하게 된다. 반대로 우리가 비진리를 진리 발견의 계기 안으로 편입시킬 때 우리는 그런 해체를 전체의 일부로 간주할 수 있게 된다. 칸트의 비판철학이 그 정당한 요구에도 불구하고 경험과 무관한 가능성의 조건들에만 집착할 때 그 이론은 그릇되게도 경험에 대해 폭력을 행사할 수도 있다. 비판철학이 독단론으로 둔갑되는 것을 막기 위해서 우리는 비판을 경험과의 연관을 획득하는 것으로 역동화시키지 않을 수 없다. 반대로 내용 없는 맹목적 회의주의가 아니라 진리발견의 과정에서 우리 인간들이 치러야 할 불가피한 대가로 회의를 이해할 때 우리는 그런 회의가 발견의 동력을 형성하는 것으로 인정하게 된다. 내용 파괴적인 회의주의가 아니라 발견에 기여하는 회의가 되어야만 한다.

3. 측정된 측정

진리는 주관화의 위험에 끊임없이 저항하지 않을 수 없다. 주장만 하고 그 주장에 대해 정당한 근거를 제시하지 않는 것을 우리는 독단의 위험 때문에 거부하지 않을 수 없다. 독단에 저항하려는 것은 소크라테스 이래 계속해서 인간이 자기계몽을 완성하기 위해 요구해 온 것이다. 칼 포퍼의 비판적 합리주의는 이 점에서 계몽적 사고를 잘 계승하고 발전시키고 있다고 보아야 한다.

관찰은 이론에 의존해서 진행되고 이론은 패러다임이라는 큰 틀 안에서 작동한다. 하지만 패러다임은 고정불변의 것이 아니라 변화에 종속하기 때문에 우리는 패러다임의 역사적 변화를 인정하지 않을 수 없다. 독단과 싸우는 비판철학이 스스로 독단이 될 수는 없다. 그렇다면 비판철학의 자기근거 역시 검증과 정당화의 과정을 거쳐서 지속적으로 그 전제를 증명하지 않으면 안 된다. 어떤 것도 오류로부터 자유롭거나 면책될 수 없다면 이것은 비판철학에도 그대로 적용되어야만 한다.

개념의 자기완결성은 개념이 실재에 가하는 가장 잔인한 폭력이다. 개념은 실재로부터 고립되지 않기 위해서는 계속해서 실재와의 연관을 유지해 가야만 한다. 개념은 실재와의 긴장된 관계를 유지함으로써 스스로의 타당성을 입증할 수 있는 것이다. 개념은 자족하는 불변이 결코 될 수도 없고 또 되어서도 안 된다. 왜냐하면 개념은 항상 실재를 통해 그 규정이 측정되지 않을 수 없기 때문이다. 개념은 실재를 통해 측정된 것에 불과하기 때문에 진리의 절대기준이 아니라 진리를 형성하는 과정적 계기에 불과하다. 개념과 함께, 그러나 개념에 거역해서 진행한다는 것은 개념이 실재와 생생한 관계를 형성한다는 것을 말한다. 개념은 실재와 관계할 수밖에 없고 또한 실재와의 관계를 통해 자신의 규정을 충족시켜야만 하기 때문에 개념의 충족과정은 실재 의존적이 될 수밖에 없다. 연관을 주도하는 개념이 연관을 상실할 수도 있다는 것은 개념의 규정이 실재를 통해 좌절되었다는 것을 말한다. 이것은 개념으로 하여금 개념의 진화를 불가피한 것으로 만들고 있다.

칸트가 말한 범주의 불변성, 충분성, 자족성, 선험성은 이제 수학과 물리학에서 거부되어 가고 있는 추세다. 칸트는 순수수학의 성립가능성, 순수자연과학의 성립가능성에 대해 근거를 제시하려고 했시반 오늘의 수학과 과학은 그린 칸트적인 헤법에 더 이상 의손하지 않는다. 이론과 관찰결과의 충돌, 개념과 실재가 불일치할 때 우리는 이론이나 개념을 포기하도록 강요받고 있다. 현대의 과학이론은 탐구의 역동성을 통해 칸트가 말한 범주를 하나의 생성으로 대체해 버린다. 칸트의 비판철학도 경험으로부터 배울 수 있어야만 하지 경험에 대해 폭력을 행사해서는 안 된다. 경험가능성의 조건에 대한 칸트의 탐구는 빛을 잃었을 뿐만 아니라 그것이 경험에 도움이 되지 않는다는 점에서 이제 새롭게 비판의 대상이 되어 버렸다. 경험가능성의 조건에 대한 칸트의 탐구는 이제 경험가능성의 좌절이라는 것을 경험하면서 새롭게 문제를 제기하지 않을 수 없는 상황에 처했다. 인식론을 자연주의화하려는 시도는 이제 더 이상 진리검증에 있어서 범주의 고정성에 의존하지 않는다.

경험의 탐구에서는 어느 방법론이 특권을 지니는 것이 아니다. 과학적 접근과 무관하거나 과학적 접근보다 탁월한 메타 차원에서의 진리소유는 이제 더 이상 유지될 수도 없고 허용될 수도 없다. 철학이 과학에 대해 근거를 줄 수 있다는 저 낡은 틀이 변하지 않는 한 철학은 이제 학문과의 충돌을 계속해서 지니고 가야 할 운명에 처한다. 하지만 철학이 자기구원을 위해 학문과의 대화를 지속하고자 한다면 철학은 대화를 불가능하게 만들고 있던 장본인이 바로 철학 자체의 고립에 있다는 것을 고백하지 않을 수 없다. 비판적 사고는 한계를 명백히 밝힘으로써 한계를 뛰어넘는 것을 말한다. 따라서 칸트 선험철학의 한계를 명백히 설정함으로써 경험을 새롭게 구제하려는 방향에서 선험철학이 재정립되지 않을 수 없다. 결국 이것은 시행착오를 일상화하는 데서 성립하게 된다.

개념의 진화 바로 이것이 개념이 실재에 대해 올바른 관계를 설정하는 방식이 된다. 개념은 실재 파악에 있어서 불가피하게 작용하지만 그렇다고 해서 이 불가피성이 불변성이 될 필요는 없다. 개념의 불가피한 동반이 개념의 불변과 자족을 의미하는 것이 아니기 때문에 우리는 개념과 함께, 그러나 개념에 거역해서 사고하지 않을 수 없는 것이다. 개념의 진화는 개념이 실재와의 지속적인 접촉을 완성하는 것으로 이어지기 때문에 결국 개념 자신의 자기 해방이 된다. 개념은 결국 자기존립의 근거를 실재와의 지속적인 접촉을 통해 유지해 가지 않을 수 없다. 이 과정은 절대 보험회사가 아니다. 탐구의 역동성은 그 과정이 불가피하다는 것을 제시할 뿐 어떤 방법적 절차에 의한 보증을 수반하지 않는다.

과학이 보여 주는 것은 과학에 있어서 새로운 발견이 계속해서 이루어진다는 과정의 역동성이다. 칸트의 인식론은 타당성 검증에 있어서 과학의 검증이론을 통해 대체되어 가는 추세에 있다. 실재는 그것이 존재하기 위해 개념에 의존하는 것이 아니다. 개념은 실재를 정확하게 파악하고 규정하지 못하면 실재로부터 고립되게 된다. 결국 개념은 실재와 관련하면서 실재를 적합한 것으로 규정하도록 실재로부터 압박을 받고 있는 것이다. 개념은 불가피하게 탐구를 인도할 뿐 지배하는 것은 아니다. 언어나 범주 없이도 실재는 존재한다. 인간과 독립적으로 존재하고 있는 실재에 대해 우리는 알고자 한다. 우리 탐구 대상의 일차적인 대상은 실재이지 개념이 아니다. 개념은 실재를 파악할 수도 있고 없을 수도 있다. 따라서 실재를 통해 개념을 역동적으로 진행시키는 것은 피할 수가 없게 된다. 헤겔은 칸트의 범주를 역사적 생성으로 대체한 점에서는 옳았다. 하지만 그는 개념을 자기 완결적인 폐쇄적인 체계로 마감했기 때문에 실패했다.

구체적으로 사고하자는 말은 결코 구체적이지 않다. 우리는 오늘날 학문이 전문화된 영역 속에서 살고 있다. 실재는 실재를 접근하는 관점의 상이성 때문에 상당히 복잡한 방식으로 밝혀지고 있다. 우리는 오늘날 모든 관점을 통합하는 그런 전일성을 소유할 수도 없는 시대에 살고 있다. 소위 말해서 학문의 검증요구와 타당성 조건에 대한 정당화 해명 사이에 너무 깊은 골이 파여 있는 분열된 세계에서 살고 있다. 학문의 검증 이론은 칸트가 말한 선험철학, 즉 경험가능성의 조건에 대한 정당화 해명을 개별 검증을 통해 대체해 버리고자 한다. 그리고 학문론은 헤겔이 말한 개념의 자기완결성과 체계성을 실재에 대한 그릇된 해석으로 추방시켜 버린다. 칸트와 헤겔의 인식론이 우리의 학문적 요구를 충족시키지 못하고 있는 실정에서 우리가 이것들을 고수할 필요는 없다.

진리는 진리일 뿐이다. 차이에 직면해서 차이를 회피하거나 도피할 수는 있어도 그것을 부정할 수는 없다. 차이에 직면해서 우리는 기존의 패러다임이 더 이상 유효하지 않을 때 옛 패러다임을 고수할 필요가 없다. 새로운 현상을 설명하지 못하는 옛 패러다임의 문제와 한계를 폭로하면 될 것이지 패러다임을 고수하기 위해 새롭게 출현한 현상에 대해 폭력을 휘두를 필요는 없다. 그것은 결국 새롭게 출현한 현상을 이해하는 데 실패했다는 자신의 무능만 고백하는 꼴이 된다. 결국 절차적으로 보장된 안전한 길을 포기하는 대신 우리는 탐구의 역동성을 통해 진리를 계속적으로 관철하려는 욕구를 받게 된다. 철학의 욕구는 진리를 계속적으로 실현하려는 것을 통해서만 그 정당성이 입증된다. 칸트나 신칸트학파가 기대고 있었던 뉴턴 물리학의 토대가 아인슈타인을 통해 새롭게 규정되지 않을 수 없는 마당에 우리가 칸트를 고수한다면 우리는 결국 진리를 등지고 개인을 우상 숭배하는 어리석음을 자행하는 꼴이 된다. 칸트의 비판철학을 비판하는 것은 사태 자체의 요구로부터 진행되는 것이다. 칸트 선험철학의 운명은 새롭게 제기되는 현상에 직면해서 그것을 유용하게 해결하는 데 있지 칸트의 주장을 재생산하는 데 있지 않다. 때로 어느 사상가의 재생산이 무지의 재생산일 수 있다는 것을 우리는 경험을 통해 매우 잘 알고 있다. 철학을 거의 교조주의적 수준으로까지 독단화하려 했던 마르크스의 시도가 실패해야만 하는 것은 너무나 당연하다.

오늘날 철학에 남아 있는 것은 비판을 촉진시킴으로써 비판을 완성해야만 한다는 것뿐이다. 그것은 철학이 자기 이론이나 전제에서 검증되지 않고 남아 있는 원리적 한계를 밝혀서 그것을 새롭게 진리의 요구에 부합하도록 변형시키는 것이다. 독단과 싸우는 철학이 독단이 될 수 없듯이 진리를 추구하는 이론이 진리에 거역해서는 안 된다. 문제의 본질은 진리의 실현이고 우리는 이 과정에서 계속해서 비판적으로 검증을 받고 있는 것이다. 인간은 모든 것의 척도가 아니다. 인간은 기껏해야 측정된 측정에 불과하다. 우리는 칸트처럼 자연에 대해 법칙을 제공하는 것이 아니라 자연의 법칙성을 발견할 뿐이다. 발견은 그러나 가능성의 조건탐구에 대한 정당화 해명을 통해서가 아니라 탐구의 역동성을 통해 진행될 뿐이다. 과학은 이 과정에서 우리로 하여금 끈기를 요구한다. 즉 이론이나 개념이 실재로부터 고립되지 않기 위해 이론이나 개념을 실재에 계속해서 붙여야만 한다고 주장하면서 말이나. 개념의 좌절이 개념의 분발을 촉진하는 것은 너무 당연한 것 아닌가?

비판철학에서 시작한 칸트의 시도는 독단으로 끝날 위험을 지니고 있다. 단 칸트가 범주의 진리성을 실재로부터 고립시킨 채 실재에 대한 조건으로 고정시킬 때 한해서 그렇다. 반대로 독단으로부터 출발한 철학은 독단의 좌절로 인해 독단을 부정하는 결과를 필

연적으로 경험하게 된다. 독단은 그렇기 때문에 자기 전제의 오류
나 비진리를 극복하는 한에서 비판철학으로 발전할 가능성이 남아
있다. 마르크스의 이론적 독단도 경계해야 하지만 칸트의 선험철학
이 지니고 있는 공허한 형식성에도 우리는 아울러 경계를 하지 않
을 수 없다. 또한 우리는 경험과 무관하게 개념의 자기완결성을 강
조하는 헤겔의 사변변증법도 아울러 비판하지 않을 수 없다.

4. 이론의 열린 개방성과 화해

역사의 법칙을 미리 결정할 수는 없다. 역사의 형성에는 너무 많
은 변수들이 함께, 그리고 예측할 수 없는 방식으로 서로 작용하기
때문에 우리는 역사를 결정론의 틀에 따라 마감할 수가 없다. 역사
의 진행을 과학적으로 결정할 수 있다고 믿었던 마르크스의 역사적
유물론은 과학에 대한 몰이해에 기초한다. 이론과 실재의 충돌은 이
론으로 하여금 그 부적합성을 수정하도록 강제한다. 경험으로부터
우리가 무엇인가를 배우고자 한다면 우리는 이론을 수정하도록 만
드는 실재를 인정하고 존중하지 않을 수 없다는 것이다. 역사적 유
물론은 이런 자명한 상식조차 받아들이지 못할 만큼 경직되었고 독
단적이었다. 역사적 유물론이 폭력이 되지 않으려면 그것은 자기 안
에 검증되지 않고 남아 있는 비진리나 가상을 제거해야만 한다.

마르크스는 적과 동지의 논리를 세속화하면서 자기 이론에 일치
하지 않는 것은 모두 제거하거나 사이비 과학으로 매도해 버렸다.

역사법칙의 결정론을 과도하게 강조함으로써 그는 자기 이론의 과학적 우수성을 입증하고자 했다. 이 단순성 때문에 그 이론은 스스로를 기만하면서까지 유지될 수 있었지만 그 대가는 엄청나게 큰 것이었다. 우리는 오늘날 이론의 자기 수정을 염두에 두기 때문에 스스로의 전제에 대한 반성을 수반하지 않은 채 현실에다가 무리하게 이론을 강요하는 것을 이론의 폭력으로 규정한다. 유토피아를 독점할 수 있다는 그릇된 해방의 욕구와 독점 때문에 역사적 이론은 자기 안에 지니고 있는 비현실성을 간파하지 못하게 되었고 결국은 역사에 있어서 엄청난 재앙을 야기했다. 우리는 이러한 실패로부터 무엇인가를 배우지 않으면 안 된다.

역사 안에서 발생하는 모순은 분명히 해결해야만 한다. 하지만 우리는 그 모순을 해결한다는 보장을 할 수가 없다. 문제가 있다고 해서 문제가 해결된다는 보장을 우리는 할 수가 없다. 다만 해결을 위해 최선을 다할 뿐이다. 역사적 성숙은 더디게 일어난다. 타임머신을 타고 날아갈 수 있다는 그릇된 희망 때문에 마르크스는 자기 이론 안에 작용하는 비진리나 선입관을 반성하지 않은 채 방치해 두었다. 이런 방치는 해방의 이론을 자처하는 그 이론이 바로 해방을 가로막는 억압의 도구로 전락한 데서 여실히 확승된다. 과학에 대한 그릇된 이해를 지녔고 근본적으로 취약한 사이비 이데올로기를 과학으로 위장하는 데서 우리는 역사적 유물론이 지니고 있는 사이비 과학성을 확인하게 된다. 검증되지 않고 검증될 수도 없는 이런 취약한 이데올로기에 입각해서 우리의 장래를 맡길 수는 없다. 마르크스의 역사적 유물론은 실패로부터 무엇인가를 배워야만 한다.

역사적 유토피아를 독점할 수 있다는 그릇된 독단과 해방의 독점이라는 도덕적 우월 때문에 그들은 자기기만을 자행했을 뿐만 아니라 타인들에게도 엄청난 고통과 죽음을 초래했다. 이론 자체가 자기기만적일 수 있다는 것을 망각한 채 그들은 자신들의 이론을 믿지 않는 자를 강제수용소로 보내거나 아니면 폭력을 휘둘렀다. 이론이 적용되는 것에 대한 배려를 하지 않은 채 이론을 강제한 점에서 우리는 역사적 유물론의 취약성과 폭력성을 고발하지 않을 수 없다. 하지만 역사적 유물론이라는 이데올로기를 신봉하는 자들은 아직도 비판적 사고에 등을 돌린 채 사이비 교주의 이론에 모든 것을 맡기고 있는 실정이다. 계몽된 오늘의 우리는 그런 사이비 학설을 더 이상 용인할 수가 없다.

우리는 모든 이론이나 학설 안에 검증되지 않고 남아 있는 것을 의식적으로 검증할 필요를 느낀다. 비판의 활성화는 결국 자기구제를 위해서 반드시 요구되지 않을 수 없게 된다. 관용은 분명히 차이를 인정할 때 발생한다. 하지만 사이비 학설이나 독단을 고수하는 자들에게 관용을 베풀어야만 할까? 타자 인정과 관용의 범위는 어디까지 설정되어야만 하는가? 확실히 이런 문제들은 오늘의 우리가 피해갈 수 없다는 점에서 매우 절박하게 제기된다. 괴물과 싸우는 우리들이 괴물이 될 수는 없다. 독단과 싸우는 이론이 독단이 될 수는 없다. 이론의 공적 검증이 제도적으로 수행되는 곳에서 독단이 들어설 여지는 그만큼 어렵다.

어떤 사람들이 잘못된 이론이나 가설을 지닐 수는 있다. 하지만 그릇된 이론이나 가설을 강제하도록 방치해서는 안 된다. 검증되지 않은 사이비 이론을 강제하거나 적용할 때 우리는 그런 것을 관용할 수는 없다. 관용은 나와 다른 타인의 견해 모두를 받아들이거나 존중하는 맹목성이 결코 되어서는 안 된다. 그 이론의 검증이 아직 끝나지 않은 상태에서 나와 타인 모두가 오류를 저지를 수 있는 가능성이 있기 때문에 우리는 자신들과 다른 타인의 견해를 관용으로 인정할 뿐이다. 진행 중인 역사에 대해 누가 최종적으로 그것이 마감되었다고 말할 수 있겠는가? 역사의 종언 자체가 종언되지 않으면 안 된다. 진행 중에 있거나 과정적인 것을 최종적인 것인 양 독단화해서는 안 된다.

역사적 유물론은 과학적 사회주의의 건설이라는 요구 아래 너무 많은 역사적 공포와 재앙을 야기했다. 거기에는 비판을 통해 이론의 오류와 비진리를 수정해 가는 노력이 공적으로 제도화되지 않았을 뿐만 아니라 비판의 활성화 자체를 탄압했다. 당의 무오류성이라는 또 하나의 독단을 통해 그 이론은 오류가 오류를 재생산하는 악순환을 되풀이했던 것이다. 하지만 그 이론이 불러일으킨 재앙에 대해 누가 오늘날 책임을 지고 있는가? 역사적 유물론이 취약한 기초에 입각했다는 사실이 드러났다고 해서 그 반대로 정치적 우파가 옳다는 것은 아니다. 자유민주주의를 근본적으로 위협한 우파의 파시즘화 역시 역사에 있어서 폭력을 일상화해 온 것은 부인할 수 없는 사실이다. 우파와 좌파에 저실러신 극난적인 테러는 타자의 타자성을 인징하지 않는 점에시 모든 관용의 종말을 초래했다. 우리는 이런 왜곡된 역사를 거부하면서 왜곡되지 않은 삶을 다시 회복하지 않으면 안 된다.

결국 이 두 집단들은 전체주의라는 그릇된 요구 아래 개인의 자율성과 도덕적 책임 그리고 자기결정을 통한 삶의 창조 자체를 말살하거나 부정했다. 적과 동지라는 단순성이 사회를 지탱하는 구조가 될 수는 없다. 인간 사회 안에 갈등의 요소가 있다고 해서 그 갈등이 언제나 적과 동지로 양분화되거나 첨예하게 될 필요는 없다. 차이를 굳이 존중할 필요는 없지만 차이가 인정될 필요는 있다. 하지만 관용은 차이에 대한 맹목적 인정이 아니라 분별력 있는 인정에 기초한다. 또 그런 분별력에 입각해서 타자와의 열린 긴장을 유지해 가야만 한다. 역사를 법칙에 따라 독점하려는 사이비 과학은 이제 종말을 고하지 않으면 안 된다. 역사는 법칙에 따라 결정된 것이 아니다. 우리는 모든 과정을 미리 통제할 만큼 완벽한 그런 섭리를 지니지 못했다. 역사의 통치는 역사의 자기기만에 불과하다. 미래학자는 예측을 통해 미래를 진단한다. 그는 사이비 점쟁이가 아니다. 예측이 빗나갔다고 해서 우리는 예측을 예언으로 대체할 수는 없다. 미래학자의 예측이 빗나갔다고 해서 예측을 추방할 수는 없다. 예언이 맞을 수 있다고 해서 예언이 역사의 진행을 독점할 수는 없다. 예측은 합리적인 가설에 기초해 있고 그것의 검증이 가능하다. 하지만 예언은 검증의 공적 기준이 결여된 사이비 과학에 불과하다. 예측과 예언을 혼동해서는 안 된다. 예측의 오류가능성은 예측으로 하여금 정확성으로 나가도록 요구한다. 예측은 이 점에서 자기 수정의 가능성을 지니고 있다. 하지만 예언은 그렇지 못하고 그 결과 역시 우연에 의해 좌우될 뿐이다. 우연 자체가 있다는 것을 부정할 수는 없지만 그렇다고 해서 우연 자체가 질서를 만들거나 창조하는 것은 아니다. 천문학자는 점성술사가 아니다. 화학자는 연금술사가 아니다. 미래학자들은 사이비 예언자들이 되어서는 안 된다. 역사적 예측이 역사적 예언으로 위장되어서는 안 된다.

카오스는 법칙 자체를 부정하는 것은 아니다. 예측할 수 없는 변수들의 증가는 결국 복잡성으로 나타나고 이 복잡성이 결과의 진행을 예측 불가능한 방식으로 이끌고 가는 것이다. 모든 변수들을 통제할 수 없기에 우리는 변수들을 최소한의 것으로 압축하고 이런 단순성에 입각해서 복잡성을 이해한다. 카오스는 법칙 자체를 부정하는 것이 아니라 법칙 자체가 한계가 있다는 것을 보여 준다. 그렇기 때문에 우리는 법칙과 함께, 그러나 법칙에 거역해서 사고하지 않으면 안 된다. 복잡성의 이해를 위해서 법칙이 불가피하다는 것은 법칙이 만능이라든지 만병통치약이라는 것을 의미하지 않는다. 법칙의 불가피성과 법칙의 불변성은 서로 다른 종류의 것이다. 카오스는 법칙 자체를 부정하는 것이 아니라 그것의 한계를 확인시켜 주고 있다. 경제학자들의 증권 전망이 예측을 빗나갔다고 해서 그들이 배운 경제학 이론이 잘못된 것은 아니다. 현대 의학이 에이즈를 풀지 못한다고 해서 의학 자체를 배우지 말라는 법은 없다. 다만 의학이 그 문제를 풀지 못하는 만큼 의학은 자체 안에 한계를 지니고 있다는 것이다. 이런 상황에서 우리는 에이즈 치료를 위해 여러 가지 대안들을 생각해 볼 수가 있다.

현대의 카오스 이론은 복잡성의 계가 증가하면 할수록 법칙의 결정성이 그만큼 제약된다는 것을 보여 주고 있다. 유전자 공학의 비약적인 발전을 예측할 수 없었던 맬더스는 인구의 폭발적인 증가를 인류의 공존에 대한 위험으로 경고했다. 하지만 오늘날 우리는 이런 것을 극복해 버렸다. 문제는 유전자 공학이 야기할 모든 결과를 우리가 알지 못하는 상황에서 그것을 사용하고 있다는 데 있다. 이 불확실성을 우리는 말끔히 소독할 수가 없다. 우리는 그런 잠재된 가능적 위험을 제거할 그 어떤 안전장치도 없다. 그렇다고 손을 놓고 수수방관만 할 수는 없다. 비결정성과 복잡성의 증가는 이 문제의 해결을 위해 절차적으로 보장된 것이 없다는 냉혹한 현실을 우리에게 알려 준다. 우리는 이 상황을 피할 수가 없기 때문에 이 문제의 해결을 위해 결단을 하지 않을 수 없다. 하지만 결단에는 예측 불가능한 위험과 오류의 가능성이 내재해 있다. 바로 그렇기 때문에 관용이 요구되는 것이다. 자연과학의 법칙 자체가 변할 수 있다는 가능성 때문에 우리는 법칙과 함께, 그러나 법칙에 거역해서 사고할 필요가 있는 것이다.

원인과 결과라는 법칙에 따라 모든 것을 예측하고 결정할 수 있다는 것은 이제 폐지된 것은 아니지만 그 이론이 풀 수 없는 한계 때문에 수정을 요구받고 있다. 양자론이 비결정성 내지 불확정성을 다룬다고 해서 우리는 그 이론을 사이비 과학으로 매도해서는 안 된다. 그 이론은 그 이론이 다루는 대상의 고유성에 따라 이제 인과율을 결정론이 아니라 통계적 예측 가능성으로 느슨하게 이해할 뿐이다. 법칙은 법칙이 적용되는 대상들에서만 그 타당성을 입증한다. 법칙의 한계가 뚜렷하게 드러나는 곳에서 법칙을 무제한적으로 적용하면 그 법칙은 법칙이 적용되지 않는 영역에 대해 이론적인 폭력을 행사하는 것이다. 역사적 유물론이 아직도 자기 법칙의 타당성을 역사에 강요하려 든다면 그것은 폭력을 재생산하는 재앙을 초래한다는 것이다. 그릇된 이론으로 하여금 그것을 더 이상 작용하지 못하도록 하는 것은 불가피하다. 오류의 적용을 인정할 만큼 관용은 맹목적이지 않다. 또 그래서도 안 된다. 관용은 폭력을 야기하는 것에 대해서는 단호하게 거부해야만 한다.

자연의 복잡성과 역사의 복잡성에 대해 우리는 항상 이론과 함께,

그러나 이론에 거역해서 사고할 준비가 되어 있어야만 한다. 이론은 적용에 있어서 좌절을 겪지만 동시에 이론은 이 좌절을 극복하려는 데서 자기 추진력을 얻는다. 그렇기 때문에 우리는 법칙의 불가피성을 잠정적으로 인정하면서 동시에 법칙에 거역해서 사고할 준비가 되어 있는 것이다. 이론 자체의 자기 반전이 가능하기 때문에 우리는 이론을 무오류성으로 독단화할 수가 없는 것이다. 모든 공적인 검증이나 오류로부터 배제된 이론의 자기 완결성과 충분성은 기만에 불과하다. 관용은 독단적 사고가 지배하도록 방치할 수는 없다. 관용은 분별력의 반영이지 맹목성의 반영이 아니다. 그렇기 때문에 거짓의 재생산 자체를 철저하게 거부하지 않으면 안 된다.

마음과 독립해 있고 마음에 저항하는 실재는 그것의 고유성에 따라 스스로를 진행시킨다. 우리 인간들은 그런 실재를 단지 이해할 따름이다. 우리의 이론이나 법칙은 전체를 사고할 것을 요구하지만 전체는 항상 우리의 이론체계를 달아나면서 우리 이론 체계의 한계를 노정시키고 있다. 결국 우리 인간은 전체를 지배할 수 없다는 한계를 경험하지 않을 수 없게 되었다. 전체는 진리다. 하지만 이것은 신에게만 타당하지 우리 인간에게는 타당하지 않다. 전체를 조정하고 지배하는 것이 신의 섭리다. 단지 한정된 것을 알 뿐인 우리 인간에게 전체는 요구된 것일 뿐 현실적으로 소유할 수 있는 것이 아니다. 우리 인간들은 조각난 이론들을 가지고서 전체를 만들고자 하지만 그러면 그럴수록 전체는 우리의 통제로부터 벗어 나간다. 이 통제할 수 없는 전체가 바로 우리가 절망을 경험하는 이유다. 한계와 함께, 그러나 한계를 지속적으로 넘어가는 노력만이 우리 인간들이 머무르는 장소다. 과학 자체는 절망하지 않지만 과학자들은 이 점에서 모두 절망하고 있다. 하지만 우리가 이런 난파로부터 무엇인가를 배울 수 있다면 우리는 그만큼 성숙하고 계몽되어 있는 것이다.

우리는 맹목적으로 의심하지 않는다. 우리는 무엇을 모르고 있는 것이지 아무것도 모르고 있는 것은 아니다. 회의에는 방향이 있다. 무지에도 등급이 있다. 막연히 모른다는 것과 무엇에 대해 모르고 있다는 것은 전혀 다른 종류의 것이다. 방향이 있는 회의만이 우리를 맹목성의 위험에서 건져 낼 수 있다. 방향이 있는 무지만이 무지를 극복할 단서를 우리에게 준다. 우리의 회의는 전체를 알거나 통제할 수 없다는 데서 기인한다. 우리의 무지는 전체를 제어할 수 없다는 데 있다. 하지만 우리로 하여금 불안과 좌절을 불러일으킨 전체가 바로 우리가 알고자 하는 것으로 우리를 분발시키고 있다. 전체는 결국 지식의 대상이 아니라 지식이 궁극적으로 밝히고 추구해 가야만 하는 한계로서 우리에게 다가올 뿐이다.

삶의 의미에 대해서

1. 궁극성의 자각

인간은 삶에 있어서 의미와 목적이 충족되지 않으면 그 삶이 충분할 수가 없다. 그렇기 때문에 인간은 어떤 형태로든지 간에 살아가면서 자기 삶에 대해 의미를 주면서 전체로서 의미가 충만한 삶을 창조하려고 한다. 인간은 이 점에서 어떤 형태이든지 간에 궁극적인 것을 충족하지 않을 수 없게끔 그렇게 조건 지어졌다. 하지만 궁극성의 추구와 실현 시이에는 언제나 현실적인 거리가 있다. 이 거리는 인간이 인산조선을 충족하는 깃과 그 실현을 통해 그에게 속한 궁극성을 완성하는 데서 측정된다.

인간은 히말라야를 정복하고 가장 깊은 해저를 탐구한다. 하지만 우리는 이런 외적인 탐구 못지않게 중요한 내적 자아를 탐구할 필요가 있다. 자신에 대해 아는 것도 세계를 아는 것 못지않게 중요하고 필요하다. 자아에 대한 탐구는 자아의 진정한 해방과 행복을 바라는 한에서 필수적이다. 우리가 내면을 탐구할 필요를 제기하는 것은 어쩌면 당연한 것이다. 왜냐하면 가장 쓸모가 없지만 동시에 가장 절박하게 필요한 것이 바로 자기 자신을 발견하는 것이기 때문이다.

인간은 창조되었지만 완성된 상태로 창조된 것은 아니다. 우리 모두는 우리 모두가 되어야 할 것을 창조하지 않으면 안 된다. 그런데 이 자기창조는 엄격한 의미에서 자기를 걸머지고 완성하는 것을 수행하지 않으면 결코 이루어질 수가 없다. 우리는 자기에게 주어진 과제를 수행하기 위해 자기 자신을 전체로 완성하지 않을 수 없다. 완성은 불가결 선택을 요구한다. 선택은 완성을 위해서만 요구되기 때문에 주어진 과제를 수행하도록 그렇게 움직여지지 않을 수 없다.

인간은 자기 삶을 전체와 종말에서 조망해 볼 수 있다. 모든 기획의 끝은 죽음을 통해 조건 지어진다. 이 점에서 죽음은 끝이 아니라 시작과 경고를 의미한다. 우리는 자기 삶이 종말에 다다른다는 한계를 통해 자기 삶을 전체적으로 조망해 볼 수 있다. 죽음이 모든 것의 종말이라면 죽음은 동시에 모든 가능성이 소멸되거나 끝나는 것을 말한다. 그렇기 때문에 우리는 우리 가능성이 끝나는 한계를 중심으로 우리 삶을 전체적으로 설계해 볼 수가 있다. 이 설계는 그렇기 때문에 살아 있는 동안 의미 있게 실현되기를 재촉한다. 역설이지만 죽음을 통한 인간의 각성은 삶을 의미 있게 창조하라는 요구로 현실화된다. 죽음을 의식한다는 것은 모든 가능성의 종말을 의식함으로써 삶을 창조하는 것을 가능하게 한다.

삶은 의미의 충족과 의미의 상실로 구별된다. 죽음은 모든 가능성의 소멸이기 때문에 우리는 죽음을 자각함으로써 시간을 의미 있게 사용할 수 있다. 인간이 죽음의 관점에서 삶을 바라본다는 것은 삶을 의미 있게 창조하는 데 있어서 하나의 자극이 된다. 결국 죽음의 지평에서 삶을 본다는 것은 삶을 의미 있게 만드는 한에서만 의미가 있다. 역설이지만 죽음에 대한 각성만이 삶을 깨어 있게 할 수 있다. 삶의 목적은 죽음을 죽이는 데 있다. 죽음은 피할 수 없는 사실이지만 우리는 죽음을 각성함으로써 삶을 더 가치 있게 창조할 수 있다. 이 점에 관해서 스피노자는 다음과 같이 말할 수 있었다.

> "어떤 신이나 인간이든 간에 그가 악한 존재가 아닌 이상 역경과 고통에서 즐거움을 찾지는 않는다. 그는 눈물이나 한숨, 공포를 미덕으로 여기지 않는다. 오히려 정반대다. 즉 우리가 즐거워하면 할수록 완전한 것을 향하여 더 높이 올라간다. 내 말을 귀담아들으라. 맛 좋은 음식과 술에서 힘을 얻고 즐거워하는 것은 현자다운 행위다. 속세의 아름다움에서, 아름다운 장식품에서, 음악과 놀이에서 기뻐하는 것도 현자다운 것이다. 자유인은 절대로 죽음에 대해 깊이 생각하지 않는다. 그에게 지혜로운 것은 죽음이 아니라 삶을 음미하는 것이다."(에티카에서)

인간의 행동은 목적지향적이다. 목적은 항상 궁극목적을 추구하고 완성하는 데서 충족된다. 행복은 바로 궁극목적의 충족에서 오는 것이다. 죽음은 목적의 실현이 끝나는 것을 말한다. 죽음은 모든 가능성의 소멸이다. 그렇기 때문에 우리의 목적지향적인 행동은 죽음을 기점으로 해서만 의미 있게 진행되지 않을 수 없다. 죽음에 대한 의식은 동시에 삶을 창조하는 것에 기여하는 한에서만 우리에게 의미가 있다. 죽음은 모든 것의 종말이자 한계이기 때문에 우리는 그 한계 안에서 우리가 추구하는 것을 의미 있게 실현하고자 한다.

죽음은 피할 수 없는 사실이지만 죽음 앞에 체념할 필요는 없다.

죽음이라는 한계 의식 속에서 우리는 우리 삶의 궁극적 목적을 완수하고 실현하면 그만이다. 그냥 때가 되어서 죽는 것과 의미 있게 죽는 것은 확연히 다르다. 죽음은 한계를 각성시키는 계기가 되기 때문에 우리는 죽음을 의식함으로써 삶을 창조하도록 재촉받는다. 결국 죽음에 대한 의식은 죽음을 이기는 각성으로서만 생산적인 전환이 된다. 모든 가능성들이 소멸하는 것을 통해 모든 가능성들이 의미 있게 실현될 수 있다는 것이 매우 소중하다는 것을 깨닫게 된다.

사람들 각자는 늙어 간다고 해서 자동으로 자기 삶이 완성되는 것은 절대 아니다. 나이는 완성의 보증도 아니고 성숙의 지표도 아니다. 나이 들면서 추하게 늙어 가는 사람들도 많이 있다. 나이 들어 간다고 해서 다 철들게 행동하는 것도 아니고 자기 삶을 다 완성하면서 사는 것도 아니다. 나이 드는 것은 그냥 세월이 흐른다는 것만 가리킨다. 하지만 죽음의 한계를 통한 자극은 세월의 끝에 대한 의식이 아니라 자기 삶의 완성에 대한 의식을 진정으로 각성하게 한다. 이 점에서 죽음을 의식한다는 것은 자기에게 주어진 가능성을 제한된 시간 안에서 완성하라는 요구와 함께 진행된다.

인간 각자는 자기가 되고자 하는 궁극목적이 있다. 이런 궁극목적은 행위를 움직이는 전체로서 작용한다. 우리의 개별 행위는 하나하나가 모두 이런 궁극성을 실현하기 위해 움직인다. 하지만 궁극성은 주어진 것이 아니라 스스로 만들지 않으면 안 된다. 인간은 이 점에서 각기 고유한 방식으로 자기를 전체로서 창조하지 않을 수 없다. 우리는 우리 삶을 창조한다. 우리 삶에 대해 의식적인 주인이 된다는 것은 우리가 각자 자기 삶의 의미 있는 전체로서 자기를 창조한다는 것을 뜻한다.

삶의 의미는 우리 각자가 자기 삶의 궁극성을 실현하고 충족하는 한에서만 충분하게 규정된다. 죽을 때 각자가 나는 이것 이상 더 잘 살 수 없다고 말할 수 있다면 그 인간은 정말이지 인생을 잘산 것이다. 하지만 우리 모두는 죽을 때 그렇게 충분하게 잘살았다고 말하는 사람을 많이 만나지 못한다.

삶은 무한한 회한을 남겨 두면서 많은 미련과 여운을 남기는 것 역시 사실이다. 이것은 우리 모두가 우리 삶에 대해 의식적인 주인이 되지 못했다는 것을 말한다. 자기 삶을 전체로서 의미 있게 창조하는 것은 하나의 과제이지 주어진 현실은 아니다. 자기 삶에 대해 의미 있는 주인이 되기를 바라면서도 그렇지 못할 수도 있다는 점에서 인간의 삶은 보장된 것이 아니다.

삶의 의미가 자동으로 주어진 것이 아니라 매순간 의식적인 각성을 통해 애써 실현하지 않으면 안 되는 이유가 여기에 있다. 인생의 의미 추구는 보험회사가 아니다. 삶에 있어서 보장된 것은 아무것도 없다. 인간은 자기가 존립하기 위해 전체로서 자기 삶을 창조하지 않을 수 없는 것이다. 그리고 이런 궁극적 평가는 결국 죽음을 계기로 해서만 전체로서 평가할 수 있다. 우리는 죽음의 순간에 모든 것을 체념하면서 말하지 않을 수 없다. 결국 나는 의미 있게 살았던지 그렇지 않으면 불성실하게 살았던지 말이다. 이런 평가로부터 자유로울 수 있는 사람은 매우 드물다. 죽음의 의미는 그 인간만이 자기에게 고유하게 평가할 수 있다. 의미 있는 죽음을 맞이하는 사람은 행복하다. 삶의 행복이란 모든 것을 삼키는 죽음과 무의 폭력 앞에서 주어진 삶을 의미 있게 창조하고 완성할 때 얻어진다. 행복은 소유가 아니라 이루어야 할 과제다. 그것은 자기 삶에 대해 의미 있는 창조를 수행하고 완성하려는 행위를 통해서만 의미 있게 충족된다.

2. 문제는 행동하는 것이다

지식이 있다는 것과 지혜가 있다는 것이 반드시 일치하지는 않는다. 어떤 사람이 지식이 많다고 해서 그가 반드시 지혜롭게 사는 것은 아니다. 지혜가 있다는 것은 자기 삶을 슬기롭게 잘 경영했다는 것이다. 지혜는 삶에 대한 종합적이고 총체적인 의미에서 잘살아가는 것을 말한다. 그것은 심사숙고를 요구하지만 동시에 한계에 대한 적절한 대처도 아울러 요구한다.

선택은 여러 가능성들 중에서 항상 어떤 가능성을 택한다는 것을 의미한다. 우리는 우리가 되어야 할 궁극적인 자기완성을 선택할 수는 없다. 그것은 선택의 대상이 아니라 선택을 가능하게 하는 것이다. 따라서 선택은 궁극적으로 자기완성을 위해 요구되는 것을 지금 여기서 수행하는 것으로 전개되지 않으면 안 된다.

어느 날 자기가 다니던 직업을 잃고 갑자기 실업 상태에 빠진 아버지를 보면서 자기의 아들은 그렇게 운명을 맞이하지 않겠다고 다짐한다. 그 아들은 아버지와 다른 인생을 선택하면서 교대 진학을 꿈꾼다. 직업이 불안정하고 실직의 위험을 목격하면서 그는 보장된 삶을 살겠다는 것이다. 우리 삶을 둘러싼 주변 조건들이 워낙 빨리 변하는 세상에서 그 아들은 자기 직업의 안정성을 위해 모든 것을 선택했다. 모험이 아니라 안정된 직업을 선택하기로 한 것이다. 그는 교사가 되어서 학생들을 가르쳤고 거기서 보람을 얻었다. 국가를 통한 안정망이 축소되어 가고 가족은 돈의 압박 대문에 점점 따듯한 보금자리를 잃어 가고 있다. 그렇기 때문에 오늘의 세계화 시대는 그 어느 때보다 안정이 중요한 것으로 자리 잡아 가고 있다.

삶의 안전성이 뿌리 뽑히고 있으며 안정에 대한 욕구가 오늘의 이 세계화 시대만큼 절박하게 제기되었던 시대도 없었다. 무한경쟁 시대는 무한 피곤 사회다. 안정된 직업은 사라지고 있으며 우리는 늘어난 수명 시간을 의미 있게 보내고 있지 못하다. 개인들이 걸머질 생존의 무게는 날이 갈수록 무거워지는 것에 반해 그가 누리는 삶의 안정과 행복은 날이 갈수록 줄어들고 있다.

선택은 각자가 결정한다. 선택의 과정에서 타인들의 도움이 필요할 때가 있다. 하지만 그럼에도 불구하고 선택은 궁극적으로 각자 하지 않을 수 없다. 선택의 결과에 대해서 우리는 절대적으로 자기 스스로가 책임을 져야만 한다. 그렇기 때문에 선택은 신중하게 하지 않을 수 없다. 아무리 신중해도 선택은 모자랄 수가 있다. 하물며 적당히 선택한 것이 후회를 동반하는 것은 두말할 나위도 없다. 위기가 일상화되는 시대는 아무리 신중해도 그것이 안정을 보장한다는 어떤 약속을 할 수가 없다.

행위의 결과를 미리 다 알고 결정할 수는 없다. 대다수의 인간들은 자기 행위의 결과가 초래할 모든 변수들을 다 알지 못하고 있다. 예측 불가능한 위험은 언제나 행위에 수반되고 있다. 그렇기 때문에 행위가 충족되려면 위험은 최소한의 것으로 하고 충족은 최대한으로 하도록 그렇게 결정해야만 한다. 이것은 아주 원론적인 이야

기이지만 그래도 타당하다. 위험의 최소화와 원하는 목적의 최대화
는 선택이 할 수 있는 최고의 몫이다. 하지만 모든 선택이 위험을
배제한 채 원하는 결과로만 흐르지는 않는다. 열역학 제2법칙은 엔
트로피의 불가피성을 주장한다. 마찬가지로 선택에 있어서도 실패
할 위험요인은 어느 정도 있다. 다만 그 정도를 줄이는 최선의 지혜
가 필요할 뿐이다.

삶은 한 번 우리 모두에게 주어진다. 반복은 없다. 되풀이될 수
없는 삶에서 우리 모두는 매 순간 선택을 하도록 강요받는다. 자발
적으로 한 선택이 후회 없이 진행되었다면 그것보다 더 좋은 것은
없다. 하지만 그렇지 않기에 많은 사람들은 삶에서 무한한 회한을
갖고서 자기가 상실한 것에 대해 그리움을 표시한다. 특히 낙엽이
지는 가을에는 이런 생각이 더 간절하게 일어난다. 가지 않은 길
(The road not taken)은 모든 사람들이 한 번쯤은 느껴 보았을 삶의
우수를 반영하고 있다. 하지만 인생의 선택에서 가지 않은 길을 정
확하게 예측하는 것은 불가능하다. 모든 가능성들을 다 실험할 수
없는 우리 인생은 자기가 선택한 삶이 최선이라고 여기면서 사는
지혜도 아울러 함께 경험해야만 한다.

모든 것은 그것이 존재하기 위해 필연적으로 한계를 수반하지 않
을 수 없다. 우리 인생도 시간의 끝이 있다. 시간의 끝만 있는 것이
아니라 목적의 끝도 있다. 제한된 공간과 한정된 시간 안에서 사는
인간에게 의미 있는 것은 자기 삶을 전체로서 완성하는 것이다. 우
리의 개별 선택은 궁극성의 실현을 위해 의미 있게 짜여야만 하는
이유가 있다. 텍스트란 옷감을 짜기 위해 실을 하나하나 조직하는
것을 말한다. 삶의 의미는 하나의 잘 짜인 텍스트로 비유될 수 있다.

모두가 필연적으로 죽어야 하지만 모두가 죽음을 다 똑같이 맞이하는 것은 아니다. 행복하게 살아온 사람들은 죽을 때도 행복하게 죽음을 맞이한다. 그렇기 때문에 그들은 죽음의 순간에도 더 의연하게 처신하게 된다. 그런데 우리들 중 과연 얼마의 사람들이 자신들이 죽을 때 정말 이것 이상 더 잘살 수 없었다고 그렇게 자신 있게 자신의 인생을 말할 수 있을까?

삶에 있어서 지질이도 풀리지 않은 사람들은 모든 부자나 유명인사가 죽는다는 사실에 위안을 삼기도 한다. 천재들이 실수하면 바보들은 그것을 위안으로 삼는다. 하지만 죽음에도 정도의 차이가 있다는 것이 망각되어서는 안 된다. 죽음은 피할 수 없는 필연이지만 그 의미는 그렇지 않다. 사람들은 죽지만 죽는 사람들이 다 같은 운명을 겪는 것은 아니다. 나의 죽음은 나에게 고유한 것이면서 전체로서 나를 내가 심판한 삶이 된다. 우연에 노출된 삶에 있어서 우연에 지배되지 않으려면 자기 삶에 대해 준비를 해야만 한다. 노후준비는 비단 보험회사만이 하는 것이 아니다. 각자가 자기 삶에 대해 하나의 안전한 보험을 준비하지 않으면 안 되는 절박성이 있다. 그것은 잘살았다는 것과 잘살지 못했다는 것의 구분에서 확연히 드러난다. 인간은 태어날 때도 다 다르게 태어나지만 죽을 때도 나 나르게 죽는다. 출생의 우연은 피할 수 없는 사실이지만 죽음의 의미는 우리 각자가 어느 정도는 준비한 것이다. 죽음의 의미는 이 점에서 다 같을 수가 없다.

출생의 우연성, 이것은 어쩔 수 없는 것이다. 하지만 그 우연의 인정 아래 인간 각자가 만든 삶의 의미마저 다 우연한 것은 아니다. 의미는 각자가 만들고 성취한 결과에 따라 측정된다. 우연 안에서 필연성을 완성하는 것이 삶의 의미다. 그렇기 때문에 우리는 우연성의 인정 아래 의미 있는 삶을 창조하는 것을 삶의 궁극적 목적으로 수행하지 않으면 안 된다. 죽음은 이 노력 여하에 따라 평가될 수 있다. 잘 죽을 수 있다는 것, 이것만큼 인간에게 중요한 것이 또 어디에 있는가? 그러니 우리는 죽음을 정점으로 해서 우리 삶이 얼마나 아직 충족하고 있지 못한가를 측정할 수 있어야 한다. 이 미완성의 감정이 바로 우리로 하여금 삶을 값지게 살도록 촉진한다. 죽음은 이런 점에서 비관적인 것만이 아니라 삶을 의미 있게 촉진시키는 촉매 역할을 한다. 죽음에 대한 의식된 각성은 역설적이게도 죽음을 이기게 하도록 우리를 자극한다. 죽음을 죽이는 것, 바로 이것이 삶의 의미가 완성하지 않으면 안 되는 것이다.

영혼은 자기 자신과 자기가 지니고 있는 힘을 검증할 때 기쁨을 느낀다. 기쁨을 느끼고 즐거워하면 할수록 우리 모두는 자기 자신과 자신들이 지니고 있는 힘을 식별할 수 있다. 그리고 이 힘은 완성될 때 자기 충족을 얻는다. 우리 모두가 행복을 추구하고 있음에도 불구하고 우리 모두는 다 행복을 완성하며 살고 있지 못하고 있다. 그렇기 때문에 행동이 필요한 것이다. 늦었다고 자각할 때 가장 빠를 수 있는 것과 같이 우리는 행동을 통해 우리를 완수하지 않으면 안 된다. 태초에 행동이 있었다. 아니면 데카르트의 제일공리는 "나는 행동한다. 그러므로 나는 존재한다."로 변형될 수 있어야 한다.

"노력하고 있는 한 우리는 방황하고 있다."라는 괴테의 말은 여전히 의미가 있다. 노력이 맹목적인 열정으로 되지 않으려면 노력은 방향이 있어야 한다. 방향이 있는 노력은 결국 행위의 완성으로 결실을 맺을 수 있어야 한다. 결국 우리 모두는 행위를 통해 우리

자신을 창조하는 것이다. 그리고 우리는 우리가 창조한 결과에 대
해 최종적으로 책임을 지는 것이다. 이 대차대조표의 순간에 우리
는 우리를 선물로서 축복할 수도 있고 상실로서 절망할 수도 있다
는 것이다. 결국 충족과 상실의 갈림길에서 우리는 우리의 최종적
인 선택이 의미를 거둘 수 있도록 그렇게 창조적이어야 하는 과제
앞에 직면한다. 각자에게 부과된 이 숙제를 빨리 걸머지고 자발적
으로 완성하는 것이 진정한 의미에서 인간 행동의 의미가 된다.

3. 어쩔 수 없는 것을 인정하라

　우리 인간이 어찌할 수 없는 것들이 있다. 우리는 그것을 체념하
면서 받아들여야 한다. 이때 체념은 포기가 아니다. 그것은 어쩔 수
없는 것을 받아들임으로써 사태의 그러그러함에 따르는 고도의 지
혜의 표현이다. 이런 점에서 의지는 만능이 아니다. 또 만능이라고
허세를 부려서도 안 된다. 안 되는 것들이 있다. 둥근 사각형이나
나무로 된 쇠기 불가능하듯이 의지 역시 불가능을 경험한다. 의지
의 불가능성에 대한 경험은 의지로 하여금 한계를 겸허하게 수용하
게 한다. 그 한계경험을 우리의 의지는 받아들여야만 한다. 죽음은
우리가 어쩔 수 없는 것이다. 현대 의학이 아무리 발달해도 우리 인
간은 영원히 살 수가 없다. 의학이 삶을 150세까지 연장시킬 수 있
다고 해서 죽음 자체까지 정복하는 것은 아니다.
　의지는 의지가 할 수 없는 한계를 진정으로 인정함으로써 자기의

한계를 알게 될 때 진정으로 자기하고 화해할 수 있다. 의지의 만능과 전능이라는 그릇된 망상에서부터 벗어나는 것이 해방된 삶에 이르는 지름길이다.

영원은 영속과 같은 시간 개념이 아니다. 의학이 삶의 지속을 더 연장할 수는 있어도 무한하게 만들 수는 없다. 영원은 시간과 연관된 것이 아니라 충족과 관련되어 있다. 우리 인간은 시간과 공간이라는 제한된 틀 안에서 살지만 동시에 그 안에서 나름대로 영원성을 향유하면서 살 수 있다. 영원성의 향유는 시간과 더불어 시간을 극복하는 것으로서 우리에게 드러난다. 죽음은 아주 껄끄럽고 고통스러운 것이다. 죽음의 공포 앞에 초연하라고 스토아학파는 충고하지만 우리 대다수는 사실 그것을 그렇게 초연하게 받아들이지 못하고 있다. 대작을 쓸 것도 아니고 위대한 실험을 할 것도 아니고 못다 한 자아를 실현할 것도 아닌데 우리가 자연이 준 생명의 시간을 더 연장해서 무엇을 하겠다는 것인가? 의미 없는 시간의 연장은 그렇게 바람직한 것이 아니다. 하물며 아무 의미도 창조하지 못하면서 오래 사는 것 역시 그렇게 좋은 현상은 아니다.

인간조건들이 육체를 통해 특징지어지고 시간과 공간을 통해 한정되어 있고 죽음이라는 필연 앞에서 모두가 굴복해야만 하는 것은 사실이다. 출생의 우연, 죽음의 필연 앞에서 우리는 허우적거리다 죽을 뿐이다. 하지만 그렇다고 해서 우리가 모두 필연이나 우연의 노예가 되라는 것은 아니다. 노예는 모든 것을 남의 탓으로 돌리지만 주인은 모든 것을 자기 것으로 결정한다. 하지만 자기 결정이 전적으로 무중력의 공간에서 진행된다는 것은 아니다. 자기 결정은 결정에 대해 책임을 지라는 것이지 모든 것이 결정을 통해 성취된다는 것을 뜻하지 않는다. 우리가 어찌할 수 없는 것들이 있다. 우리는 그것을 받아들여야 한다는 것이다. 그 한계 안에서 우리는 자유롭게 자기를 창조하고 만들 뿐이다.

체념은 포기가 아니다. 자연스러운 것은 우리가 인정해야 할 조건이지 거부할 대상이 아니다. 인간은 자기 삶의 종 보존과 유지를 위해 섹스를 하지 않을 수 없다. 하지만 인간은 동물과는 달리 자손의 번식과는 무관하게 섹스를 과잉 추구하는 경우가 있다. 삶에 이바지하는 한에서 섹스를 하는 것이 아니라 삶을 파괴할 정도로 극단적인 과잉 섹스에 탐닉하기도 한다. 이런 탐닉은 한계를 인정하려 들지 않지만 곧 무감각과 공허함에 빠진다. 감각의 향유에는 언제나 절망과 끝이 있다. 남성들이 사정을 할 수 있는 횟수는 평생 많아야 15,000번 이내로 정해져 있다. 우리는 그 한계를 잊고 종종 무한히 섹스를 추구할 수 있는 망상에 젖는다. 마치 비아그라가 우리에게 잃어버린 유토피아를 찾아 주는 것처럼 호들갑을 떨지만 그것은 가당치도 않다. 하지만 우리 신체 안에는 우리가 사정할 수 있는 횟수가 한계로서 미리 정해져 있다. 비아그라에 의존해서 횟수가 조금 늘 수는 있지만 그것이 사정을 무한하게 늘릴 수는 없다.

이처럼 죽음을 망각하기 위해 인간이 몰두하는 섹스의 경험도 한계를 피해 갈 수는 없다. 현대는 과잉섹스의 범람 때문에 오히려 쾌락에 대한 무감각을 더욱 경험하고 있다. 과잉섹스가 오직 섹스를 위한 섹스에 탐닉하는 한 우리는 감각의 충족을 통한 해방이 아니라 감각의 노예로 전락하는 운명에 처할 수가 있다. 감각은 충족되어야 하지만 과잉 충족은 때로 영혼을 마비시킨다. 감각의 주인이 되어야지 감각의 노예가 되어서는 안 된다. 감각은 충족되고 나면 또 다른 자극을 찾아 나서도록 우리를 자극한다. 이 자극은 자극을 위한 자극으로 무한히 이어질 때 자기 파괴적이 된다. 쾌락을 위한 쾌락의 끝은 언제나 더 큰 공허로 남는다. 그리고 이 끝에서 우리가 경험하는 것은 그것이 매우 공허하다는 것이다. 모든 인간의 의지 행위에서서 그 끝은 항상 정해져 있다. 감각의 추구와 충족은 삶을 이루는 한 요소는 될 수 있어도 궁극적인 것은 될 수가 없다. 감각적 충족의 끝은 언제나 공허다. 쾌락의 추구는 삶의 조건으로서 인정될 필요는 있지만 궁극적인 것으로 수용될 수는 없는 것이다. 삶의 불가결한 조건을 삶의 궁극적 조건과 혼동하지 않는 지혜가 필요하다. 감각의 주인이 될 수 있다는 것은 오랫동안 의지의 훈련을 통해서만 가능하다. 금욕주의는 감각이 궁극적 주인이 될 수 없다는 것을 지적하는 한에서만 일면적인 타당성이 있다. 쾌락주의는 쾌락이 인간의 행복을 구성하는 정당한 요소라는 점을 강조하는 한에서 제한적으로 타당하다. 하지만 우리는 행복을 위해 금욕과 쾌락 모두가 필요하다는 것을 경험한다. 적절한 쾌락은 행복을 이루는 것에 기여한다. 적절한 금욕은 우리의 의지를 적절하게 조절함으로써 우리가 얻을 수 없는 것에 대해 우리를 노예로 만들지 않고 노예로부터 우리를 해방하는 적극성이 있다.

거듭 말하지만 의지는 만능이 아니다. 의지가 어찌할 수 없이 받아들여야만 하는 것이 있다. 의지는 파괴되지 않으려면 항상 지혜의 도움을 받아야 한다. 지혜는 의지의 맹목성을 길들여서 의지로 하여금 올바른 목적에 이바지하도록 각성한다. 의지의 각성은 의지가 만능이 아니라는 것을 자각하도록 하면서 의지를 삶의 보다 커다란 목적에 일치하도록 이끈다. 의지는 맹목성을 극복하기 위해서 스스로를 통제할 필요가 있다. 의지의 통제는 의지의 자기 구원에 이르는 길이기도 하다. 마르쿠스 아우렐리우스는 황제로서 권력의 무상함을 누구보다도 잘 알고 있었다. 권력의 우연성 앞에서 노예가 되지 않기 위해 그는 철학적 군주가 되었고 체념하는 것을 배우게 되었다. 체념은 포기가 아니다. 포기는 의지의 결핍인 한에서 부정적인 것이다. 하지만 체념은 상황에 대한 적극적인 파악과 대응으로서 고도의 지혜를 대변하고 있다.

어린애도 세상을 적응하고 배워야만 한다. 그렇기 때문에 우리는 어린애로 하여금 물건이 있는 쪽으로 가게 만들어야지 물건을 그에게 가져다줌으로써 그의 의지가 승리하도록 만들어서는 안 된다. 결국 그렇게 되면 그 어린애는 모든 것을 자기중심적으로 보게 된다. 패배를 모르는 의지의 승리는 모든 것도 가능하다는 의지 만능주의를 낳는다. 그렇게 될 경우 그 어린애는 사물을 폭력적으로 대하게 된다. 그것은 모든 관계의 왜곡과 파괴를 야기한다는 점에서 아주 치명적이다. 그 어린애로 하여금 적응하도록 만들어야 한다. 이때 체념은 자극이 된다. 안 되는 것이 있다는 것을 가르쳐 주어야만 한다. 어린애에 대한 과잉보호가 어린애를 망치는 것은 더 이상 언급할 필요조차 없다. 한계를 모르는 자가 왕이 되었을 때 그가 폭군이 되는 것은 역사가 너무 잘 승냉하고 있다.

자연법칙은 모두가 예외가 될 수 없다는 점에서 강제성을 행사한다. 모든 개별 사례들은 이 경우 법칙의 지배를 받는다. 예외가 없는데 예외를 설정하려는 것은 무모한 짓이다. 따라야 할 것을 따르는 것은 의지의 패배가 아니라 의지의 승리다. 의지가 어찌할 수 없는 것들이 있다. 의지는 그것을 따라야만 한다. 의지의 승리는 의지가 인정할 것을 인정하는 데서 시작한다. 의지는 필요하지만 만능은 아니다. 의지의 한계에 대한 각성은 의지가 자기 해방을 위한 조건이라는 것을 말한다. 의지 만능주의는 모든 관계를 파괴시키는 점에서 위험하다. 체념할 것은 체념해야만 한다. 체념은 관계의 포기가 아니라 관계의 정상화에 대한 올바른 자각에 기초한다. 화를 다스릴 줄 알아야 하는 것도 이 점에서 필요하다.

폭군들은 타인들로 하여금 죽음의 공포를 주입함으로써 그들의 모든 저항의지를 꺾는다. 하지만 이것은 일시적으로 승리할 수 있어도 영원히 승리할 수 없다. 스토아학파에 전염된 황제 마르쿠스 아우렐리우스는 바로 이 점을 잘 알고 있었다. 그는 그렇기 때문에 권력 만능주의라는 독에서 스스로를 정화하고 해방할 수 있었다. 체념은 포기가 아니라 사태에 대한 객관적 인정에서 비롯된다. 거기에는 고도의 분별력이 있다. 인간이 마음대로 할 수 없고 따라야 할 것이 있다. 우리는 그렇기 때문에 따라야 할 것을 따르면서 살아야만 한다. 의지의 만능으로부터 자신을 비우는 것은 참된 지혜의 출발이다. 의지로 하여금 사태의 본성에 자발적으로 따르도록 요구하는 것이 진정한 의미에서 의지의 자기 해방이 된다.

4. 불필요한 것으로부터의 해방

삶의 조건들은 많은 점에서 충족되어야 한다. 우리가 물건의 주인이 되어야지 물건의 노예가 되어서는 안 된다. 그렇게 하기 위해서 우리는 삶에 반드시 필요한 것을 충족하도록 하는 지혜가 필요하다. 지혜로운 자는 물건을 소유하면서 그것을 자기 삶의 조건으로 잘 활용한다. 반대로 물건의 지배를 받는 자는 물건을 위한 물건의 소유에 집착함으로써 결국 물건의 지배자가 아니라 물건의 지배를 받는다. 쇼핑에 중독된 많은 현대인들은 이 점에서 불행하다. 우리는 물건의 과잉에서 해방을 경험하는 것이 아니라 그 과중함의 노예가 되어 어느덧 소비를 위한 소비에 지배된다. 물건의 과잉 충족은 충족되는 순간 우울증에 빠질 위험이 있다. 그때 솔로몬은 "헛되고 헛되고 다 헛되었도다."라고 탄식하면서 우울증을 정리할 수 있었다.

재물은 그 자체로서는 선도 독도 아니다. 재물이 우리 자아실현에 이바지할 때 재물은 선의 계기로 작용한다. 우리 속담에도 먹고 죽은 귀신이 때깔이 더 좋다고 하지 않는가? 그렇다. 재산은 그것이 자아실현에 이바지할 때 매우 좋은 것이 된다. 하지만 재물은 우리가 그것의 지배가 아니라 지배당할 때 우리를 파멸시킨다. 재산이 아무 가치가 없다고 경멸하는 자들에 대해서 우리는 경계해야 한다. 왜냐하면 인간은 재물을 통해 자기를 실현할 수 있는 적극적인 계기를 인정해야 함에도 불구하고 이런 자들은 그 가능성을 부정하거나 경멸하는 위선을 보이기 때문이다.

좋은 조건과 처지에 있는 자들이 불리한 조건과 어려운 처지에 있는 사람들보다 자아를 실현할 수 있는 기회가 많다는 것은 아주 자명하다. 좋은 조건들이 자아실현의 좋은 계기가 된다는 것은 사실이다. 하지만 그렇다고 해서 조건들이 능력발휘를 다 결정하는 것은 아니다. 악조건에서도 자아를 완성하는 사람들이 꽤나 많이 있는 것은 역사가 증거하고 있지 않은가? 역경도 그것을 견디어 냈을 때는 때로 아름다운 향수로 기억되기도 한다. 가끔 가난을 예찬하는 사람들이 있는데 그것은 그들이 가난이 좋아서가 아니라 불필요한 욕망으로부터 스스로를 지키는 한에서만 그렇다. 수도원이나 성직자들 그리고 수도승이 이런 경우에 해당되는데 이들은 대다수 사람들의 일상적인 삶하고 떨어져 있다. 대다수의 인간들에게 적용되는 것과 소수의 사람들에게 적용되는 것을 혼동하지는 말자. 가난은 대개의 경우 추구의 대상이 아니다. 부가 좋은 것은 그것이 자아를 실현할 수 있는 기회를 제공한다는 데 있다. 하지만 부를 위한 부는 인간을 부질없이 바쁘게만 만들지 삶의 진정한 주인이 되도록 만들지는 못한다. 콜럼버스의 신대륙 열망이 아무리 강해도 그 조건을 충족시켜 준 이사벨 여왕의 도움이 없었다면 그의 꿈도 개꿈으로만 남아 있었을 것이다. 좋은 조건은 역시 좋은 것이다. 하지만 좋은 조건이 주어졌음에도 불구하고 그것을 잘 활용하지 못하거나 그 조건에 안주해서 자기 발전을 이룩하지 못할 때 그 조건은 선물이 아니라 독이다. 좋은 조건들은 좋은 계기로서만 작용할 뿐이다. 그 계기를 완성하는 것은 각자의 몫이다.

인류는 자연에 묶여 있는 자기 조건들의 열악함을 극복하기 위해 과학과 기술을 통해 자연을 정복해 왔다. 또 인간은 살기 위해 자연을 더 정복하지 않을 수 없다. 이 점에서 자연지배는 누가 무엇이라고 말해도 정당하다. 다만 자연지배가 인간의 자아완성을 위해서가 아니라 지배를 위한 지배로 귀결될 때 그 파국이 무서울 뿐이다. 과학과 기술은 인간이 자기완성을 위해 치르지 않으면 안 되는 불가피한 대가다. 자연을 낭만화하는 사람들은 자연 안에서의 인간의 매우 비참한 조건들에 대해 무지하거나 맹목적인 자들이다. 우리는 단 한 번도 낙원과 같은 그런 자연을 경험한 적이 없다. 자연에 지배당하지 않으려면 자연을 지배하면 된다. 하지만 이 지배는 파괴나 착취가 아니다. 자연과 함께 살기 위해서라도 우리는 자연을 잘 알고 지배하지 않으면 안 된다. 자연에 대한 앎은 자연과 친화하는 계기가 된다. 앎을 통한 해방은 여전히 지금도 유효하다. 누가 무엇이라고 해도 자연의 목적은 자연 자체에 있지 않다. 자연의 목적은 자연 안에서 사는 인간의 자기완성을 위한 계기로서만 의미가 있다. 자연의 나무들은 목재로서 문명화된 공간 안에 편입되어야만 한다. 인간은 그렇게 함으로써 집을 짓고 자연 안에서 자연을 능가하며 자기를 실현하는 삶을 살 수가 있다. 자연 역시 인간의 자기완성을 위해 봉사해야만 하는 계기다. 인간이 자연을 위해 봉사할 수는 없다. 배고프고 자연에 얽매인 인간들에게 자연을 감상하는 일이 가능하기나 하단 말인가?

자연과 인간의 조화로운 삶을 말할 때조차 우리는 그런 적절한 조화에 대해 객관적으로 정확한 수치나 비율을 알고 있지 못하다. 사하라 사막에서 자연과 하나가 된 삶을 말할 수 있을까? 보라보라 해안에서 우리는 공장을 지이야 할까? 자연보디는 인간이 살고 있는 환경을 발해야 한다. 환성보다는 그 공산 안에서 살고 있는 인간을 말해야 한다. 자연을 신격화하고 자연을 낭만화하는 자들에 의해 자연이 더 개선된 것은 없다. 자연의 개선은 누가 무엇이라고 해도 자연을 이해하고 지배한 자들에 의해서 진보되었던 것이다. 자연으로 돌아가라는 루소의 주장은 이 점에서 전면적으로 재검토되어야 한다. 자연은 단지 발선의 계기를 형성할 뿐 완성 그 자체는 아니다. 그런데 어떻게 우리가 그 불완전한 곳으로 돌아갈 수 있단 말인가? 신이 자연을 창조했을지는 모르지만 자연을 완성되게 창조한 것은 아니다. 그렇다면 자연을 인간화하고 가공하는 것은 인간이 자기완성을 위해서라도 반드시 지불하지 않으면 안 되는 것들이다. 창조의 목적이 인간의 행복을 위해 그렇게 의도되었는지에 대해서 나는 아는 바가 없다. 문제는 그 의도가 아니라 현재 우리가 처한 조건이 완성을 위해 자연의 모든 가능성을 알고 이용해야 한다는 것이다. 과학과 기술이 자연파괴자라고 욕만 해서는 안 된다. 왜냐하면 그것은 어쩔 수 없이 치러야 할 대가였기 때문이다. 과학과 기술을 통해 인간이 자연의 억압적인 조건들로부터 해방되었다는 것을 우리는 망각해서는 안 된다.

노동은 인간의 불가결의 조건이다. 노동을 통해 인간은 자기가 살 터전을 마련한다. 노동은 자연을 인간화하기 위해 인간이 반드시 지불하지 않으면 안 된다. 자연은 노동을 통해 인간의 삶 안에 편입된다. 노동은 부의 근원이다. 부는 인간이 자기를 실현할 수 있는 적극적인 계기가 된다. 이 계기는 완성을 향해 갈 수도 있고 타락을 위해 악용될 수도 있다. 그것은 그 조건을 활용하는 인간 개개인의 몫이다. 원론적으로 말해서 부는 해방의 좋은 계기가 된다. 그래서 없는 것보다는 있는 것이 좋은 것처럼 부는 좋은 것이 될 계기를 형성한다. 부의 예찬은 인간의 행복추구가 거짓일 수 없는 것과 마찬가지로 정당한 것이다. 사람들이 자발적으로 가난을 선택할 수는 있어도 가난 자체를 추구의 대상으로 삼을 수는 없을 것이다. 부를 경멸하는 설교는 다 고등사기꾼의 사기 행위다. 그들은 그 부를 뺏기 위해 부 자체에 독침을 가한 것이다. 나쁘게 번 부자가 천국에

갈 수 없는 것이지 부 자체가 천국에 없는 것은 아니다. 천국이 영광으로 가득 찬 곳이라면 그것이 부의 영광이 아니고 무엇이겠는가? 부당한 부나 통제 불가능한 부에 대해 우리가 경계해야지 부 자체를 경계해서는 안 된다. 품위 있게 돈 버는 것이 어려운 것이지 부 자체가 나쁜 것은 아니다. 감당할 수 없는 부 때문에 파멸하는 것이 나쁜 것이지 부 자체가 나쁜 것은 아니다. 부의 위력 앞에 굴복하는 것은 현자가 아니라 어리석은 자들 뿐이다. 능력을 발휘하고 능력 발휘의 결과로 대가가 주어지고 그 대가가 축적해서 부가 된다면 부는 능력의 완성 결과를 즐기는 것이 된다. 그런 부는 인간의 자기표현이고 자기완성에 대한 증명이다. 부는 오직 그런 한에서만 신성하다고 말할 수 있다.

인간은 자신의 자아실현에 불필요한 것에 집착해서 자기를 상실하는 위험으로부터 스스로를 해방시킬 수 있어야 한다. 반대로 인간은 자기완성에 반드시 필요한 것을 소유함으로써 그것을 자기완성의 불가결한 조건으로 사용할 수도 있어야 한다. 전자가 해방의 논리라면 후자는 완성의 요구다. 참된 지혜는 해방과 동시에 완성을 위해서 자신의 모든 능력을 발휘하는 데 있다.

5. 자기 절대화를 경계하기

예나 지금이나 앞으로도 우리는 소크라테스의 충고를 잊어서는 안 된다. "너 자신을 알라." 지중해 문화권에서는 바다가 푸르듯이 모든 것이 투명했다. 명랑한 그리스인들조차 삶의 어두움을 알고 있었다. 그것은 바로 한계에 대한 자각이었다. 우리 인간은 신과 같이 영원한 삶을 살 수가 없다. 인간은 죽어야 하기 때문이다. 하지만 인간은 그냥 죽는 것이 아니라 영원을 맛보면서 죽는다.

우리는 경계를 뛰어넘었을 때에 한해서 우리가 경계를 돌파했다는 것을 의식한다. 중세인들은 스스로를 야만의 시대로 규정하지 않았다. 근대인들이 자신들의 왜곡된 척도로 중세를 야만과 무지로 마녀사냥을 한 것이다. 한계에 대한 자각은 소크라테스가 우리에게 들려줄 수 있는 가장 아름다운 지혜의 말이다. 쿠자누스는 무지의 지(docta ignorantia)를 통해 이것을 우리에게 다시 한 번 환기시켜 주고 있다.

자신의 무지를 아는 것은 알지 못하고 있다는 것을 앎으로써 그 무지로부터 자기를 해방시킬 수 있다. 자신이 자신에게 복수하지 않으려면 우리는 자기 한계에 대한 올바른 각성을 통해 그 한계를 뛰어넘어 가도록 해야만 한다. 역사에 있어서 수많은 불행과 고통은 이 평범한 교훈을 깨닫지 못한 데서 발생했다. 무지의 맹목성으로 인해 인간은 얼마나 많은 파국을 보여 주었던가? 무지는 그것이 발견되기 전까지는 그것이 무지였다는 것조차 모르기 때문에 그만큼 우리를 무의식적으로 지배한다. 자발적으로 깨우치는 무지는 그래도 행복하다. 하지만 남들이 그 무지를 깨우쳐 주었는데도 불구하고 그 무지를 극복하지 않는 사람들도 많이 있다. 이들은 바로 그렇기 때문에 자기 삶에 대해 스스로 복수를 하게 된다. 하지만 자기 삶에 대한 복수를 미리 방지한다는 측면에서 이 무지로부터 자발적으로 해방될 수는 없을까?

추하게 죽는 자들은 대개는 자기의 무지를 극복하지 못한 채 죽은 사람들이다. 나이 들었다고 다 성숙한 삶을 산 것은 아니다. 나이 들었다고 다 지혜로운 행동을 하는 것도 아니다. 나이와 경험의 성숙은 아무 연관 관계가 없다. 인간은 성숙하게 늙어가기 위해서는 성숙하게 행동할 필요가 있다. 성격은 오랜 훈련과 노력의 결과로 얻어지는 것이다. 그렇기 때문에 죽음에 대비해 그나마 성숙한 삶을 살기 위해서는 성숙한 행동을 강화하는 길밖에 없다. 무지에 대한 자각과 무지로부터 스스로를 해방시키려는 노력은 그렇기 때문에 평생교육의 대상이 되지 않으면 안 된다. 위선과 변명으로 일관하는 늙은이들을 보면 경멸하고 싶은 생각만 든다. 나는 그렇게 추하게 늙어 가지 않으려고 매일 노력하고 있다.

가끔 미친 자들이 왕이 된다. 왕이 되다 보니까 미쳐 가는 자들도 있다. 하지만 이 두 유형의 비극은 그들이 한계를 모른다는 사실에 있다. 한계를 모르는 자들에게 무한한 권력이 주어지면 그 악마 같은 악용은 불 보듯 뻔하다. 파괴적인 광기를 잠재우려면 자신의 한계에 대한 자각이 먼저 있어야만 한다. 절대에 대한 인간의 헛된 자만심은 결국 취약한 인간조건에 대한 망각 때문에 발생한다. 우리는 죽어야 할 존재이기 때문에 진시황과 같이 불로초에 대한 헛된 꿈을 포기해야 한다. 권력은 만능이 아니나 힘도 만능이 아니다. 한계가 없으면 모든 것은 존재할 수도 없다. 존재하기 위해서는 어떤 형태로든지 간에 한계가 있어야 한다. 그러니까 한계는 모든 것이 존재하기 위한 공통의 터전이 되는 셈이다. 물론 그렇게 말한다면 한계는 일의적인 것이 아니라 유비적인 것으로 이해되어야만 한다. 진화의 관점에서도 개구리는 알을 통해 올챙이로 성장하고 올챙이는 형질변경을 통해 개구리로 탈바꿈하지 개구리와 다른 동물이 되지는 못한다. 그 정해진 한계 안에서 그 개구리는 그놈이 되고자 하는 완성된 삶을 살아갈 뿐이다. 인간에게도 인간에게 주어진 한계 안에서 자기의 모든 가능성을 완성하다 갈 뿐이다. 물론 모두가 그렇다고 해서 자기완성을 다 성취하며 사는 것은 아니지만 말이다.

6. 실현 가능한 것과 그렇지 않은 것에 대한 분별력

인간의 비극 중의 하나는 인간이 자기의 성취 가능한 한계를 몰라서 스스로를 과대평가하는 데 있다. 자신이 처한 조건에 만족하며 그 안에서 실현 가능한 최상의 것을 할 필요가 있다. 허용된 조건 안에서 그 조건을 완성하는 것은 우리가 얻을 수 있는 최고의 기쁨이다. 누구나 다 금메달을 목에 걸 수가 없는데 금메달을 향해 모두가 매진한다면 그 결과는 빤하지 않은가? 능력은 속이지 않는다. 또한 능력은 속일 수가 없다. 능력은 노력한 것에 대한 정당한 보상이다. 그래서 능력은 발휘되도록 해야 한다. 능력의 발휘는 능력의 차이를 전제로 할 때만 의미가 있다. 이 점에서 능력은 불가능한 것을 가능하도록 하는 그런 헛된 기대치하고는 구별되어야 한다. 자기 운명에 만족한다는 것은 자기 운명에 대해 체념하라는 것이 절대 아니다. 그것은 주어진 조건들 앞에서 자신이 할 수 있는 것을 궁극적으로 성취하라는 것을 뜻한다. 인간의 비참함은 이런 자기 한계를 망각하고 자신을 과대평가하는 데서 온다. 얻지 못하는 것

을 얻으려고 애쓰는 것도 인간의 근본 괴로움 중의 하나라고 불교
는 가르친다.

욕망은 무한하지만 욕망을 충족시켜 줄 현실적 재화는 한정되어
있다. 우리는 욕망을 충족하려는 욕구 때문에 분발하지만 동시에
그것 때문에 좌절을 겪는다. 하지만 모든 욕망이 나쁘거나 거부될
것이 아니라 실현 불가능하거나 왜곡된 욕망이 거부되어야 한다.
체념은 현실적인 것에 기초하는 한 장려되어야 한다. 하지만 추구
할 수 있는 것을 포기하는 것은 체념의 그릇된 측면이다. 불필요한
욕망을 단념하고 실현 가능한 욕망은 철저하게 완성하는 것이 좋다.
삶은 많은 충족을 경험하기 위해 다차원적인 실현을 요구한다. 지
혜는 우리에게 분별력을 제공한다. 이 분별력은 삶의 충족을 위해
요구되는 것을 심사숙고함으로써 삶을 의미 있게 창조하는 데 이바
지한다.

사실의 두 차원

몽테뉴는 『수상록』에서 "내가 쓰는 글이 바로 나의 몸짓이며, 나의 자아, 나의 본질이다."라고 주장한다. 백번 지당한 말이다. 하지만 사람들은 자신의 글을 자신이 경험한 그대로 기록하지 않는 경향이 있다. 실제로 경험한 것과 기록된 것이 일치하지 않는 것은 우리가 경험한 것을 사후에 기록하기 때문에 그렇다. 사마천조차 한신의 책사였던 괴철을 괴통으로 표기할 정도다. 한무제의 본래 이름이 유철이었기에 사마천은 괴철을 괴통으로 개명하여 표기했다.

사람들 중에는 때로 지옥을 경험하고 나서 그것을 감추고자 한다. 대표적으로 회고록이 그런 경우에 해당한다. 이런 사람들은 자신들에게 유리한 경험은 기억하고 불리한 경험은 애써 지우려고 한다. 아니 아예 삭제하려고 든다. 하지만 실상은 항상 그렇지 않다는 데 문제가 있다. 자서전이 자기미화를 정당화하는 것이라면 역사는 승자를 중심으로 사건을 미화하는 경향이 있다.

인간은 자기기만을 합리화한다. 자기기만을 합리화하면서 우리는 자기기만을 마치 사실인 것으로 알고 있다. 거짓의 기만화는 삶의 만족을 주기 때문에 자기최면을 애써 즐기기도 한다. 이것은 비단 비정상적인 사람들에게서만 발견되는 것은 아니다. 우리 모두에게 자기기만의 위험이 어느 정도 내재해 있다. 거짓말이 일상화되고 삶의 조건들이 되는 것은 나름대로 이런 이유에서이다.

동양인들은 일반화시킬 수는 없지만 대체로 글쓰기에서 자신을 드러내지 않는 경향이 있다. 이들에게 지혜란 자아라는 환상에서 벗어난 것으로 인식될 때가 있다. 하지만 이런 경향은 동시에 자신이 경험한 것을 솔직하게 표현하지 못하는 점에서 은폐의 위험을 보일 때가 있다. 글은 글을 쓰는 자의 자기 증명이다. 그렇기 때문에 우리는 글을 통해 우리가 경험한 것을 여과 없이 검증하려는 열린 마음가짐이 필요하다.

남이 알까 봐 두려워하고 남에게 수치스러운 것을 감추기 위해 그것을 다 제거하고 나면 우리는 자기 자신에 대해 긍정적인 것만 선전하려는 인상을 주게 된다. 그런 글이 솔직하지 않은 것은 두말할 필요가 없다. 고답적이고 위대한 것에만 집착하지 말고 우리는 우리가 경험한 나약하고 때로는 어리석은 경험에 대해서도 솔직히 고백할 필요가 있다. 동양의 현자들과 성자들이 때로 우리를 식상하게 하는 것은 이런 배경 때문이다. 때로 그들은 위선적일 때가 너무 많다. 겉과 속이 일치하지 않으며 또한 자기 내면의 황량함에는 아랑곳하지 않고 남에게 보이는 외적인 겉모습에 신경을 쓰다 보니 때로 현자나 성자들에게서 위선이 일상화되는 경향이 있다. 특히 자신은 지키지도 못하면서 도덕을 절대화하고 또한 도덕을 남을 고문하는 데 이용하는 인간들에게서 이런 위선은 거의 다반사로 발견된다.

니체는 다른 인간을 해부하고 비판하는 데 있어서 타의 추종을 불허한다. 하지만 그런 그가 자신의 치부를 드러내는 일에 대해서는 거의 함구하고 있다. 누이하고의 근친상간과 매독에 걸린 자신의 병에 대해서 그는 거의 침묵으로 일관하고 있다. 주기적으로 발작하는 두통의 원인이 매독에 있다는 것은 의학에서는 거의 상식이 되었다. 하지만 니체를 포함해서 니체 전기작가들은 이런 사실을 애써 감추고 있다. 하지만 감춘다고 해서 있었던 사실 자체가 없어진다고 생각하면 큰 착각이다. 그가 일상적으로 앓았던 두통이 매독의 결과 때문이라는 것은 의학적 지식이 조금만 있어도 아주 자명한 것이다. 하지만 그는 성욕에 대한 자신의 욕구를 미화하거나 거의 언급조차 하지 않고 있다. 베토벤이 빈에 있을 때 돈을 많이 벌면서 창녀촌을 자주 찾은 것은 사실이다. 그렇다고 해서 그의 음악적 위대함이 사라지는 것은 절대 아니다.

남자들에게서 성적 욕구와 사랑이 때론 일치하지 않는 경향이 있는 것은 사실이다. 그리고 사랑과 무관하게 섹스를 위한 섹스의 노예가 될 때가 있는 것 역시 부인할 수 없다. 사랑 없이 섹스를 위한 섹스의 욕구충족에 지배되는 것은 비단 니체나 베토벤에게 해당되는 것만이 아니라 거의 모든 남자들에게 보이는 일반적 경향이다. 나 역시 이 점에서 예외가 아니다. 나도 행동으로 옮기지 않았을 뿐이지 그런 충동에 사로잡힌 때가 자주 있었다. 그리고 고등학교 때부터 자가발전은 나의 유일한 위로이기도 했다. 결혼을 하고 난 지금도 때로 암컷에 대한 욕구가 발동하는 것은 어쩔 수 없는 사실이다. 다만 욕구가 있어도 행동으로 옮기지 못한 점에서 나의 의지가 미적지근했다고 말할 수 있다.

괴테는 자신이 이탈리아 여행 기간 동안 창녀들을 찾은 사실에 대해 미화할 뿐 구체적인 사실 자체를 아예 기록조차 하고 있지 않다. 성욕에 내몰려 사랑 없이 섹스를 하는 것은 비단 괴테만이 아니라 대다수의 인간들에게서 발견되는 상당히 공통된 현상들이다. 때로 남자들은 하룻밤 데리고 놀기 좋은 창녀를 원할 때가 있다. 괴테라고 예외는 아니었을 것이다. 하지만 그는 문학적 재능의 탁월함 때문에 이 경험을 아주 멋있게 포장하고 있다. 남들이 하면 불륜이 되지만 내가 하면 로맨스가 되는 것도 이와 크게 다르지 않다. 여하튼 평범한 인간들의 행동은 별로 주목을 받지 못하는 데 반해 유명 인사들의 스캔들은 그 자체가 화젯거리가 된다. 따라서 유명 인사들은 자신들의 경험을 실제와는 다르게 미화하는 유혹에 노출된다. 때로 그들이 평범하게 말하고 싶어도 일반인들은 평범한 것이 아닌 것을 원하기에 그들의 의도와는 무관하게 일반인들의 취향에 맞게 경험이 위장될 수 있는 것이다. 내 경험을 바라보는 타인의 시선에 맞추다 보니 경험의 내용 자체가 변질될 수 있다.

아인슈타인은 자신의 연인들에 대해서는 아예 언급조차 하지 않는다. 하지만 우리는 세계의 대물리학자가 서너 명의 연인이 있었다는 것을 알고 있다. 하지만 본인의 회고록에는 아름다운 날들에 대한 기억만 있지 정작 가족들에게 고통이 되었을 연인관계는 아예 생략되어 있다. 그 딸은 때로 아버지에 대한 원망의 글을 쓰고는 했다. 영웅들의 위대한 행동 이면에는 그 배경에서 고통을 당하는 자들의 은밀한 노고가 항상 있었다. 아인슈타인이 결혼한 첫 번째의 여인은 그 후유증으로 인해 자살을 결심할 정도였다고 한다.

프로이트 역시 처제하고 보낸 호텔에서의 불륜에 대해서는 아예 함구하고 있다. 자기 친동생의 여인을 사랑한 베토벤 역시 마찬가지다. 하이데거는 한나 아렌트하고 있었던 밀월관계에 대해서는 그의 글 어디에도 기록한 바가 없다. 그렇다고 그의 내면이 그가 원하는 것처럼 그렇게 아름답게만 빛나고 있는 것은 아님에도 말이다. 이 점에서 그는 은폐와 위장의 천재에 가깝다. 보봐르에 대한 사르트르의 잔혹사(물리적인 폭력이 아니라 심적인 억압과 폭력의 의미로서)는 정말이지 상상을 초월한다.

빌리 브란트는 본에서 한 여기자와 몇 년 동안 연인관계를 유지했었다. 1974년 자신의 최측근이 동독 스파이였다는 사실 때문에 총리직에서 사임하게 되었다. 하지만 진짜 사임 이유는 이것에 있다기보다는 그 스파이가 서독 정부에 제공한 여성 목록에 있었다. 이 일을 계기로 1980년 루트의 청구로 이혼을 하게 되었다. 하지만 브란트의 새 부인은 그가 죽었을 때 루트가 장례식에 참가하는 것조차 아예 막아 버렸다. 태초에 질투가 있었다고나 할까? 1989년 브란트의 회고록이 출판되었을 때 루트는 그 자서전에서 자신의 이름이 단 한 구절도 언급되지 않은 사실에 대해 아연실색했다. "32년간의 결혼생활을 그렇게 쉽게 지워 버릴 수 있다는 사실에 그저 놀라울 뿐이다."라고 옛 부인 루트는 토로하고 있다. 잊힌 여인이 되었다는 것만큼 그녀를 아프게 한 것도 없다. 하지만 브란트는 회고록에서 온갖 좋은 얘기만 나열했지 자신에게 불리한 이야기는 별로 하지 않고 있다.

실제로 살아온 과거와 자서전에 기록된 이야기 사이에는 아마도 엔트로피가 작용하는 것 같다. 일일이 열거하기도 힘들지만 위인들의 과거를 들여다보면 그들이 회고한 것과 실제로 진행된 것 사이에는 사실이 아닌 것으로 드러나는 사례들이 너무 많이 있다. 이것을 일일이 열거하는 것이 내가 말하고자 하는 것이 아니다. 나는 남의 스캔들을 먹고 사는 하이에나가 아니다. 문제의 핵심은 우리가 자신에게 불리한 과거는 애써 피하고 좋은 일만 기록하려는 습성이 있다는 것이다. 이것은 사실상 아주 일반적인 경우에 해당할 수도 있다. 어쩌면 실제로 그렇지 않은 유년시절을 보상받으려는 의도가 깔려 있는지도 모른다. 이 논의를 더 확장해 보면 거짓말은 인간조건의 불가결한 조건을 형성하지 않나 하는 추론이 가능하다. 일반화시켜 말한다면 인간은 자기유지를 위해 어느 정도 거짓말이 불가피하다는 것을 인정하지 않으면 안 될 것 같다.

어리석은 인간들과 바보들에게 공통인 것은 그들이 한결같이 자신들보다 탁월한 자들에게서 실수나 어리석은 것만 확인하려는 데 있다. 천재들이 실수하면 그들은 그것을 위안으로 삼는다. 그래서 그들은 스캔들을 먹고 사는 일에 스스로를 위로하며 산다. 하지만 천재들에게 있어서 결점은 그 자체가 존재하기 위한 하나의 계기들에 지나지 않는다. 실수 역시 이들에게는 삶을 형성하는 불가결의 조건이 된다. 그리고 그들은 그것에 안주하는 것이 아니라 그것을 넘어서 간다. 하지만 천재들의 실수를 반사이익으로 노리는 어리석은 자들은 감히 자기 삶에 대해 일인칭으로 표현하고 고백할 용기조차 없는 인간들이다.

우리는 타인들이 우리에게 보내는 시선에 대해 자유롭지 못하다. 그러니 그런 타인들의 시선에 맞추어서 행동을 정하지 않으면 안 될 때가 있다. 그러다 보니 자서전 역시 그런 독자들을 의식해서 회고조로 선별해서 이루어지는 경향이 있다. 하지만 더 놀라운 것은 우리 각자가 있지도 않은 과거를 만들어 낸다는 것이다. 이 점에서 우리는 서로서로를 속이고 있을 수도 있다. 여하튼 자서전이 있는 그대로의 이야기가 아니라 각색한 이야기일 수도 있다는 가능성을 배제할 수는 없다.

고통도 때로는 그것이 극복이 되었을 때 즐거운 추억이 될 수 있다. 하지만 감당할 수 없는 고통을 통해서 생을 마감하는 사람들에게 고통이 과연 위로가 될까? 자서전에서는 실패나 좌절이 성공에 이르는 좋은 조건으로 미화되지만 사실 이것이 그랬는지에 대해서는 또 다른 검증이 필요하다. 우리가 간과하지 말아야 하는 것은 자서전의 내용이 액면 그대로 신뢰하기에는 경험의 실제적 내용이 과장되거나 미화되었다는 것이다. 거짓말은 때로 자서전이 스스로를 지탱하는 방식으로 이용되고 있다는 것이다.

사실을 취사선택해서 기술할 때 기술을 인도하는 어떤 관점이 개입하게 된다. 타인의 시선과 인정에 대한 욕구가 스며들어 가는 것은 어쩔 수 없는 일이다. 어쩌면 사실 기술에 있어서 선입관을 다 배제하고 있는 그대로 기술하라는 요구 자체가 비현실적인 것인지도 모른다. 그런 냉정한 공정성을 자서전에서 기대하기가 무척 힘들다. 왜냐하면 여기에서 사실은 이미 있었다는 것만이 아니라 추후에 만들어지는 것도 동시에 의미할 수 있기 때문이다. 자서전은 그렇기 때문에 사실을 소재로 해서 과거를 어느 정도 창조하는 것이라고 볼 수 있다. 헤겔은 자신의 저서에서 항상 인륜적 자유를 말하고 있지만 실제로 그는 자신의 아들(뉘른베르크에서 하숙집 주인하고 나은 아들)에 대해서는 가족의 친밀성을 하나도 베풀어 주지 않았다.

한국인들이 아무리 부정하고 미화하고 싶어도 우리 역사가 굴욕과 고통으로 얼룩진 것에는 변함이 없다. 중국이 아무리 위대한 중화를 부르짖어도 불과 100년 전에 아주 작은 섬나라인 영국에 의해 굴욕적인 조약을 당한 것은 사실이다. 일본이 아무리 역사를 왜곡하고 자신의 과거사를 미화하려고 해도 일본이 세계사, 아니 동아시아에서조차 주목받았던 시절은 없었다. 그들이 굶주린 배를 채우기 위해 멀리 인도차이나까지 해적질을 한 것은 부인할 수 없는 사실이다. 독일이 아무리 세계사의 사명을 외쳐도 1870년대까지 독일은 유럽의 변방에 속하거나 미미한 영향력만을 지니고 있었다는 것을 부정할 수는 없다. 히틀러 치하 아래 벌어진 참담한 홀로코스트를 생각하면 독일이 인권에 대해 그렇게 자신 있게 말할 수 있을까? 이처럼 우리 모두에게는 금기시되고 금지된 기억이 있을 수 있기에 그것을 조심스럽게 건드리지 않으면 안 될 때가 있다.

개인의 자서전이든 역사적 자서전이든, 아니면 역사서술이든지 간에 사실의 객관적 서술에는 분명히 어떤 관점이 내재되어 있다. 이것이 사실을 사실로 부각시키면서 의미 있게 하고 있는 것이다. 그러다 보니 사실이 일차적인 중요성을 지니는 것이 아니라 사실을 사실로 부각시키는 관점이 더 주목의 대상이 될 때가 있다. 역사가는 사실을 있는 그대로 다루기도 하지만 사실을 사실로 다루는 자신의 관점과 해석도 아울러 드러내고 있다. 하지만 이런 시선이나 관점은 변한다. 관점의 변화는 그 변화를 불가피하게 하는 상황이나 문맥의 조건을 반영하게 된다. 독일과 일본과 같이 오늘 강대국이라고 해서 과거가 그랬다는 것은 아니다. 그러기에 그들은 과거를 미화하고 싶은 유혹에 그만큼 더 많이 노출된다. 일본의 추함은 그들이 존재하지도 않은 과거를 날조하면서 그런 상징조작을 자행하고 있다는 것이다. 독일은 이런 점에서 일본의 어리석음과는 대조적으로 상당히 계몽된 태도를 취한다.

그리스와 로마는 서양문화의 두 축을 형성해 왔다. 하지만 그리스어, 로마어, 라틴어가 오늘날 세계사를 움직이는 언어가 되지는 못했다. 영국은 이렇다 할 역사가 없었지만 스페인의 무적함대를 격파하고 난 다음부터 세계사에 들어오기 시작했다. 하지만 그들은 언어를 통해 세계사를 영어로 공용화하는 데 지대한 공헌을 하게 되었다. 스페인은 남아메리카 전체를 그들의 언어로 만들어 버렸다. 주목을 받지 못한 민족이 오늘날 언어를 공용화하는 데 중요한 기여를 한 것은 부인할 수 없는 사실이다. 영국은 두 번의 세계대전을 치르는 동안 세계사의 주역에서 서서히 그 영향력이 감소하는 추세에 있다. 하지만 그럼에도 불구하고 그들의 언어를 세계화하는 데 성공했기 때문에 여전히 세계문화의 핵심으로 그 영향력을 발휘하고 있다.

의도적으로 거짓말을 하는 것은 진실에 입각해서 반드시 분쇄될 것이다. 또 분쇄시켜야 한다. 거짓을 가르칠 수는 없다. 거짓을 진실로 배울 수는 없다. 사회화는 우리가 항상 거짓을 배제하고 진실만을 가르친다는 낙관을 거부하고 있다. 왜냐하면 경우에 따라서는 집단 전체가 거짓을 의도적으로 재생산할 수도 있기 때문이다. 과거에 주목을 받지 못했다가 새롭게 부상하는 강대국일수록(예를 들어 독일이나 일본) 역사를 신화화하거나 미화하는 유혹에 빠진다. 하지만 이것은 경우에 따라 약자의 자기 콤플렉스에 지나지 않는다. 일본이 아무리 자신들의 과거를 미화해도 그들의 별 볼일 없는 역사가 빛나는 것은 아니다. 독일이 아무리 천재를 부르짖어도 프랑스에 대한 문화적 콤플렉스에서 자유로운 적이 없었다. 중국이 중화에 도취되어 자기만족에 빠져 살 때조차 세계가 중국을 인정했던 적은 없었다.

오늘의 관점에서 과거를 투영하거나 조망할 수 있어도 오늘의 관점이 있었던 사실을 만들지는 못한다. 자서전은 오늘의 관점에서 과거를 기술하는 것이기 때문에 그만큼 오늘을 반영하는 위험이 있을 수 있다. 있는 그대로의 정직한 바탕에서 기술하는 것은 자서전이나 역사서술 모두에서 다 어렵기는 마찬가지다. 하지만 우리는 일차적으로 진실을 원한다. 과거라는 좌표는 오늘이라는 역사적 전망에 의해서 역동적인 변화를 맞이하게 된다. 지킬 힘이 없어서 강자에게 빌붙어서 자기를 유지하려는 것이 우리 한국의 사대외교의 근간이 되었다는 것은 부인할 수 없다. 우리가 그런 과거로부터 얻을 수 있는 교훈은 힘이 없을 때 자주외교도 불가능하다는 사실이다. 자주외교를 하려면, 그리고 사대외교를 근절하려면 국력을 길러야 한다는 것이다. 한국이 오늘날 자주적으로 살기를 원한다면 그들은 자신들이 보여 준 사대외교로부터 그것을 극복할 현실적 지침을 만들어 내지 않으면 안 된다. 내가 겪은 슬픈 현실도 그것이 나의 현실인 한에서 내 삶의 일부분이 된다. 역사도 마찬가지다. 살기 위해서 우리가 사대외교를 해 온 것이 사실이라면 우리는 그런 역사적 사실을 인정해야 한다. 그런데 우리가 계속해서 그런 삶을 살기를 원하는가라고 물을 때 우리는 그것으로부터 우리의 역사적 현실에 대해 일정한 태도를 취하고 있는 것이다. 그런 태도 자체가 삶을 만들어 가는 것이다. 따라서 역사적 사실과 대면하는 우리의 태도 역시 현재의 역사를 이루어 가는 것이기 때문에 우리는 이런 관점을 사실형성의 조건으로 여기지 않을 수 없는 것이다. 있었던 사실을 없었다고 부정하거나 있지도 않은 사실을 있었다고 왜곡하는 일본의 어리석음과 폭력을 닮지 않으려면 우리는 사실의 인정 아래 그 사실을 역동적으로 의미화해 나갈 수 있어야 한다.

거짓말이 사회화의 조건이 되었다는 것은 불행한 일이다. 거짓을 내면화하는 일은 있을지 몰라도 거짓말을 진실이라고 가르칠 수는 없다. 때로 거짓말의 내면화와 최면 때문에 집단 전체가 거짓말에 중독되는 경우가 있다. 이것은 정신이 스스로에게 가할 수 있는 가장 잔인한 복수다. 우리는 스스로 복수하지 않으려면 거짓말을 제거해야만 한다. 불가피하게 거짓말을 할 때와 거짓말 자체를 미화하는 것은 전혀 다른 것이다. 거짓말이 때로는 진화에 일정하게 기여해 온 것은 사실이다. 하지만 그것으로부터 거짓말이 정당화될 수 있다는 것은 아니다. 기만과 거짓말이 생존의 조건들이라는 것은 삶의 조건들이 나쁘기 때문에 가능하다. 하지만 그렇다고 해서 거짓말이 미덕이 될 수는 없다.

탐구의 역동성

1. 지평을 넘어서 물어보는 것

사고란 하나의 길을 말한다. 길은 우리가 추구하는 목적으로서 이 길에 도달하기 위한 적절한 방법을 간직하고 있다. 길은 방법을 인도한다. 그러나 그 반대는 아니다. 목적이 수단을 대체할 수 없듯이 방법이 길을 전도시킬 수는 없다. 그렇기 때문에 진리를 방법의 위험에서 구해 내려는 시도가 설득력을 얻게 된다. 왜냐하면 방법적 사고는 길을 내야만 하는 인간의 본래 욕구에 비하면 하나의 파생적인 태도에 지나지 않기 때문이다.

학문은 진리탐구를 목적으로 한다. 우리 지성의 일차적인 추구대상은 진리다. 비록 오늘날에 진리가 매우 다양한 문맥에서 매우 다양한 방식으로 제기되고 있기는 하지만 그럼에도 불구하고 지성의 궁극적인 탐구대상은 진리임에는 변함이 없다. 오늘날 학문의 분화와 함께 진리탐구에 대한 다양한 방법이 존재하고 있다. 따라서 우리는 오늘날 예술적 진리와 과학적 진리를 동일한 잣대로 잴 수가 없고 그것의 고유성에서 각기 상이한 방법을 제시하지 않을 수 없다. 학문들 자체가 너무 분화되어서 오늘날은 전문가가 전문가를 이해하지 못하는 상황이 되었다. 그럼에도 불구하고 학문은 그 학문에 적합한 방법을 통해 제한된 관점에서 진리를 탐구하고 있다.

빛이 때로는 입자로 설명이 되기도 하고 경우에 따라서는 파동으로 파악되기도 한다. 빛은 입자이면서 동시에 파동이지만 우리는 이것을 그것의 동시성에서 파악하지 못하고 있으며 경우에 따라서는 파동으로, 그리고 경우에 따라서는 입자로 파악하게 된다. 빛이 다차원성을 지니고 있기에 그 다차원성에 부합해서 빛을 제한된 지평과 관점에서 대상화하는 것이 가능하다. 하지만 방법이 다양하다고 해서 빛이 다양한 것은 아니다. 관점과 지평 그리고 해석의 다차원성은 실재의 복잡성에 기초한다.

존재가 모든 것을 포괄하는 것이기 때문에 존재는 그 파악방식에 있어서 매우 다양하게 말해지지 않을 수 없다. 존재는 전체로서는 항상 파악될 수 없다는 태생적 한계를 지닌다. 존재를 파악하는 것은 존재의 현실성을 특정한 관점과 지평에서 파악할 때만 우리에게 규정된 것으로 알려진다. 모든 것을 포괄하는 존재의 전체성은 그 자체가 주제화될 수가 없다. 존재는 모든 제한된 관점과 지평을 해체할 수 있다. 우리의 지평이 무한히 개방되고 열려 있을 수 있는 것은 존재의 포괄성에 기초한다. 존재는 그것이 알려지기 위해서는 그것의 고유한 현실성을 토대로 해서만 의미 있게 진행된다. 신은 존재의 창조자이기 때문에 존재의 근거가 될 수 있다. 하지만 인간은 그럴 수가 없다. 과학은 존재를 개방하는 한 방식에 지나지 않는다. 과학이 존재를 독점할 수는 없다. 존재는 과학을 포함하면서 능가한다.

학문은 그 학문에 적합한 원인추구와 고유한 방법을 찾도록 요구되고 있다. 존재는 모든 것을 포괄하기 때문에 존재를 능가하는 것은 아무것도 없다. 존재는 모든 것을 포괄하는 것이기 때문에 유와 종이라는 분류기준을 훨씬 더 능가하고 있으며 이런 것으로는 파악이 되지 않는다. 철학이 여타의 학문과 다른 것은 존재의 포괄성을 고유의 탐구대상으로 하기 때문이다. 그렇기 때문에 철학은 특정한 영역에서 특정한 방식으로 다루는 방법론을 필연적으로 능가하지 않을 수 없다. 철학의 탐구대상은 존재하는 것이 전부이며 존재를 그것의 궁극원인에서 다루는 것을 목적으로 한다. 철학의 원인추구가 학문의 원인탐구와 같을 필요는 없지만 그렇다고 해서 철학이 학문에 메타적인 충고나 근거를 줄 수 있다는 것은 하나의 거짓 신화임에 틀림이 없다. 오늘날 철학은 궁극적인 원인추구라는 본래의 과제를 망각하고는 있지 않지만 그렇다고 해서 다른 학문에 대해 근거를 줄 수 있다는 그릇된 망상을 더 이상 지니고 있지 않다. 학문에는 거절되어 있으면서도 철학에 접근 가능한 진리탐구는 더 이상 존재하지도 않으며 그런 귀족적인 태도는 더 이상 타당하지도 있다. 철학과 학문이 오늘날과 같이 대립관계에 빠질 필요는 없지만 그럼에도 불구하고 이 둘 사이에는 긴장이 지배한다. 철학은 아직도 존재의 포괄성에 대한 해명을 포기할 수가 없다. 그렇기 때문에 철학은 전문화된 학문의 시대에도 여전히 존재의 근거와 포괄성에 대한 포괄적 증인이 되는 것을 포기할 수 없다. 과학은 검증의 이름으로 존재에 대한 모든 권리를 독점하고 있지만 철학은 과학의 그런 헤게모니를 과장된 것으로 비판할 수 있다.

방법이란 제한된 분야를 다루는 학문에 고유한 것이다. 물리학자
는 운동, 화학자는 변화, 수학자는 수, 역사학자는 사실, 논리학자는
사고법칙의 추론적 타당성, 천문학자는 항성들의 운동, 생물학자는
생명현상을 그들의 고유한 탐구대상으로 다룬다. 제한된 분야를 다
루는 모든 학문은 자기 분야에 적합한 탐구목적에 상응하는 고유한
탐구방법을 지니게 된다. 여기에는 방법의 호환성은 없다. 왜냐하면
다루는 목적의 상이성 때문에 방법 역시 그 탐구의 고유성에 따라
다르게 규정될 수밖에 없기 때문이다. 모든 방법을 총괄하는 그런
방법은 없게 된다. 메타 방법은 하나의 이론적 허구다.

철학은 방법적 사고를 뛰어넘는다. 왜냐하면 철학은 있는 것을
그것의 전체에 있어서 다루기 때문이다. 방법과 함께 방법을 뛰어
넘기 때문에 철학은 지평을 넘어 초월을 감행하게 된다. 초월은 분
명히 형이상학이 머무르는 곳이다. 초월은 그렇기 때문에 개념이나
방법을 뛰어넘기에 자기에게 적합한 고유한 것을 합리적으로 증명
해야만 하는 과제를 떠맡게 된다. 학문에 적합한 개념을 갖고서 존
재로 접근하는 길은 제한적으로 허용되어 있지만 항상 전체적으로
는 불충분하다는 것을 알게 된다. 과학이 헤게모니의 과도한 욕구
아래 모든 것이고자 한다면 과학은 금방 자신의 한계를 깨닫게 된
다. 물론 과학에서 사용하는 개념이 제한된 방식으로 존재를 드러
내고 있는 것은 사실이다. 하지만 존재는 가장 포괄적인 것이기에
제한된 영역에 적합한 개념으로는 그 포괄성이 남김없이 다 규정되
지 않는다. 존재는 학문의 방법을 인정하고 있지만 동시에 그것을
뛰어넘어 있다. 그렇기 때문에 우리는 존재에 적합한 사고를 새롭

게 창조하거나 그것에 적합한 규정을 새롭게 개념화하지 않을 수 없게 된다. 개념을 넘어서 있는 것을 개념화하는 것이기 때문에 존재에 대한 사고는 개념과 함께 그러나 개념에 거역해서 진행되지 않을 수 없게 된다.

학문이나 과학이 존재의 포괄성을 일정한 지평에서 드러내고 있다는 것은 긍정되어야만 한다. 하지만 제한된 개방성을 전체성으로 오인할 때 학문은 스스로를 이데올로기로 감염시키고 있는 것이다. 과학은 학문의 진리검증 요구를 독점하는 과도한 헤게모니 욕구 때문에 종종 이데올로기화하는 비판을 감수하게 되었다. 철학은 어떤 형태로든지 간에 반과학적이어서는 안 된다. 하지만 과학의 시녀가 되어서 존재의 포괄성을 드러내는 자신의 본래 과제를 저버려서도 안 된다.

존재가 가장 포괄적이기 때문에 우리는 존재를 특정한 대상과 같은 방식으로 다룰 수가 없다. 존재는 방법적 사고를 가능하게 하면서도 이런 사고를 좌절하게 만든다. 존재에 대한 사고는 존재를 특정한 대상으로 하기 때문에 존재의 포괄성에 위배되는 위험이 있다. 그렇기 때문에 우리는 존재를 통한 사고에 귀를 기울이지 않으면 안 된다. 방법적 사고는 제한적으로 긍정되지만 동시에 전체에 있어서는 역부족이라는 좌절을 경험하게 된다. 존재에 대한 제한된 사고로서가 아니라 존재를 통해 우리는 사고할 수 있어야만 한다. 그럴 때에 한해서만 사고는 항상 자기에게 고유한 긴장을 사고할 수 있게 된다. 존재는 비대상적이다. 하지만 비대상적인 것은 무대상적 사고와 같은 것으로 곡해되어서는 안 된다. 존재를 통해 드러나고 있는 것에 대해 우리는 사고하지 않으면 안 된다. 특정한 대상

영역에 적합한 개념적 사고와는 대비되는 의미에서 존재의 포괄성을 사유하기에 적합한 개념을 우리는 찾도록 요구받고 있다.

인간은 살아 있는 한 어떤 형태로든지 간에 형이상학을 하고 있다. 형이상학은 사이비 명제에 관한 학문으로 매도되어서는 안 된다. 그것은 존재하는 것 모두를 그것의 궁극원인에서 탐구하는 것을 말한다. 그것은 개념으로 하여금 계속해서 초월하도록 우리를 움직이게 한다. 형이상학적 사고는 개념을 통한 사고가 아니라 개념을 창조하는 사고를 말한다. 개념과 존재 사이에는 건너뛸 수 없는 차이가 지배하고 있다. 존재는 개념으로 하여금 절망을 야기하면서 절망을 극복하도록 추동한다. 개념은 존재 전체를 파악하는 데 있어서 필연적으로 난파를 경험하게 된다. 이 난파를 통해 개념은 스스로를 부정하는 것이 아니라 스스로를 극복하도록 요구받게 된다. 개념은 비동일성의 과정과 난파를 통해 존재의 전체성에 비로소 착륙하게 된다.

학문은 한정된 지평에서 학문에 고유한 것을 탐구대상으로 삼는다. 학문은 전문화된 대상영역에 대한 방법적 통제를 통해 진행된다. 하지만 철학은 학문과 충돌할 필요는 없지만 제한된 지평에서 제한된 관점을 추구하는 것을 목표로 하지 않는다. 철학은 존재의 무제약성과 포괄성을 탐구대상으로 삼는다. 그리고 철학은 그것을 특정한 관점이 아니라 존재 그 자체에서 탐구할 것을 요구한다. 지평을 넘어서 있는 것을 탐구의 대상으로 하기 때문에 철학은 지평의 제한된 사고를 넘어설 것을 요구한다. 초월이란 항상 제한된 것을 뛰어넘는 것을 말한다. 학문이 검증을 절대화함으로써 검증 가능한 것을 학문의 기준으로 설정할 때 학문은 자기도 모르는 사이에 이데올로기에 감염되는 자기파괴를 경험하게 된다. 왜냐하면 검증은 존재의 포괄성이 한 방식으로 드러나는 것에 지나지 않기 때문이다. 검증이 존재의 무제약적 포괄성을 다 드러낼 수 없기 때문에 검증이 존재의 탐구를 독점할 수는 없다. 이런 불가능성 때문에 철학은 학문과 함께 그러나 학문을 넘어서 진행되는 것을 불가피하게 떠맡지 않을 수 없게 된다. 과학은 오늘날 학문의 원형으로 자주 추앙의 대상이 되지만 그럼에도 불구하고 자기를 절대화할 수 없다는 한계를 경험하게 된다. 과학자는 개별적으로 절망하지만 과학 자체는 절망이라는 것을 모른다. 그렇다고 해서 과학이 모든 것이라는 것이 도출되는 것은 아니다.

2. 탐구의 역동성

자연을 사변화하는 모든 이상주의적 시도는 검증의 요구를 통과해야만 한다. 과학은 검증되지 않은 모든 것을 가설로 해체시켜 버린다. 콩트기 실증주의를 통해 모든 형이상학적 사과와 신화적 사고를 추방해 버린 이후로 그리고 오늘날 진리를 과학적 검증으로 대체하려는 시도가 일반적으로 생활화되고 난 이후로 과학은 검증을 유일한 진리검증의 척도로 삼아 버렸다.

자연이 법칙에 의해 지배된다는 그리스인들의 믿음은 검증된 것이 아니라 그들이 자연에 대해 품었던 하나의 세계관에 지나지 않는다. 오늘날 양자론의 발견이 있고 난 다음에도 우리는 자연이 법칙에 의해 지배된다는 믿음을 더 이상 고수할 수 없게 되었다. 믿음과 검증결과가 서로 상충할 때 우리는 검증된 결과에 따르지 않으면 안 된다. 자연의 이상화는 하나의 검증되지 않은 믿음에 불과하다. 자연에 대해 인간이 구축한 모든 가설과 믿음은 그것들이 검증되지 않을 때는 하나의 이론적 가공물에 불과하게 된다. 카오스 이론과 양자론의 이론적 발견은 자연의 법칙성과 제일성을 더 이상 받아들일 수 없게 증명하고 있다. 어느 누구도 오늘날 자연과학의 이론적 성과에 충돌해서 자신의 세계관을 더 이상 우길 수 없게 되었다. 그런 사람들이 없는 것은 아니지만 만약 그렇게 될 경우 그들은 결국 사태의 본질에 대해서 테러를 자행하게 된다.

과학이 오늘날 우리들에게 많은 매력을 주는 것은 과학이 독단을 거부하고 탐구의 역동성을 통해 자연의 모습을 하나하나 밝혀 주는 데 있다. 과학은 논리도 아니고 개념분석도 아니고 수학도 아니다. 과학은 실재의 복잡성을 탐구하는 활동일 뿐이다. 그리고 과학은 가설을 세우고 검증함으로써 가설과 실재 사이의 일치를 경험적으로 확보하는 탐구로서 스스로를 역동화한다. 자연이나 실재를 알려는 인간의 호기심이 바로 과학적 탐구의 역동성을 가능하게 하는 것이다.

데카르트가 요구한 지식의 나무보다는 베이컨이 제시한 꿀벌모델이 과학적 탐구에 더 적합하다. 과학은 실재의 질서를 우리가 인위적으로 만든 논리적 구축에 따라 연역하는 것과는 거리가 멀다. 가설은 주어지는 것이 아니라 우리가 미리 형성하는 것이기 때문에 우리는 가설을 통해 자연을 미리 파악한다. 가설의 설정은 불가피하지만 그렇다고 해서 그런 불가피성이 모든 연역적 원리와 같은 것으로 오해되어서는 안 된다. 과학에서 말하는 가설은 진행형으로 진행되지 완결된 이론적 구축물이 아니다. 호기심은 연역적 위계질서가 아니라 꿀벌과 같이 실재의 질서를 알아 가는 역동적 행위로서 진행된다.

자연은 그 파악에 있어서 수학적 접근을 필요로 한다. 하지만 자연 자체가 수학으로 환원된다는 것을 말하지는 않는다. 자연이 수학적 차원을 지니고 있다는 것과 자연을 수학으로 환원한다는 것은 같은 뜻이 아니다. 자연을 수학화하는 것은 그렇기 때문에 이것이 연역적 위계질서나 도출로 이해될 때 자연에 대해 그릇된 테러를 자행할 수가 있다. 시간을 측정하고 공간을 기하학적으로 계량화한다고 해서, 그리고 수학적 모델을 자연에 미리 투사한다고 해서 자연 전체가 기하학으로 환원되는 것은 아니다. 자연은 구조의 복잡성에 따라 수학적 질서를 보이고 있다. 자연의 수학화는 자연의 복잡성을 이해하려는 우리 인간에게 있어서 필수 사항이다.

자연이나 실재가 수학적 차원을 지니고 있기에 우리는 자연이나 실재의 복잡성을 통해 수학적 질서를 발견할 수가 있다. 우리 인간이 자연에 미리 투사한 것을 마치 자연 그 자체라고 단정해서는 안 된다. 자연에 대한 우리의 투사는 자연파악의 한 과정에 지나지 않는다. 탐구의 역동성은 선선긍정과 후긴부정의 복잡한 방식에 따라 진행된다. 우리는 가설을 미리 자연에 투사하고 자연을 통해 우리의 가설이 입증된 것인지, 아니면 반증된 것인지를 확인해야만 한다. 이 과정에서 입증된 것이라면 우리가 던진 투사가 자연의 모습으로 확증될 것이다. 만약에 자연이 우리의 모델을 거부한다면 우리는 우리가 던진 그물이 자연에서 확인되지 않은 것으로 폐기해야만 한다. 후건부정은 실재가 그렇지 않다는 거부를 통해 우리가 던진 가설이 잘못되었다는 것을 알려 준다. 이것은 피드백 과정에서 이론 자체를 폐지하도록 압박한다. 실재나 자연은 우리가 던진 이론의 그물에 저항한다. 이 저항을 통해 이론은 스스로를 변경하지 않으면 안 된다. 칼 포퍼는 시행착오를 통해 탐구의 역동성을 자연 탐구의 모델로 잘 정식화하고 있다.

원자에 대해 알려면 원자를 실제로 해부해 보아야만 한다. 원자가 어떻게 구조화되었기에 안정성을 유지할 수 있는지를 경험하기 위해서는 실제로 실험을 해 보아야만 한다. 원자의 구조가 우리가 던진 이론의 그물에 따르는 것이 아니라 우리가 원자의 구조를 따름으로써 그것을 이해할 수 있을 따름이다. 이렇게 보면 자연에 대한 칸트의 코페르니쿠스적 파악은 필연적으로 수정되지 않으면 안 된다. 자연에 대한 우리의 인식은 여전히 자연이나 실재를 따름으로써 역동적으로 진행되는 것이지 그 관계를 전도시킴으로써 마감되는 것이 아니다. 오늘의 관점에서 말하자면 칸트는 경험을 구조화하는 이론의 도움으로 자연의 현상을 파악할 수 있다는 것만 지적하고 있을 따름이다. 실재나 자연의 복잡성을 이해하기 위해 우리가 미리 던진 그물이 실재나 자연의 복잡성을 드러내는 데 실패할 수 있기 때문에 우리는 우리가 던진 그물을 절대적이고 불변하는 것으로 신뢰할 수가 없다. 자연이나 실재의 복잡성은 우리가 던진 그물을 좌절시키는 것으로 우리에게 반작용한다. 대상이나 자연의 저항성을 통해 우리의 가설은 해체되고 이 해체과정을 통해 자연에 대해 우리는 한발 한발 정진해 갈 수 있을 따름이다. 오늘날 과학자들은 더 이상 칸트에 대해 배우려 하지 않고 오히려 칸트를 해체시키려 한다. 선험적 전회 혹은 코페르니쿠스적 전회는 그 필요성은 인정하지만 그 충분성은 이미 성립할 수 없는 것으로 판명되었다. 칸트와 칸트 추종자들이 칸트 문헌의 엄격함에 입각해서 자연 속에서 여전히 코페르니쿠스적 모델을 고집하면 고집할수록 그들은 그만큼 그들이 설명하고자 한 자연이나 실재로부터 고립되는 위험에 빠지게 된다.

　실재나 자연 그리고 대상은 그것의 고유한 질서에 따라 파악될 따름이다. 우리는 여전히 자연의 감추어진 모습을 파악하기 위해 여러 가지 이론적 구축을 하지만 우리가 설정한 구축이 자연 자체라고 장담할 수가 없다. 관찰이 이론에 의해 인도되는 것은 사실이다. 이론이 패러다임에 기초하기 때문에 우리는 자연을 파악함에 있어서 자연 자체라기보다는 우리가 가지고 들어가는 패러다임의 틀에 따라 자연을 이 패러다임에 일치시킨다. 하지만 이 과정에서 우리는 토마스 쿤이 잘 정식화한 것처럼 패러다임의 좌절을 경험하기도 한다. 영원불변한 패러다임은 존재하지 않는다. 실재 앞에서 느낀 인간의 자기 좌절을 피하기 위해 인간은 때로 우리가 지닌 패러다임을 영원불변하다고 기만할 수도 있다. 하지만 이런 기만은 자연의 탐구 앞에서 여지없이 박살나고 민다. 데카르트의 확실성 요구가 설대석으로 불인힌 것으로 판명 났듯이 칸트의 코페르니쿠스적 전회 역시 우리 인간에게 필요한 것만 밝히고 있을 뿐 자연 자체에 대해서는 여전히 맹목적일 수 있다는 위험을 보이고 있다. 자연이 우리의 사고법칙에 종속해야 한다는 칸트의 믿음은 말 그대로 검증되지 않은 믿음으로 드러나 보였다. 자연은 여전히 우리의 이론을 난파시키는 척도로 작용하고 있다. 양자론의 이론적 발견은

칸트적 자연 파악이 얼마나 현실성이 없는가를 아주 극명하게 보여
준다.

자연이 무엇인가를 알기 위해서 우리는 자연을 이상화할 필요가
없다. 그 대신 우리는 자연을 직접 접촉하고 해부해 보아야만 한다.
개나리는 개나리의 법칙에 따라 피고 지지 우리의 사고법칙에 따라
피고 지는 것이 아니다. 개나리가 우리의 사고법칙에 따라야 할 아
무런 이론적 강제는 없다. 개나리에 대한 우리의 앎은 개나리를 직
접 접촉함으로써 얻어진다. 모든 지식은 이렇게 경험과의 실질적
대화를 통해 획득되지 않으면 안 된다. 자연에 대해 우리가 던진 우
리의 그물은 자연을 통해 실제적으로 그런 것으로 다시 한 번 확인
되지 않으면 안 된다. 이론은 자연의 거울이어야 하지 나르시스와
같이 자기 거울이 되어서는 안 된다. 자연을 통해 확인되지 않는 거
울은 결국 아무것도 비추지 못하는 자기기만의 온상이 된다. 이론
은 고립되면 가상의 세계를 만들고 그 가상의 세계를 통해 진정한
세계를 테러하게 된다. 우리가 자기기만으로부터 벗어나지 않으면
안 되는 이유가 여기에 있다.

아인슈타인은 우주상수를 가정한 자신의 이론이 자기가 자연에
대해 저지른 최대의 이론적 실수라는 것을 스스로 인정했다. 핵력
과 약력, 전자기력과 중력을 하나의 통일된 힘으로 파악하려는 그
의 시도는 여전히 지금까지 검증된 것으로서가 아니라 검증될 것으
로 남아 있다. 우리는 여전히 우리 지식의 한계로 인해 자연을 통일
된 힘으로 파악하지 못하고 있지만 그럼에도 우리가 경계하지 않으
면 안 되는 것은 자연을 인간적인 가설에 종속시킴으로써 자연에
대해 왜곡된 상을 심어 놓지 말아야만 한다는 것이다. 우리가 여전

히 알고 싶은 것은 자연의 구조나 질서 자체지 우리가 만든 인공적
인 가짜 건물이 아니다.

　자연의 거시 영역에서 발생하는 현상들은 비교적 정확하게 결정
론의 모델에 따라 설명이 된다. 자연의 거시 영역에서는 역학에서
통하는 인과율이 상당히 정확하게 들어맞는다. 하지만 자연의 미시
영역은 인과율이 더 이상 결정론의 모델로 통용되지 않는다. 왜 아
원자의 세계에서 이런 현상이 발생하는지를 묻는 것은 우리의 관심
사가 아니다. 우리는 미시 영역의 구조가 그렇게 되었기에 미시 영
역을 확률적 통계로만 파악할 수 있을 따름이다. 미시 영역에서는
선행하는 사건과 이것에 뒤따라오는 후행사건 사이에는 엄격한 결
정성이 지배하지 않는다. 여기서는 인과율이 실종된 것은 아니지만
인과율이 엄격한 결정론의 모델을 따르지는 않는다. 따라서 칸트와
같이 자연 안에서 일어나는 모든 현상은 원인과 결과의 법칙에 따
른다는 칸트의 자연파악은 필연적으로 수정되지 않으면 안 된다.
칸트는 우리 인간이 인과율이라는 모델을 자연에 집어넣어서 자연
을 통일된 규칙으로 구조화할 수 있다는 것만 강조했지 자연이 이
런 모델을 거부할 수 있다는 것을 밝히지 못하고 있다. 이런 이유
때문에 양자론의 전문가들이 칸트의 인과율을 폐기치분해 버리는
것도 결코 우연만은 아니다. 탐구의 역동성은 자연과학에 있어서
우리가 가지고 들어가는 모델의 불가피성이 불가피하게도 좌절하
지 않으면 안 되는 것 역시 아주 분명하게 보여 주고 있다. 무엇이
우리의 모델이나 이론적 구축을 좌절로 이끌고 가는가를 아는 것은
아주 분명하다. 그것은 바로 우리가 알고자 하는 대상이 우리의 파
악에 저항을 한다는 데 있다.

과학은 자연 지배를 통해 우리 자연에 대한 우리의 이론적 모델의 승리만을 보여 주는 것이 아니다. 과학은 자연 파악의 실패를 통해 우리 인간이 가지고 있는 모델이나 가설들이 얼마나 잘못되었는가를 동시에 보여 준다. 이론이나 모델이 자연에 대해 폭력을 가할 수 있다는 위험 때문에 우리는 이론을 실재로부터 고립시키지 말아야만 한다는 경고를 계속해서 듣게 된다. 결국 이론과 실재, 개념과 대상, 가설과 자연 사이에는 팽팽한 긴장이 지배하고 있는 것이다. 오늘의 물리학이 보여 주는 것은 이 관계 자체가 논리나 수학의 관계로 해소되어서는 안 되고 오히려 탐구의 역동성을 통해 그때그때 일치를 형성해야만 한다는 것이다. 자연이 어떤 합리적인 구조를 지닐 수 있어도 자연 자체가 합리적인 법칙에 따라 구조화되었다고 단언해서는 안 된다. 자연이 수학적 차원을 지니고 있지 자연 자체가 수학에 따라 구축된 것은 아니다. 탐구의 역동성은 수학이나 질서에 의해 미리 결정된 것은 아니다. 그것은 열린 실험을 통해 자연에 대한 우리의 파악을 실제로 그런 것으로 확인해 가는 과정에 지나지 않는다. 자연과 실재의 경험은 이 점에서 우리의 이론을 검증하고 확증하는 과정에서 함께 걷지 않으면 안 되는 좋은 동반자가 된다.

가설이 실재를 통해 확인되기도 하고 좌절되기도 하는 것 때문에 우리는 자연을 우리 가설을 검증하는 척도로 여전히 존중해야만 한다는 것이다. 대상에 따라 인과율의 의미가 변화하고 수정을 겪듯이 우리는 자연에 대한 우리의 믿음을 자연을 통해 수정해 갈 수 있어야 한다. 자연은 여전히 우리의 가설을 검증하는 척도로 작용한다. 호기심은 자연을 그대로 방치하지 않으면서 우리가 자연의 구조를 알아 가는 충족과정을 말한다. 과학의 탐구행위는 호기심에 기초한다.

다윈은 관찰의 집요함을 통해 그가 관찰하는 동물들의 행위 하나하나를 끈기 있게 기록하고 있다. 그리고 그는 그가 경험한 관찰을 근거로 자연에 대해 일정한 결론을 내리고 있다. 우리는 다윈의 가설을 재검증하는 과정에서 그 이론의 타당성과 부당성을 그가 관찰한 자연현상을 근거로 해서 재구성해 볼 수가 있다. 신다윈주의자들과 지적 설계론자들 사이에 아직도 벌어지는 논쟁은 이 재구성의 과정에서 필연적으로 발생할 수밖에 없었다. 그렇기 때문에 여전히 기준이 되는 것은 실재의 참모습이 무엇인가에 대한 해명에 있다. 이 권리싸움에서 입장을 달리하는 집단들이 서로의 타당성 검증을 상대에게 요구하고 있는 것이다. 한 가지 분명한 것은 사태의 실상만이 이 분쟁의 해결을 충족해 줄 수 있다는 것이다. 포스트모더니즘은 자연과학의 탐구의 역동성을 마치 무정부적 해체로 오해하는데 과학은 정반대로 사태의 실상에 입각해서 진행되어야만 한다는 냉정함을 우리에게 알리고 있다. 해체가 아니라 진정한 사태의 본질이 무엇인가가 여전히 척도로 작용한다. 양자론이 비결정성을 인과율로 제시한다고 해서 양자론을 사이비 과학이나 해체론자로 곡해해서는 안 된다. 양자론은 엄격한 의미에서 인과율의 파악에서 벗어나 있다는 것만을 조심스럽게 제시하고 있지 칸트와 같이 자연 전체가 어떻다고 감히 단언하지 않는다.

3. 독단의 폐지와 현상의 구원

　과학을 이데올로기와 연결시키는 것은 적합하지 않다. 과학이 승리나 영광에 도취해서 과학적 방법을 만능이라고 주장할 때 우리는 그런 주장이 잘못되었다고 비판할 수 있다. 과학은 그 발견의 유용성과 무용성을 떠나 자연을 개방하고 이해하는 호기심의 연속 과정이다. 탐구 행위의 역동성은 탐구 행위 그 자체를 통해 평가되어야지 프랑크푸르트학파와 같이 이데올로기 비판으로 호도해서는 안 된다. 과학은 검증의 일상화를 통해 검증되지 않은 모든 것을 독단으로 비판해 온 지적 책임을 한 번도 망각한 적이 없다. 과학은 이 점에서 여전히 우리 시대에도 계몽을 충분히 담당하고 있다.

　진리는 가설 비판을 통해 스스로를 증명해 간다. 증명의 과정을 통과한 것만이 참된 것으로 인정받을 자격이 있다. 독단이란 주장만 할 뿐 주장에 대한 정당한 근거제시를 하지 않을 때 발생한다. 독단적 태도는 비판적 태도를 거부하기 때문에 비판되지 않을 수 없다. 진리는 주관화의 위험에 저항한다. 진리는 검증되지 않은 것을 절대로 우상화시킬 수가 없다. 우상화를 도모하는 사고는 모두가 다 비판되지 않으면 안 된다. 진리를 주관화의 위험으로부터 구해 내고 모든 우상화를 거부하는 것은 진리가 현상의 구원을 목적으로 하기 때문에만 가능하다. 철학은 스스로 이데올로기로 전락되어서는 안 되지만 동시에 이데올로기를 비판하지 않으면 안 된다. 왜냐하면 철학의 정당성은 올바른 현상의 드러냄에 기초함으로써 이것을 왜곡하는 모든 시도를 거부하지 않으면 안 되기 때문이다.

필연성은 정의상 어떤 것이 항상 그렇고 다르게 있을 수 있는 가능성이 배제된 상태를 말한다. 그 점에서 필연적 사고는 우리 모두를 강제하는 사고가 된다. 어떤 것이 필연성을 충족할 때 우리는 그것을 따르지 않을 수 없게 된다. 논리학과 수학이 아마도 여기에 해당된다. 이에 반해 독단이란 엄격한 의미에서 주장의 선언만 있지 증명이 수반되고 있지 않다. 이 점에서 독단적 사고는 모든 검증을 거부한다는 이유에서 폭력적 사고가 된다. 수학과 논리학은 그것이 타당하기 때문에 우리를 강제한다. 독단론은 정반대로 우리에게 강제하기 때문에 폭력으로 전락하게 된다.

어떤 것이 진리면 우리는 그것이 진리이기 때문에 따르게 된다. 우리가 따르기 때문에 진리인 것이 아니라 사태의 본질이 그러하기에 우리가 그것을 진리로서 따르는 것이다. 정당한 근거제시를 수반하지 않는 모든 독단적 사고는 폭력적 사고이며 이데올로기적 사고다. 정당화나 근거충족을 통해 독단을 극복해 온 것이 철학이 이제까지 추구해 온 길이다. 철학적 순교자들은 진리를 위해 목숨을 바친 자로서 모든 독단적인 사고를 거부해 왔다. 독단에 대한 저항을 통해 그들은 진리의 요구에 스스로를 일치시킬 수 있었다.

독단적 사고는 비판적 사고를 통해 필히 수정되지 않으면 안 된다. 비판은 내용에 대한 비판이지 맹목적인 비난에 흘러서는 안 된다. 맹목적 비판은 또 하나의 폭력이다. 독단과 무비판 그리고 맹목은 인간의 자기계몽에 대한 적대적 태도들이다. 과학은 특정한 영역에서 계몽적 사고를 담당해 왔으며 여전히 그 소임을 다하고 있다.

4. 회의주의

　회의주의는 철학이 존재하는 한 언제나 철학과 함께 운명을 같이 했다. 회의란 방향이 있을 때만 의미가 있다. 이 점에서 보면 회의는 항상 무엇에 대한 의심을 분명히 하지 않을 수 없다.

　막연히 회의한다는 것과 무엇에 대해 회의한다는 것은 분명히 다른 일이다. 전자는 분명히 내용과 무관련적이기 때문에 방향을 상실하고 있다. 이에 반해 회의는 진정한 의미에서 무엇에 대한 회의가 되어야만 한다. 그래야만 우리는 무엇에 대해 회의하는 자의 의심내용을 재구성하면서 비판적으로 검토할 수 있다.

　어떤 자가 있는데 자기의 존재에 대해 의심하면 그는 분명히 수행론적 모순에 빠질 것이다. $2+3=5$인데 이것을 의심하면 그의 회의는 무능력에서 기인한다. 돈이 있는데 이것을 주식에 투자할지, 아니면 저축을 통한 정상이자를 얻을까에 대해 망설일 때 그의 회의는 분명 방향이 있다. 그는 안정성과 모험 사이에서 결정을 내리지 못하고 있다는 것을 보이고 있다. 이 미결정성 때문에 그는 투자에 대해 회의를 하게 된 것이다.

　대상에 대한 관련을 통해서만 회의는 분명히 방향을 정하게 된다. 그리고 우리는 대상 관련에 대한 우리의 회의 역시 동시에 검증하게 된다. 어떤 제기된 주장을 맹목적으로 받아들이지 않는다는 점에서 회의주의는 그 나름대로의 정당성이 있다. 하지만 회의가 무엇에 대한 내용연관을 상실할 때 회의주의 역시 자기파괴적으로 작용하게 된다. 대상에 대한 나의 의심이 단지 대상에 대한 나의 의심에 지나지 않았다는 것을 알게 되면 우리는 우리의 회의가 잘못되었다는 것을 깨닫게 된다. 나에게 의심스럽다는 것은 나의 의심이 해소되었다는 결과를 말한다. 나에게 의심스러웠다는 것을 통해 나는 나의 의심을 근거 없는 것으로 지양하지 않을 수 없게 된다. 이렇게 보면 회의가 항상 승리하는 것이 아니라는 것을 목격하게 된다.

회의는 통과의례에 불과하다. 많은 발견은 회의의 과정을 두루 거쳐 갔지만 회의에 굴복한 것은 아니다. 회의는 그것이 극복될 때 한해서 발전의 불가피한 계기를 형성하게 된다. 극복될 수 없는 회의는 왜 극복될 수 없는가에 대한 정당한 근거를 제시해야만 한다. 그렇지 않을 경우 그것은 대개 아집으로 끝나게 된다. 모든 내용을 테러시키고 모든 내용연관을 무차별적으로 만드는 회의는 결국 지적 무정부상태를 만연시키는 위험을 지니고 있다.

과학은 검증을 제도화함으로써 회의와 독단으로부터 스스로를 지켜 낸다. 과학은 회의를 거쳐 가는 과정을 통해 스스로 해소한다. 가설이 요구된 상황을 적합하게 설명할 수 없을 때 우리는 기존 패러다임의 타당성을 의문에 붙이지 않을 수 없게 된다. 상호주관적으로 검증 가능한 절차를 통해서 가설을 타당한 것으로 검증하는 것만이 과학이 스스로의 탐구역동성을 회의로부터 차별화시킬 수 있다. 양자론이 신화의 세계관보다 우월하다는 보상은 없지만 우리가 신화보다 양자론을 더 선호하는 것은 그것이 검증을 통해 스스로를 증명할 수 있기 때문이다.

회의가 항상 승리할 수 없기 때문에 회의는 진리 발견의 과정 안에 불가피하게 편입되지 않을 수 없다. 진리의 발견과정에서 회의가 내재해 있지만 이것은 극복될 것으로서만 그렇다. 수학의 증명,

논리학의 추론적 타당성 검증, 과학의 가설검증, 설득을 목적으로 하는 의견의 타당성 증명 등은 비록 확실성의 등급이 있기는 하지만 모두가 회의를 극복해 온 지성의 결실을 말한다. 타당성 요구증명과 회의는 한 사태의 상이한 측면을 형성하고 있다. 문제는 회의와 함께 그것을 극복하는 데 있다.

회의의 대상이 존재라면 회의는 존재로 나가는 길이 불가능하다는 입장을 고수하게 된다. 하지만 존재가 우리에게 알려지고 있기 때문에 존재에 대한 회의는 궁극적으로 난파당하지 않을 수 없게 된다. 회의는 존재에 대해 관련을 맺을 수 없다는 데서 발생한다. 하지만 존재에 대한 인간의 파악이 가능하기 때문에 회의는 결국 난파당하게 된다. 관련 상실이 존재하는 한 회의는 승리할 것이다. 하지만 존재에 대한 인간의 연관과 파악이 가능하기 때문에 회의는 탐구의 역동성 안에 편입되지 않을 수 없게 된다. 회의는 어떤 근거에서 관련이 불가능한가에 대해 정당한 근거제시를 해야만 한다. 존재에 대한 인간의 관여와 파악가능성 때문에 우리는 회의를 넘어서 존재의 포괄성을 알아듣도록 모험을 감행하게 된다.

5. 사태의 본성을 따르기

진리는 진리이기 때문에 지성의 추구 대상이다. 어떤 것이 진리라는 것은 그것이 우리 지성의 추구대상을 가능하게 한다는 것이다. 지성은 거짓을 진리로 잘못 알고 있을 수는 있어도 거짓을 추구할 수는 없다. 사태의 그러그러함을 따라가는 것은 사태의 있는 그대로를 알아 가는 것이 지성의 본래 추구대상이기 때문에 가능하다. 진리는 조작될 수도 없고 조작되어서도 안 된다. 우리는 진리이기 때문에 추구할 뿐이다. 지성의 존재에 대한 참여는 지성이 존재 진리를 수용하고 알아들을 수 있다는 것을 말한다. 그렇기에 우리 지성은 진리를 통해 그 구체성을 충족하는 것이다.

있는 것이 있는 그대로 우리에게 알려지는 것이 중요하다. 우리가 구성했다고 해서 참이 되는 것은 아니다. 구성 역시 우리의 이해 방식에 지나지 않는다. 중요한 것은 우리가 구성했다는 것이 아니라 구성을 참에 입각해서 완성했다는 것이다. 이것은 지성이 참으로 있는 것을 수용하고 따를 때만 가능하다. 이 점에서 진리는 언제나 주관화하는 위험에 거부반응을 보이지 않을 수 없게 된다. 반대로 우리는 참으로 있는 것을 우리 지성의 추구대상으로 완성하지 않을 수 없는 것이다.

빛이 입자이고 파동인 것은 빛의 본성이다. 우리는 어떤 경우에는 빛을 입자로 파악해야지만 동시에 다른 경우에는 파동으로 파악하지 않으면 안 된다. 빛은 입자와 파동을 동시에 지니고 있지만 동시에 이 둘이 결합되어 작용하는 것은 아니다. 관찰자는 관찰 요구에 따라 빛을 입자와 파동 어느 하나로 드러내지 않으면 안 된다. 모순은 어떤 것이 존재하면서 존재하지 않는다고 동시에 말하는 것을 금지하고 있다. 빛의 파악은 모순에 위배되는 것은 아니다. 다만 우리가 모순을 고집해서 이것을 빛에 적용할 때 모순은 빛에 대해 아무것도 말해 주지 못한다는 무능력을 확인하게 된다. 빛은 입자와 파동으로 동시에 작용하지 않을 뿐이지 가능적으로는 항싱 입자이고 파동이다. 다만 이 가능성이 우리에게는 동시적으로 파악되지 않을 뿐이다.

사고법칙에 위배되지 않으면서도 사고법칙을 변경하거나 능가하는 문제에 우리가 부딪힐 때가 있다. 사고를 능가하는 문제를 사고가 결정하려 들 때 사고는 자기 한계를 경험하게 된다. 우리는 빛을 입자로 파악하는 것과 파동으로 파악하는 것을 모순으로 볼 수가 없다. 그것은 빛이 가능적으로 지니고 있는 차원을 파악할 때 불가피하다. 우리는 빛에 대해 알고 싶은 것이지 사고법칙의 무모순성을 알고 싶은 것이 아니다. 우리는 모순을 어기지 않으면서도 모순으로 파악할 수 없는 문제에 직면하고 있다. 이럴 경우 우리는 사고법칙의 형식적 요구와 함께(모순을 어기지 않고) 동시에 이것을 넘어서는 문제에 대해 해결하지 않으면 안 된다.

지도를 갖고서 이미 표시된 장소만을 확인하는 여행이 있다. 이것은 아마도 논리법칙의 형식적 타당성을 따르는 경우에 해당된다. 하지만 우리는 지도가 없기에 여행한 내용을 지도로 작성하지 않으면 안 될 때가 있다. 이 경우 우리는 지도 자체를 창조하지 않을 수 없다. 하지만 지도 창조는 자의적으로 하는 것이 아니다. 그것은 우리가 경험한 내용을 완성하는 것에 따른다. 우리가 진리를 자의적으로 구성하고 창조할 수 없는 이유가 여기에 있다. 지도는 지도가 표시할 수 없는 것과 항상 부딪치게 된다. 우리는 지도의 안내를 받지만 그렇다고 해서 지도를 맹신해서는 안 된다. 지도는 작성 중에 있을 뿐이다. 참고의 필요성이 있지만 그렇다고 맹신할 필요는 없다. 왜냐하면 사태의 본성을 파악하는 것이 우리가 해야 할 일이기 때문이다.

우리는 존재의 현실성을 파악할 뿐이지 그것을 창조하는 것이 아니다. 가설, 기획, 구성 모두는 존재 현실성을 이해하기 위한 도구에 지나지 않는다. 도구는 유용성에 의해 평가된다. 하지만 도구는 무기력에 노출되기도 한다. 우리는 도구가 아니라 참으로 있는 것을 우리 탐구의 목적으로 한다. 여전히 척도는 참으로 있는 것이지 이것에 대한 우리의 주관적 이해능력이 아니다. 이해 능력은 필요하다. 결국 우리 인간은 우리 인간의 방식대로 존재를 이해할 뿐이다. 그렇다고 해서 존재가 우리 주관에 의해 지배되는 것은 아니다. 우리는 어떤 경우에도 진리에 대한 절대 기준을 지니고 있지 않다. 그렇다고 해서 상대주의가 정당화되는 것은 아니다.

실재론을 옹호하면서

1. 근본 대립들

우리 앎의 궁극적 탐구 대상은 의식이 아니라 의식이 지향하고 있는 대상들이다. 의식의 확실성을 진리의 기초로 여기면서 데카르트는 자기의식을 진리의 터전으로 삼아 버렸다. 자기의식의 확실성 요구에 비해 실재들이나 대상들의 지위는 격하되거나 밀려나는 추세에 있었다. 소위 판단정지를 통해 대상세계의 지위는 불확실하거나 참의 기준에서 밀려나 버렸다. 하지만 자기의식의 확실성 요구는 진리가 검증되는 장소를 뜻할 수는 있어도 진리를 산출하는 것은 될 수 없다. 그렇기 때문에 우리는 진리를 자기의식의 확실성에 기초 지으려는 시도에 대해 제동을 걸지 않을 수 없다. 진리가 자기의식 안에서 검증되어야 한다는 것과 진리가 자기의식의 확실성에 기초한다는 것은 사실 별개의 문제다. 자기의식 안에서 진리가 검증될 수는 있어도 진리가 자기의식의 확실성에 기초한다고 말할 수

는 없다. 대상에 대한 주체의 우위는 검증되지 않은 또 하나의 독단
일 수 있다.

반대로 고전 그리스 철학에서 이미 아리스토텔레스는 우리 앎의
대상에 대해 우리의 인식이 동화되지 않으면 안 된다는 입장을 통
해 존재론적 전회 내지 대상의 우위를 사고의 중심에 설정했다. 존
재로부터 의식에로의 방향전환에 못지않게 고대 그리스 철학에서
는 의식으로부터 존재에로의 동화 내지 적응이 앎의 중심을 형성했
다. 오늘날 우리는 이런 대립을 관념론과 실재론의 대립으로 이해
하고 있다. 존재나 대상의 우위는 진리를 주관화시키는 위험으로부
터 우리를 구해 낼 수 있다.

있는 그대로와 우리 인간에게 알려지는 세계를 분리함으로써 근
대철학은 그 출발부터 이원론의 늪에 빠져 버리고 말았다. 공언한
바와는 달리 칸트는 흄의 회의주의를 치료하지 못했으며 흄 또한
칸트로부터 어떤 해법도 기대할 수 없다고 하면서 칸트의 선험철학
을 거부한다. 칸트 이후에도 흄의 입장은 조금도 후퇴하지 않았으
며 흄의 회의주의를 극복할 수 있다고 믿었던 칸트의 선험철학을
비판하는 입장이 계속 대두하고 있다. 칸트의 코페르니쿠스적 전회
는 대상에 대한 앎에 있어서 대상이 우리의 인식조건을 통해 규정
되어야만 한다는 것을 강조할 따름이다. 여기서도 있는 그대로와
우리에게 알려진 것의 분리가능성의 조건들에 대해서는 충분히 검
증되지 않은 채 남아 있다.

인식론을 학문적 검증이론으로 대체해 가는 오늘의 추세에서도
관념론과 실재론의 싸움은 해결되었다기보다는 계속해서 싸움의
대상이 되어 가고 있다. 우리 마음의 논리적 질서와 우리 마음 밖의

존재의 질서가 구별된다는 것에 대해 이의를 제기할 사람은 없다. 하지만 우리가 이 둘 사이에 다리를 놓을 때 이 다리 놓는 작업이 어떻게 충족될 수 있는가에 대해서는 서로 의견들이 분분하다. 대상들이 규정된 앎으로 알려지기 위해서 대상들이 우리 주관적 인식 틀에 종속할 필요는 없다. 왜냐하면 대상을 규정하는 우리의 인식 틀 역시 오류나 부적합성에 빠질 위험이 있기 때문이다. 여전히 주관과 객관은 그 동근원적 일치나 공통성에서 확보되어야지 일방적으로 주관의 객관에 대한 지배나 객관의 주관에 대한 결정으로 이루어질 수는 없다.

개념 없이 세계 없다고 말하면 미친 소리를 하는 것이나 다름없다. 언어 없이 세계 없다고 주장하는 것 역시 정신이상자의 헛소리에 지나지 않을 것이다. 세계는 존재하고 있으며 존재하기 위해 언어나 개념에 의존하거나 그것들의 허락을 받을 필요가 없다. 세계는 언어나 개념 없이 그 자체로 존재하고 있으며 우리의 개념이나 언어가 그것을 규정된 것으로 인식하기 이전에도 항상 거기에 그렇게 존재했었다. 언어 독립적으로 존재하고 있으며 개념의 규정 이전에 그렇게 거기 있는 실재에 대해 우리의 의식은 알기를 원한다.

마음 밖에 존재하는 것들은 숫자상 하나의 개별자로 있거나 개별 현상들로 우리에게 주어진다. 하지만 의식이 관계할 수밖에 없는 대상들의 독립된 존재양식과는 달리 우리의 개념은 대상을 보편적으로 대표하지 않을 수 없다. 그리고 우리는 마음 안의 보편적 규정과 마음 밖의 개별적 존재 사이의 일치를 확증해야 하는데 이 확증은 마음 안에서도, 그리고 마음 밖에서도 동시에 충족되지 않으면 안 된다. 마음 안에 있는 보편규정은 마음 밖에 있는 개별 사례를 통해 그 규정성이 확인될 수 있어야 한다. 반대로 마음 밖에 있는 개별 사례들은 그것이 알려지기 위해서는 규정된 것으로 파악될 수 있어야 한다. 그렇지 않으면 그것들은 있는데 우리에게 규정된 앎으로 알려지지 않게 된다. 있는데 알려지지 않고 있다면 우리는 그것에 대해 어떤 규정된 앎도 지닐 수 없는 것이다.

칸트가 잘 정식화한 것처럼 개념 없는 직관은 무규정적인 카오스이며 직관이 상응하지 않는 개념은 공허하다. 공허하다는 것은 개념의 규정들이 대상을 통해 충족되지 않았다는 것을 말한다. 반대로 직관의 무규정적 다양성은 개념적인 규정을 통하지 않을 때 우리는 거기에 대해 어떤 규정된 앎도 지닐 수 없다는 것을 보여 준다. 이런 불일치를 극복하기 위해서는 마음 안에서의 개념의 보편규정과 마음 밖에서의 개별존재가 서로 일치되어야만 한다. 이런 일치는 물리적인 의미에서의 일치가 아니라 동시적 충족을 의미하는 것으로서의 일치를 말할 때 진정한 일치가 된다. 동시성이란 개념이 실재를 통해 규정을 확인한다는 것을 말하고 실재가 개념을 통해 규정된 것으로 인식되었다는 것을 말한다.

존재론적 입장에서는 우리 개념이 실재에 동화되어 갈 때 일치가 충족되었다고 주상한다. 진리의 기준은 우리의 마음이나 의식이 아니라 존재하는 것들이다. 개념의 실재에 대한 동화나 마음의 대상에 대한 일치가 진정한 의미에서 일치의 기준이 된다. 중세는 이런 일치를 신에게 귀속시킴으로써 진리의 동근원적 기준을 신에게 설정하고 있다. 하지만 근대 주관성의 표상중심적인 철학은 진리의 기준을 마음 안에 둠으로써 일치를 내재화시키고 있다. 확실성과 개념사용의 정당화 충족이 새로운 의미에서 진리의 기준으로 제시되었던 것이다. 하지만 확실성 자체가 진리의 기준으로 작용한다면 확실성은 분열된 확실성으로 갈라지는 이율배반에 빠지게 된다. 즉 우리 마음 안에서 확실한 것과 세계 자체가 확실한 것 사이에는 건너뛸 수 없는 심연이 자리 잡고 있는 것이다. 의식의 확실성에서 출발하면 세계가 불확실하다는 입장으로 떨어질 수 있는 위험이 있다. 반대로 경험이 확실하다는 입장에서 출발하면 의식이 불확실하다는 회의주의에 빠지는 위험이 있다. 이런 이원론은 칸트의 선험철학이라고 해서 결코 예외가 될 수 없다. 그러므로 근대 주관성 철학의 표상중심적 철학은 이원론에 빠지지 않으면서도 진리를 설명해야만 하는 어려움을 해결하지 못하는 한 언제나 비판의 표적이 될 수밖에 없었다.

있는 그대로와 우리 인간에게라는 이런 이원론이 해결되지 않는한 근대의 표상중심적 인식론은 인간중심주의를 벗어나지 못하는 태생적 한계를 벗어나지 못한다. 소피스트들이 인간을 만물의 척도로 설정한 이래 진리를 주관화의 위험으로부터 벗어나게 해야 한다는 요구가 계속해서 플라톤으로부터 제기되어 왔다. 플라톤은 진리를 주관화의 위험으로부터 구제하기 위해 과도한 위험을 무릅쓰면서까지 이데아의 객관적 실재성을 강하게 제시하지 않으면 안 되었다. 칸트는 플라톤과는 달리 주관 안에서의 객관성을 정당화하는 작업을 선험철학의 과제로 설정했지만 그 타당성의 충족 여부는 항상 불투명하게 남아 있다. 우리 인간이 이해한 세계와 있는 그대로의 세계가 불일치할 수 있는 가능성이 배제되지 않는 한 칸트의 선험철학은 이런 일치를 보장할 수 없다는 딜레마에 빠지게 된다. 결국 칸트가 소피스트하고 다른 것은 그가 인간중심적인 철학을 내세우면서도 결국은 인식조건들을 객관 타당한 것으로 정당화하려는 시도에 있다. 하지만 세계를 알기도 전에 우리 인간이 단지 시간과 공간을 통해 주어진 세계만 인지할 수 있다는 입장을 고수함으로써 칸트는 증명될 것을 전제로 하는 선결문제 요구의 오류에 빠지는 결과를 초래하게 되었다. 칸트의 인식인간학적 입장은 그것이 보편성과 필연성을 인식조건의 틀로 제시하는 것을 제외하고는 만물의 척도를 주장한 소피스트들의 요구하고 별반 다른 것이 없다. 우리의 인식 규정틀이 대상을 통해 측정될 수 있다는 것은 이들에게는 부차적인 중요성밖에 지니지 못한다. 바로 그렇기 때문에 객관의 우위를 주장한 실재론자들에 의해 그들의 인식론은 비판의 대상이 되지 않을 수 없게 되었다. 인간의 인식틀은 대상에 의해 그 타당성과 적합성이 다시 한 번 검증되지 않으면 안 된다는 점에서 조건부적 기준이지 절대기준이 될 수 없다. 세계의 있음과 대상의 알려짐은 우리의 인식규정을 통해 우리 인간에게 알려지는 것이지 우리의 인식조건들에 의해 결정되는 것이 아니다.

2. 실재에로의 동화

우리 마음 밖에 있는 것이 진리의 기준이라면 우리는 우리가 알지 못하는 것을 진리의 기준으로 설정하는 순환적 오류에 빠지는 것은 아닌가? 우리가 알지 못하는 것을 진리의 기준으로 설정한다는 것은 단지 규정의 차원에서만 문제가 된다. 하지만 진리의 기준을 주관화로부터 벗어나게 할 때 우리는 이런 입장을 버릴 필요는 없다. 하지만 우리가 알지 못하는 것을 진리의 척도로 세울 때 알지 못한다는 것은 분명히 규정의 결핍을 피할 길이 없다. 이 점에서 진리의 척도를 마음 밖의 실재에 둘 때 불가지론을 척도로 세우는 위험이 도사리고 있다. 하지만 이 입장의 견고함은 진리를 마음의 전횡으로부터 구해 내는 한 반드시 필요하다고 본다. 세계는 우리가 창조한 것이 아니다. 우리는 이미 우리 의식과 무관하게 주어져 있는 실재를 앎의 궁극적 대상으로 삼지 않을 수 없다.

우리 인간의 사고규정과 질서가 실재의 질서를 따라가는 것이지 세계가 우리의 인식조건에 따라 들어오는 것은 아니다. 개나리는 개나리의 방식에 따라 피고 진다. 그것은 논리의 질서에 따라 피고 지는 것이 아니다. 빅뱅이라는 물리현상은 논리의 법칙에 따르는 현상이 결코 아니다. 이론의 힘은 미래를 예측하는 데 있고 예측이 실험을 통해 확증되는 한에서만 충족된다. 예측이 모든 오류를 배제하고 성공한다는 필연성은 없다. 그렇다면 자연의 물리현상들은 논리에 복종해야 할 아무런 강제성이나 필연성이 없다. 과학에서 말하는 탐구논리는 실재하고의 거래가 불가피하다는 것을 요구한다. 왜냐하면 우리는 실재의 구조를 알도록 그렇게 강제되기 때문이다. 따라서 탐구는 실재하고의 접촉이 불가피하다는 전제 아래 실재의 구조를 개념적으로 파악하는 것을 추구하지 않을 수 없다. 실재가 인식적 차원을 지니고 있는 것이지 실재가 인식규정에 의해 결정되는 것은 아니다. 탐구의 역동성은 실재를 알기 위해 우리의 인식틀이 실재에 무한히 동화되어 가지 않으면 안 된다는 것을 불가피하게 집행하고 있다.

실재를 개념의 논리 아래 포섭하거나 종속하려는 시도는 반드시 그 성공이 보장된다는 필연성이 없다. 실재에 대한 앎과 인식의 문제는 경험을 통한 검증을 필연적으로 수반하기 때문에 논리의 제국주의로 환원될 수가 없다. 이론이 지닌 예측력은 경험과의 비교를 통해 그 타당성이 충족될 수도 있고 충족되지 않을 수도 있다. 주체를 아무리 상호주관적으로 확장해서 보편타당한 주체로 확장한다고 해도 진리는 보편타당성에 기초하는 것이 아니라 실재의 그러그러함에 기초하지 않을 수 없다. 여전히 실재론은 관념론의 규정 표상을 심판할 수 있는 척도로 작용하고 있다. 개념은 개념이 설명하려는 대상을 설명할 수 없을 때 도구적 유용성을 상실하게 된다. 개념은 세계를 이해하는 통로이지 그 자체가 궁극적인 목적이 아니다. 개념분석과 세계의 그러함은 일치할 수도 있고 일치하지 않을 수도 있다. 개념의 불일치는 개념의 비진리로서 결국 개념이 실재를 있는 그대로 파악하는 데 실패했다는 것을 증명하는 것이다. 개념의 실재에 대한 관계는 동일과 비동일의 두 차원 모두를 지니고 있다. 따라서 오류의 배제는 피할 길이 없다.

소피스트들이 결국 실패한 것은 인간을 진리의 척도로 설정한 데 있다. 데카르트 이래 그리고 칸트에 이르기까지 결국 주관성 철학은 진리의 기준을 마음 안의 확실성이나 개념적 범주로 설정하는 한 이런 동일한 실패를 되풀이할 수밖에 없는 한계를 지니게 된다. 우리 인간이 세계를 창조한 것이 아니라면 실재에 대한 우리 인간의 앎 역시 다시금 실재를 통해 다시 한 번 측정되지 않으면 안 된다. 여전히 실재론은 관념론에 대해 척도의 구실을 하지 않을 수 없다. 칸트는 대상의 객관타당성이 없는 인식을 결국 공허한 것으로 비판하지 않을 수 없었다. 하지만 그렇다고 해서 대상의 앎이 우리 인식주관의 조건들에 의해 결정되거나 보장되는 것은 아니다.

실재의 세계가 있다는 것을 우리는 인정하지 않을 수 없다. 빅뱅과 우주팽창이라는 현상은 논리 때문에 비로소 있는 것이 아니라 그것이 그렇게 드러나기 때문에 우리 인간들이 그것을 그렇게 이해할 수밖에 없는 것이다. 우리는 칸트와 같이 대상들이 우리의 인식주관들에 따라야 한다고 주장할 필요가 전혀 없는 것이다. 칸트가 말하는 범주가 그 범주가 관련 맺고 있는 대상세계에서 설명력을 상실할 때 그 범주가 진리의 근원이라고 주장할 하등의 이유가 없게 된다. 개념적용의 불가피성은 개념들이 그 일치를 필연적으로 보장한다는 것이 아니다. 여전히 범주는 실재를 이해하기 위한 도구나 통로에 지나지 않는다. 현대 물리학은 모델을 실재의 복잡성을 이해하기 위한 도구나 통로로 보지 그것을 실재로 여기지 않는다. 현대의 발달된 양자론은 칸트의 인식론을 쓸모없는 선험적 가설로 비난하고 있다. 이론의 예측은 그것이 경험세계를 설명할 수 있는 한에서만 그 실용성에서 측정되지 않으면 안 된다. 선험철학의 실용적 전환은 필요한 것이 아니라 불가피한 것이다.

개념과 실재 사이에는 항상 어느 하나로 환원될 수 없는 팽팽한 긴장이 지배한다. 이 긴장관계는 논리로 해소되는 것도 아니고 실재로 해소되는 것도 아니다. 실재는 우리에게 알려질 수 있으며 우리는 또한 불완전하기는 하지만 있는 그대로서의 실재의 세계를 알아갈 수 있다. 진리의 기준은 마음과 실재 모두에서 동시에 발생하지 않으면 안 된다. 대상이나 실재가 있는 그대로서 우리 인간들에게 있는 그대로 알려지는 만큼만 우리는 세계에 대한 규정된 인식을 충족된 진리로 알아들을 수 있다. 객관성은 주관 안에서의 객관성이 아니라 있는 그대로서의 객관성으로 이해되지 않으면 안 된다.

칸트는 모든 표상들을 결합하는 자기의식의 활동성을 철학적 최후근거로 여기는 오류를 저지르지는 않았다. 하지만 그는 모든 결합의 근원을 오직 자기의식의 종합하는 활동성에 귀속시킴으로써 대상 자체가 지니고 있는 통일의 가능성을 거세하거나 박탈해 버렸다. 모든 결합의 출처가 자기의식의 활동성에 있다는 이런 칸트의 입장은 만약 그런 일치가 대상 세계들에서 발견되지 않을 때 아주 공허한 결과로 전락하게 되는 위험을 수반하게 된다. 여전히 우리는 그런 일치가 대상 세계에서도 같은 근원을 갖는 것으로 확인되지 않을 수 없다고 요구해야만 한다. 주체가 대상세계를 자의적으로 지배하면 할수록 대상세계 역시 주관의 질서를 벗어나서 주관 자체에 복수한다. 자기기만으로부터 진리를 해방시키려는 자들은 주관의 자기기만 가능성으로부터 스스로를 멀리해야만 한다. 세계는 주관의 질서에 견고하게 저항하고 있으며 그 저항은 진리를 주관화의 위험으로부터 구제하는 한 언제나 타당하다. 이해나 인식의 실패는 있을 수 있어도 실재나 대상이 실패했다는 것은 전혀 성립하지 않는다. 여전히 실재는 관념과 표상을 측징하는 기준으로 작용한다. 하지만 그 반내는 아니다. 우리 인간에게 앞서가는 것이 진리의 기준으로 작용하는 것은 아니다. 그것은 예측에 있어서 다만 앞서갈 뿐이다. 물리학자들은 여전히 실재의 구조를 이해하기 위해 초끈가설과 빅뱅 그리고 우주팽창 가설을 제시하고 있다. 하지만 가설은 세계를 설명하는 도구들이기 때문에 경험을 통해 확증되지 않으면 안 된다. 여전히 가설과 이론을 평가하는 기준은 실재 자체다.

실재의 복잡성은 이론의 단순한 모델을 통해 이해되어야만 한다. 그렇지 않을 경우 우리는 있다는 것만 알고 있을 뿐 그것이 무엇인지에 대해 전혀 아는 바가 없게 된다. 있으면서 그것이 우리에게 규정된 것으로 알려지는 것이 인식의 완성된 모습이다. 모델의 단순성은 실재의 복잡성을 이해하기 위한 불가피한 통로다. 하지만 우리는 이 통로를 통해 다시 한 번 우리 모델을 대상의 복잡성에 일치시킬 필요가 있다. 대상과 무관하거나 대상으로부터 고립된 인식틀은 그야말로 아무것도 아니다. 그런 세계가 있을지 몰라도 그것은 대상과 무관한 세계가 될 것이다. 단지 마음 안에 있으면서 그것을 대상세계에서 확인할 수 없다면 그런 앎은 앎이 아니라 마음이 창조해 낸 논리적 허구에 불과할 것이다.

3. 구성틀의 역사적 변화

우리 인간은 자연을 그 자체로서 이해할 수도 있고 이해하지 못할 수도 있다. 하지만 자연은 항상 우리 인간에게 주제화되는 만큼만 접근된다. 여전히 알려지지 않은 실재가 진리의 척도로 작용함에도 불구하고 우리는 우리가 실재를 주제화하는 정도만큼 자연에 다가갈 수 있다. 관찰은 인간이 완전히 배제된 채 순수 중립적으로 이루어지는 것이 아니라 이론의 안내를 받으면서 진행된다. 이론은 그 이론이 기대고 있는 패러다임을 전제한다. 하지만 패러다임은 불변하는 항구성이 아니라 변화하는 과정에 있다. 관찰은 계획적으로 이루어진다는 점에서 항상 이론의 안내를 받고 있다. 이론은 그 이론이 의존하고 있는 어떤 패러다임을 등에 업고 있다. 하지만 패러다임은 변할 수 있기 때문에 우리는 그것을 역사적 생성으로 파악하지 않을 수 없다. 인식은 이 점에서 자기 완결적인 폐쇄된 체계가 아니라 역동적인 변화의 과정에 종속한다. 실재에 대한 우리의 이해가 잘못되었으면 우리는 우리의 인식틀을 지속적으로 수정해 간다. 이런 맥락에서 칼 포퍼는 시행착오의 논리를 과학적 패러다임이 변화해 가는 과정으로 설명할 수 있었다.

패러다임의 변화는 이것이 고정된 방법적 절차에 따르는 것이 아니다. 그 변화는 오직 실재를 파악하는 과정에서 패러다임의 타당성 상실에 따르지 않을 수 없다. 불일치가 변화의 원동력을 형성한다.

세방화 시대의 삶

1. 단일 시장의 형성배경

오늘날 문제가 되고 있는 것은 세계화(globalization)와 지방화(localization)를 어떻게 하면 모순이 아니라 통합으로 변형시킬 수 있는가에 있다. 오늘날 진행되는 세계화가 특수하고 고유하고 토착적으로 정의되는 지방화를 탈영토화하지 않는다는 필연성은 없다. 왜냐하면 세계화는 시장의 지배력을 통해 토속적이고 지방적인 것 모두를 잠식하고 있기 때문이다. 반대로 지방에 고유한 것은 그것이 세계화로 개방된다는 보장은 없지만 그럼에도 불구하고 여전히 세계적인 것으로 될 가능성을 지니고 있다.

가장 보편적인 것은 지역적인 것에도 타당할 수 있다. 하지만 지역적인 것은 모든 삶에 타당하다는 어떤 보장도 없다. 이 둘 사이에는 언제나 비대칭성이 존재한다. 하지만 가장 지역적인 것이 가장 세계적인 것이 될 가능성이 애초부터 배제되는 것은 아니다. 그렇다면 도대체 지역적인 것들 중 어느 것이 세계 보편성을 유지하는 것인가? 탈영토화와 재영토화는 경제적인 지배관계의 문제에 속하는 것들이다. 하지만 경제의 지배 관계와 달리 문화의 경우에는 지배가 아니라 공감이 문제가 된다.

경제적인 의미에서의 세계화는 이미 지배의 영구화로 귀결되기 때문에 지역적인 것은 큰 의미를 지니지 못하고 있는 추세다. 반대로 지방적인 것은 세계화의 지배논리에 맞서서 스스로를 방어할 무거운 운명을 감당하지 않을 수 없다. 이런 불균형을 바라보면 세계화와 지방화는 양립 불가능한 관계에 있다. 이 무거운 짐은 오직 지방화가 방어적으로가 아니라 세계화할 수 있을 때만 극복될 수 있을 것이다. 하지만 지방적인 것의 세계화는 해당 지방이 만들어 내는 것이 독특하고 대체 불가능한 원천기술을 지닐 때에 한해서만 그 의미가 있다. 새롭게 발생하는 신조어 glocalization(지세화)은 이 두 조류를 통합시켜야만 하는 과제를 얼마나 성공적으로 수행하고 완수했는가에 따라 결정될 것이다. 하지만 경제적인 의미로 이해되는 오늘의 세계화 시대에 이런 양립과 조화가능성은 거의 희망적으로 바라볼 전망이 점점 더 불투명해지고 있다.

하지만 문화적인 지평에서는 가장 지역적인 것이 가장 세계적일 수 있는 가능성이 있다. 문제는 이런 잠재력을 잠재적인 상태로 방치하지 않고 이것을 공공화하는 데 있다. 하지만 이것은 지역적인 것이 말 그대로 세계보편성을 지닐 때에 한해서만 가능한데 과연 지역적인 것이면서 동시에 세계적인 것은 어떤 것이 있을까? 오늘날 이해되는 세계화에 앞서서 이미 스토아학파는 자신들의 세계 시민성을 통해 인간이면서 지방인이라는 독특한 조화를 증명한 바 있다. 오늘의 세계화가 주로 지배와 피지배의 영구화라는 악순환에 움직인다면 스토아주의자들이 강조한 세계화는 말 그대로 인간이 세계 시민으로 살아가는 것을 의미했었다. 하지만 세계 시민 역시 삶에 뿌리를 내리지 않고 단지 그것이 관념에만 머무를 때 그것 역시 공허한 수사에 지나지 않게 된다.

세계화와 지방화가 헤게모니 싸움에 휘말리는 한 이 둘은 지배관계로 고착될 수밖에 없다는 것이 오늘의 일반적인 추세다. 여기서 우리는 이 둘이 지배관계로 귀착되는 것을 하나의 숙명으로 받아들일 수 없다는 자각을 해야 한다. 왜냐하면 자본의 무한지배를 통한 세계화의 강요는 그 수명이 오래가지 못할뿐더러 모두를 아우르는 보편성을 형성하지 못하고 있기 때문이다. 하지만 이 둘 사이에 긴장이 지배하고 있는 것은 부인할 수 없는 사실이다. 세계화가 문화적인 의미뿐만 아니라 경제적인 추세 모두를 반영하고 있기 때문에 우리는 세계화를 다각적인 관점에서 고찰하지 않을 수 없게 된다. 이런 어려움은 오늘에 있어서 좁혀지지 않고 점점 더 그 편차가 커져 간다는 점에서 화해불능인 것처럼 보인다.

오늘날 문화가 시장의 지배력에 의해 좌우되는 한 세계화는 단일 시장의 가치로서 세계의 고유성과 특수성을 다 삼켜 버리고자 한다. 반대로 지방화는 이런 추세에 맞서서 스스로를 방어하고 지키고자 한다. 그런데 이 둘 사이에 영원한 대립이나 배척이 존재하는 한 결국 살아남는 것은 자본의 시장지배력을 내세운 것이라는 것이다. 전 세계의 많은 사람들은 할리우드나 발리우드 영화에 식상해 있지만 그렇다고 해서 대안을 제시하지도 못하고 있는 실정이다. 할리우드는 식상한 것을 충족하기 위해 현지화와 손을 잡고서 여전히 시장 지배력을 넓혀 가고 있다. 지방화는 쿼터제와 자국민 문화보호를 통해 문화방어정책을 입법화해 달라고 요구하고 있는 실정이다. 시장에서는 오직 지배하는 것이 문제가 될 뿐이다. 자유경쟁은 지배를 위한 지배를 영구 동력으로 삼고 있기 때문에 모든 관계를 지배라는 틀 안에 가두어 버린다. 이 블랙홀에서는 어느 누구도 예외가 될 수 없고 어느 누구도 빠져나올 수 없다. 신자유주의는 만인의 만인에 대한 무한경쟁을 결국 소수의 다수에 대한 무한지배를 인정하고 이것을 당연한 질서로 여기고 있을 뿐이다. 이에 비례해서 인간관계 역시 만인이 만인에 대해 무한한 경쟁을 해야만 하는 적대적 관계로 되어 버린다.

소비자의 소비력을 철저하게 분석하면서 세계 시장을 지배하고 있는 명품 유통업체 첼시는 여주나 영국의 도시에서 소비자들의 돈을 모으는 데 열중하고 있다. 자본의 지배력이 있는 곳이면 지리적인 의미에서 세계는 없다. 왜냐하면 이윤의 지배가 형성되는 곳이면 자본은 그 지배력을 언제나 발휘하기 때문이다. 그리고 이제 우리는 그 지배가 은하계로까지 확장된다는 것을 잊지 말아야 한다. 그 말은 자본은 자본을 무한히 축적하기 위해 항상 분주하게 움직이고 있기 때문에 이것에 거역할 수 있는 것을 자본이 방치하지 않고 지배한다는 것을 말한다. 칼 마르크스의 지본론 분서은 오늘날 지배문제로 대체해도 아무 문제가 없다. 자본의 무한지배는 이제 국가를 초월해서 그 지배범위를 우주 전체로까지 확장시켜 버렸다. 세계화의 시대에 있어서 이제 거리는 아무 의미가 없다. 거리의 제거는 세계화가 이룩한 가장 위대한 업적에 속한다. 세계화 시대에 있어서 거리는 이제 끝장이 났다. 물론 아직 티베트나 네팔의 오지는 이런 세계화와 무관하게 진행되고 있지만 그들 역시 이런 지배에 편입되고 있다는 것은 이제는 너무 자명한 사실이 되었다. 블랙홀이 되어 버린 자본지배는 이제 그 영역을 문화에까지 철저하게 파고들고 있다. 화폐가 미의 기준은 아니지만 아름다움의 기준이 화폐에 의해 영향을 받고 있다는 것은 부인할 수 없는 사실이다. 고급시장이 고급문화와 같은 것은 아니지만 고급시장은 상품의 질이 아니라 소비하는 자의 경제적 능력에 따라 문화를 소비한다. 이것은 미술 경매시장에서 아주 분명히 확인되고 있다. 소비가 욕구의 표현이 아니라 지위를 과시하기 위한 것으로 이루어지는 것 역시 사실이다. 이런 지위재에 대한 수요 증가는 화폐의 양을 통해 질을 대체해 버리는 추세로 나가고 있으며 그것은 결국 시장의 논리에서 이제는 일상이 되어가는 추세에 있다. 나는 과시한다. 그러므로 존재한다. 이것이 지위재가 누리는 소비의 모습이다. 그렇다면 문화상품 공간에서는 누가 지배하는가가 문제가 될 뿐이다.

우리가 살고 있는 오늘의 전자기술 시대는 공간의 동시성과 시간의 동시성이 이루어졌다. 같은 영화를 같은 시간에 전 세계에서 동시에 시청할 수 있고 같은 공연을 같은 텔레비전을 통해 전 세계에서 동시에 시청하는 것이 가능하다. 미국은 축구에 관심이 없었지만 1994년 축구의 상품가치를 충분히 시장화할 수 있었다. 오늘날 월드컵 유치는 국가의 사활이 걸린 문제로 부각되고 있다. 빛보다 빠른 속도로 움직이고 있는 전 세계 금융시장은 이제 하루에만도 1,000조의 돈이 움직일 정도로 확장되어 버렸다. 규제받지 않고 스스로 움직이는 돈의 무한지배에 제동이 걸릴 수도 있지만 이것에 대한 우려는 아직은 시기상조인 것처럼 보인다.

지구촌이라는 것은 거리적인 것이 제거되었다는 것을 의미한다. 거리의 종언은 세계가 단일 시장에 편입되고 나서 더욱더 탄력을 받아 진행되고 있다. 세계화와 무관하게 살아왔던 티베트의 오지에도 텔레비전 수상기가 보급되고 네팔에서도 월드컵 경기를 관람할 수 있을 정도다. 매스미디어는 전 세계를 단일 시장으로 묶어 두고 있다. 인터넷은 이제 세계의 신문으로 작용하고 있다.

기술, 과학이 시장의 지배력에 의해 움직이고 있는 것은 이미 산업혁명 때부터 작용해 왔다. 오늘날 문화와 삶이 이 지배력에 포섭되고 있다. 따라서 시장이 존재하는 한 그리고 시장이 지배를 위한 지배로 확장되는 한 전 세계의 모든 것은 지배의 공간 안으로 편입된다는 사실이다. 이 과정에서 문제가 되는 것은 어떻게 하면 살아남을 수 있고 어떻게 하면 지배할 수 있는가에 있다. 지배는 피할 수 없는 세계의 운명이 되어 버렸다. 누가 지배하는가? 바로 이것이 문제다. 하지만 모든 것이 단일 시장의 지배 안에 결정되거나 지배받는 것은 아니다. 적어도 아직은 종교나 인간의 자기창조 그리고 문화를 통한 자기표현 같은 것은 이 지배를 절대적인 것으로 여기지 않는다는 점에서 대항을 하고 있다. 시애틀에서 세계화가 열리고 있을 때 그것에 대한 서항 역시 같이 증기했다는 것을 우리는 기억할 필요가 있다.

지배를 위한 지배의 끝이 어디인지는 아무도 예언하거나 예측할 수 없다. 하지만 지배를 위한 지배의 과정으로부터 어느 누구도 자유로울 수 없다는 것은 분명한 사실이다. 지배를 위한 지배의 맹목성이 의미 있는 것으로 변형될 수 있는지에 대해 우리는 그 어떤 것도 낙관할 수가 없다. 왜냐하면 지배가 좋은 삶으로 대체될 만한 것이 아직은 대안으로 제시되지 않기 때문이다. 하지만 지배를 위한 지배가 잘못된 방향으로 진행된다면 그것에 대해 제동을 걸어야만 하는 것은 피할 수 없게 되었다. 세계환경선언을 통해 지구의 오존층 파괴에 저항한다는 것은 이제 인류가 같이 살기 위해서 조치를 취하지 않으면 안 되는 것이 되었다. 금융소득세를 부과함으로써 단기성 투자자금의 일방적인 지배를 제지하는 것은 이제 모든 국가가 추구하는 일이 되어 버렸다. 물론 예외로 이것을 거부하는 국가들이 존재하고 있음에도 말이다.

자본의 무한지배 앞에서 국가는 이제 소멸할 위험에 처해 있거나 날이 갈수록 그 기능이 축소되어 가고 있다. 모든 것이 시장의 단일지배에 맡겨 두면 시장은 모든 것을 지배와 피지배로 고착시키게 된다. 시장의 세계화는 결국 지배의 세계화로 귀착된다. 무한경쟁은 무한지배가 되어 버렸다. 지배는 지배를 위한 지배의 악순환에 계속해서 휘말려든다. 지배는 모든 것을 총동원하는 것을 가능하게 했다. 따라서 이런 총동원의 사회에서 예외는 없거나 있어도 사라지는 추세에 있다. 자본주의는 영국에서 시작했지만 영국도 오늘날 이것의 지배자가 아니라 이것에 끌려다니는 실정에 있다. 미국이 오늘날 신자유주의의 엔진으로 이것을 가속화하고 있지만 그들 역시 절대 지배자로서가 아니라 관객으로서(물론 좋은 위치를 유지하는 상태에서) 이 과정에 참여하고 있을 뿐이다. 경쟁에서 유리한 위치에 있다는 것과 경쟁 자체를 지배한다는 것은 같은 것이 아니다. 미국은 유리한 위치에 있을 뿐 절대 지배자가 아니다. 물론 군사력과 경제력을 통해 시장을 유리하게 좌우할 수는 있어도 시장을 결정할 수는 없다. 서브프라임 위기와 주가하락에 따른 금융위기는 미국이라고 예외로 남겨 두지 않는다.

신자유주의는 누가 지배하는가를 묻지 않고 지배를 위해서는 효율성이 극대화되어야만 한다고 주장한다. 지배의 끝이 어디인가를 묻는 것이 아니라 신자유주의는 지배당하기 싫으면 지배하라고 강제한다. 지배당하기 싫으면 지배하라는 것은 결국 모두를 죄수의 딜레마로 옭아맨다. 국가를 초월해서 자유롭게 움직이는 세계 금융의 시장 지배 앞에서 지역에 고착되어 있는 노동은 살아 있는 감옥으로 스스로를 옥죄고 있다. 금융의 세계 지배가 탈영토화로 가속화되는 시점에 노동의 자유로운 이동은 불가능하게 되어 가고 있다. 물론 고급 노동은 언제나 항상 예외로 작용해 왔다. 노동의 영토 예속성과 자본의 탈영토성은 세계화가 보여 주는 아주 극명한 대조를 이룬다.

2. 비대칭성

문화는 인간이 자기를 창조하고 증명하기 위해 스스로를 표현한 것에 기초힌다. 그런데 이 표현의 역동성은 무한히 진행되는 것이기 때문에 문화는 인간의 계속되는 창조로 발전하게 된다. 비단길은 단순히 물건과 물건만 주고받은 것이 아니라 삶과 삶의 만남을 가능하게 해 주었다. 오늘날 중국은 칭장철도를 개통함으로써 티베트를 문명화라는 넓은 공간 안으로 끌어들이고 있다. 이제는 상품만이 아니라 문화도 이 길을 따라 같이 움직이고 있다.

　서기 700년경 일본은 당시 세계 선진문명의 중심에 있던 장안에 유학생을 한 명 파견했다. 그리고 그들은 장안을 벤치마킹하면서 자신들의 수도를 장안과 같이 설계했었다. 중심과 변방의 관계는 작용하고 있었지만 이 관계는 지리적인 것에 관계함이 없이 서로 소통을 하는 것으로 변화되어 갔다. 비단길을 통해 유교문명은 불교문명과 만났다. 칭장철도를 통해 티베트는 관광의 중심으로 부상했으며 새로운 시장창출의 요구에 편입되어 가고 있다. 그렇다고 오체투지가 사라진 것은 아니다. 현대식 호텔이 들어섰고 관광상품이 철저하게 개발되고 있다. 그 지배력은 이제 신이 머무른다고 하는 히말라야에까지 퍼지고 있다.

　중국의 소수민족들이 가장 많이 살고 있는 윈난성으로부터 라싸로 가는 길은 서로 다른 문화가 아직도 공존하는 다양성의 축제를 이루고 있다. 하지만 천년고도의 옌징의 소금우물은 이제 곧 댐이 건설되게 되면 사라질 위기에 처해 있다. 오늘날 우리는 소금조차 인공합성으로 만들어 내지만 티베트인들에게 소금호수는 그들의 터전 그 자체였다. 그들은 소금을 통해서 그들 자신의 삶을 표현했다. 싫든 좋든 그들의 삶은 이제 전 세계의 전파매체를 통해 알려지게 되었고 우리는 문화 다양성의 이름 아래 그런 삶을 보호하려는 노력을 하고 있다. 중국과는 전혀 다르면서도 중국 안에서 중국의 시장 논리 안에 편입될 수밖에 없는 티베트의 옌징 사람들은 이제 갈등관계에 빠져 버렸다.

　옌징 사람들은 괴테의 요구처럼 그들 자신의 삶을 세계화하는 법을 알지 못했다. 하지만 세계인들은 그들 삶의 특수성과 고유성이 사라지는 것을 원하지 않고 있다. 차마고도는 오지와 고립으로 상징된다. 하지만 그 오지에도 인간은 살기 위해 자기를 표현한 삶의 흔적이 있다. 우리는 그런 악조건에서 살아남아서 자신들의 문화를 지켜 온 옌징의 사람들이 사라지는 것을 원하지 않는다. 왜냐하면 우리는 다양성을 다양성으로 존중해 줄 의무가 있기 때문이다. 차마고도는 마방들에게 있어서는 그들의 영혼이 고스란히 배어 있는 삶 자체다. 우리는 경험하지 않고 그들의 고유문화를 향유할 수가 없다. 그들의 문화는 그들만이 그 맛을 낼 수가 있고 또 그렇기 때문에 그것에 대해 향수를 느끼는 낯선 이방인들에게 많은 향수를 불러일으킬 수 있을 것이다.

나같이 할리우드 영화에 식상해 있는 사람에게 옌징의 삶을 접하는 것은 하나의 경이로운 선물이 아닐 수 없다. 시간에 쫓기고 지배를 위한 지배의 단조로운 삶 안에 예속되어 있는 나에게 있어서 차마고도의 사람들이 사는 모습을 보는 것은 정말이지 삶이 매우 다양하게 진행될 수 있다는 것을 깨우쳐 주었다. 위성추적장치를 통해 공간을 철저하게 합리적으로 계량화한 나의 시각에서 보면 차마고도의 삶은 합리성의 결핍으로 보일 수도 있다. 하지만 나는 고달프기는 해도 행복하게 살고 있는 그들의 얼굴을 보면서 내 삶을 반성하는 계기를 마련할 수 있었다. 돈만 밝히는 중국인들(모두 그렇다는 것은 아니지만)의 상술을 멀리한 채 차마고도를 직접 방문한 나는 중국의 왜곡된 시각이 아니라 나의 고유한 시각으로 그들과 만날 수 있었다. 시오노 나오미는 로마인이 아니었지만 로마인들보다 로마를 더 잘 이해할 수 있었다. 익숙하다고 해서 모두 잘 아는 것은 아니다. 티베트가 중국인의 영토 안에 있다고 해서 중국인이 티베트를 잘 알고 있는 것은 아니다. 티베트를 철저하게 상품화한

패키지 상품으로 나는 티베트를 여행하고 싶지 않았다. 정해진 코스를 따라서 오직 정해진 정보만을 확인하고 오는 그런 여행상품에 대해서 나는 이제 신물이 났다. 거기에는 정보의 일방적 확인만 있지 새로운 것하고의 만남은 없다.

나는 티베트어를 잘 알지 못한다. 그리고 그들의 방언에 대해서 아는 것이 전혀 없다. 하지만 그들은 자신들의 삶을 표현하는 데 있어서 아무 지장이 없었다. 영어가 모든 언어를 대체한다고 호들갑을 떠는 시대에도 그들은 그런 흐름에 아랑곳하지 않고 그들만의 언어로 자신들의 삶을 이어 갔다. 자신들의 고유한 언어가 있고 그 언어를 사용하는 사람들이 존재하는 한 티베트의 삶은 티베트인으로서 보전될 것이다. 그릇된 중화제국주의 문화가 더 이상 지배하지 못하도록 하려면 우리는 문화 다양성을 문화 다양성으로 인정하고 존중해야만 한다.

언어가 없으면 민족의 자기동일성은 불가능하다. 만주족은 있지만 만주언어가 사용되지 않기 때문에 우리는 더 이상 만주족의 실체를 알 수가 없다. 이것은 티베트에도 마찬가지다. 다행히도 티베트인들은 그들의 고유 언어를 지켜 나가고 있다. 나는 이것이 지속되어야만 한다고 주장했고 그들에게 자신들의 언어를 지키라고 위로했다. 덕분에 나는 그들이 손수 만든 차를 공짜로 얻어 마실 수 있었다.

다양함은 그것이 차이를 이루는 것이기 때문에 그 자체로서 인정되어야만 한다. 차이는 굳이 존중될 필요까지는 없지만 인정될 필요는 있다. 스페인은 남미를 정복했지만 남미의 고유 언어를 파괴하지는 않았다. 일본은 짧은 한국 지배 동안에 한국어를 말살하려고 했다. 중국인들은 중국의 소수민족들이 자기의 언어로 자신들의 고유 정체성을 형성하는 것을 막기 위해 언어말살정책을 추진하고 있다. 티베트의 입장에서 보면 중국도 이방인에 속한다. 로마가 중심이라면 중국은 변방에 속한다. 평양성을 기준으로 한다면 중국은 야만인에 속한다. 중심과 변방은 상대적인 것이지 중국인이 생각하는 것처럼 절대적인 것이 아니다. 중국에 강제로 편입되기 이전에도 티베트인들은 그들 고유의 언어로써 그들 자신들의 정체성을 형성해 왔었다.

지방적인 것은 이제 다양성과 특수성으로 규정된다. 세계적인 것은 보편적인 것으로 통용된다. 하지만 할리우드의 세계화는 자본의 세계화를 의미하지 작용의 세계화를 의미하는 것은 아니다. 진정한 의미에서 세계화는 개별적이고 특수한 것 안에서 작용할 때만 그 보편성을 입증할 수 있다. 보편적인 것은 개별적인 것들 안에서 실제로 작용할 때만 그 타당성을 입증할 수 있다. 반대로 지역적인 것은 그것이 세계적인 것이 될 때 비로소 보편성을 유지할 수가 있다. 오늘날 전 세계에서는 지역적인 것을 지역적인 것에 국한시키지 않고 이것을 세계적인 것으로 될 수 있도록 그렇게 보편화하려고 노력하고 있다. 분제는 구체적으로 어떤 것이 이런 요구를 충족시키고 있는가에 있다.

유네스코가 하는 일이 할리우드와 같을 필요는 없다. 개별적이고 특수한 것에 대한 인정과 존중은 개별문화들이 세계화되는 데 있어서 반드시 성립하지 않으면 안 되는 필요조건에 해당한다. 할리우드나 왜곡된 중화주의는 탈영토화의 기치 아래 차이와 다름을 존중하고 인정하지 못하기 때문에 그만큼 스스로의 수명을 단축하고 있다.

문화들이 있지 하나의 문화는 없다. 언어들이 전 세계에 걸쳐서 6,000개 정도가 있지 하나의 언어가 있는 것은 아니다. 영어가 모든 언어를 대표할 수는 없다. 언어헤게모니는 문화헤게모니만큼이나 잘못된 것이다. 보편성의 강요 아래 개별적인 것을 테러해서는 안 된다. 또 그렇게 하도록 방치해서도 안 된다. 중국 안에서 소수민족들이 있다고 해서 그들 모두가 중국어를 통해 강요될 수는 없다. 개별성 위에 군림하는 강요된 보편성은 그 자체가 폭력이다. 나는 티베트의 언어를 잘 알지 못하고 익숙하지 못했기 때문에 그들의 삶을 충분히 이해할 수는 없었다. 하지만 그들이 자신들을 방문한 낯선 이방인인 나에게 완전히 닫혀 있었던 것은 아니다. 나는 충분히는 아니지만 나름대로 그들과 같이 생활할 수 있었다. 나는 나의 시각을 그들에게 전가하는 것이 아니라 그들의 삶을 그 자체로서 이해하려고 했기 때문에 쉽게 그들과 친해질 수 있었다. 만남은 차이를 전제한다. 그렇지 않다면 무엇 때문에 만나려고 하는가? 차이의 인정이야말로 대화가 성립할 수 있는 터전이다. 그 다름을 통해서 우리는 일치의 가능성과 차이의 가능성을 동시에 확인하게 된다.

왜 티베트 문화인가? 왜 위구르 문화인가? 왜 몽고 문화인가? 왜 원난성의 문화인가? 왜 앙코르와트인가? 그것은 그 문화만이 그것들만의 고유한 맛을 내기 때문에 그렇다. 햄버거와 코카콜라가 전 세계의 음식문화를 지배한다고 해서 그 음식이 세계표준음식인 것은 아니다. 다만 시장 지배에 있어서만 그렇다는 것이다. 나는 티베트에서 적게 먹는 지혜를 배웠고 그들의 음식이 나에게 그렇게 낯설지 않다는 것을 깨우쳤다. 다름을 접함으로써 나는 다름에 대해 내가 지니고 있던 고정관념과 편견을 허물어 버리게 되었다. 차이와 다름 속에서 나와 같은 것을 확인하는 폐쇄성이 아니라 차이와 다름을 통해 자신의 한계를 깨우칠 수 있었던 점에서 나의 티베트 여행은 상당한 소득이었다. 햇볕의 발견을 통해 우중충한 독일적 병에서 벗어날 수 있었던 괴테와 같이 나도 다름을 통해 나의 한계를 벗어날 수 있었다. 그렇게 본다면 때로 다름과 차이는 자신의 무지와 한계를 벗어나게 해 주는 계기로 작용할 수도 있다. 이것이 우리가 보편화의 거짓된 지배를 비판할 수 있는 근거다.

존재하는 것을 존재하도록 내버려 두어라. 그것도 그 나름대로 삶을 이루고 형성하는 것이다. 하나의 강요된 삶은 없다. 하나의 강요된 문화나 언어도 없다. 그것은 차이와 다양성에 대한 왜곡된 폭력을 행사할 뿐이다. 보편 없는 개별은 고립의 위험이 있다. 개별 없는 보편은 폭력에 지나지 않는다. 보편과 개별은 지배관계가 아니라 상호작용의 관계일 때만 진정한 관계가 된다. 차이는 대화의 가능조건이면서 그렇지 않을 수 있다. 대화는 차이를 말살하는 획일화나 일방적인 강요가 아니라 차이의 인정 아래 차이를 해소하는 과정으로 전개되어야 한다. 칭장철도가 있기도 전에 사람들은 이미 차마고도를 통해 서로를 연결했었던 것이다. 칭장철도가 편리함을 통해 거리를 연결할 수는 있어도 차마고도를 통해 형성된 삶의 고유성까지 연결하는 것은 아니다. 디지털 사진이 아우라가 깊든 흑백사진의 향수마저 대체할 수 있는 것은 아니다. 월드컵이 소학교의 운동회라는 추억마저 추방할 수 있는 것은 아니다. 옌징 사람들의 노래에는 우리의 아리랑만큼이나 그 노래를 부른 사람들의 혼이 담겨 있다. 그것은 이해의 대상이지 분석의 대상이 아니다. 이해는 삶을 공유하는 체험의 나누어 가짐에서 형성될 뿐이다. 그리고 공유된 삶은 서서히 뿌리를 내리면서 자라나는 법이다. 불교가 티베트에서 티베트라는 토착화를 거쳐 갔듯이 말이다. 몽고가 티베트 불교를 통해 그들만의 고유한 삶을 이어 갔듯이 그렇게 문화는 주고받으면서 서로서로를 형성해 가는 것이다. 거기에는 예정된 길은 없다. 많은 문화가 탄생하고 소멸했지만 우리는 각각 다른 문화가 그들만이 고유한 맛이 있다는 것을 알고 있다. 그리고 그 개별성을 그 자체로서 존중하고 이해하는 법을 배워야 한다.

3. 환경에 대한 연대적 책임

지구는 산업혁명을 계기로 그 발전의 축에 화석연료(석탄, 석유, 천연가스 등등)를 사용해 왔다. 지구가 산업화를 시작한 지 거의 250년이 흐르는 동안 사용한 화석연료는 그것을 형성하기 위해 대략 2억 년 동안 지구의 진화과정을 겪었다. 2억 년 동안 지구에서 생명체의 퇴적이 진행되어 온 덕분에 우리는 오늘날 산업화된 사회에서 살 수 있었다. 누가 무엇이라고 해도 세계화의 정점은 화석연료의 고갈과 더불어 새로운 전기를 맞지 않으면 안 될 운명에 처하게 되었다. 사용 가능한 화석연료의 양은 이제 고갈되어 가는 추세에 있다. 남아 있는 석유 매장량은 이제까지 사용한 것과 비교해 보았을 때 30% 정도도 안 남아 있는 실정이다. 그리고 화석연료의 사용으로 인한 지구온난화의 가속화는 예측 불가능한 기상이변을 가능하게 하였고 그 결과 지구 생태환경이 교란되어 가고 있는 추세다. 세계화는 그 영향력이 지구 전체에 미치지만 전체를 통제하지 못하는 역설에 빠졌다.

20%의 성공한 산업국가의 에너지 사용량은 나머지 80% 국가의 삶과 무관하게 지구 환경파괴를 가속화해 왔다. 잔인하고 이기적이게도 G7로 대표되는 국가들은 지구 온난화를 극복하기 위해 환경규제를 강화하면서 개도국의 성장을 제지하고 있다는 것이다. 화석연료를 수소원료로 대체하는 과정에서 발 빠른 G7 국가들은 대체에너지를 개발 중에 있지만 그렇지 못한 개발도상국 국가들은 투자자원을 확보하기 위해 화석연료에 의존할 수밖에 없는 실정이다. 환경을 파괴해 온 국가들이 환경을 보호하자는 것은 늦은 감이 없지는 않지만 그런대로 수용할 만하다. 하지만 서로 조건들이 상이한 것을 고려하지 않고 이것을 강요한다면 이런 강요는 20% 상위 지배자들이 80%의 피지배자를 영구히 지배하는 결과를 초래할 것이다.

대기오염, 수질오염, 토양오염, 기후위기, 바다 생물위기 등에 걸쳐서 오늘날 위기는 일상으로 자리 잡았다. 하지만 위기를 가속화시켜 온 국가들이 위기대책에 있어서 자신들의 우월한 위치를 같이 공유하지 않고 그 위기를 일방적으로 개도국에 강제한다면 그것은 위기극복이 아니라 위기의 가속화로 이어질 것이다. 개도국의 어떤 나라도 유전자 지배를 통한 농업을 현실화하고 있지 못한 실정이다. 친환경적인 농업의 장려는 그 필요성에 대해 다 같이 공감하지만 현실적으로는 그렇지 못하다. 농업의 과학화가 아직 진행되지 않은 국가들에서는 가난으로부터의 탈출이 제일 시급한 문제다. 가난이 극복되지 않았는데 자연을 어머니처럼 그렇게 다루라고 요구한다면 그것은 위선이고 폭력이다. 가난이 극복되고 나서야 우리는 자연을 같이 살 수 있는 공진화의 터전으로 여길 수 있다. 환경을 파괴해 온 국가들이 환경복구비용을 더 많이 내야 하는 것은 너무 당연한 것 아닌가? 환경과의 공존을 요구하려면 환경에 대한 투자를 개도국 이 같이 나누어 가질 수 있어야 한다. 친환경적인 기술과 에너지 개 발은 공유하지 않은 채 개도국에 환경보존을 강제하거나 요구한다 면 그것은 지배를 가속화하겠다는 것으로 밖에는 보이지 않는다. 하 지만 선진국들에 의한 일방적인 지배의 영구화는 적어도 환경문제 에 있어서는 그 위기의 폐해가 그들에게 부메랑으로 다시 돌아온다 는 이유 때문에 전 지구적 이슈로 공론화하지 않을 수 없는 처지에 빠지게 하였다. 여기서도 부분의 이익과 전체의 이익이 같이 공존하 지 않고 있다는 불균형을 확인하지 않을 수 없다.

이제는 세계화가 20% 대 80%의 지배구조로서가 아니라 모두가 같이 살 수 있는 공진화나 상생의 지평에서 전개되지 않으면 안 될 필요성에 의해 움직여져야만 한다. 이것은 이제 수사학적 요구가 아니라 우리가 완성하지 않으면 안 될 과제가 되었다. 왜냐하면 어 느 한 곳의 균형파괴와 위기는 지구 다른 곳에 필연적으로 위기를 산출하기 때문이다. 아마도 세계화가 세계연대성으로 진행되지 않 으면 안 되는 공감대의 형성은 환경문제에 해당될 것이다. 로마의 정서, 리우데자네이루의 환경선언, 도쿄의정서에서 분명하게 드러 난 것처럼 이제 환경은 주변적이고 지엽적인 테마가 아니라 지구의 생존과 직결된 문제가 되었다. 위기를 가속화시킨 원인을 찾아서 그것을 제거하는 것만큼 중요한 문제는 지금 당면한 지구온난화와 생태계의 파괴를 어떻게 복구시키는가에 있다. 각 국가들에 강제하 고 있는 이산화탄소 배출량의 감소는 그 연대성의 첫걸음이라고 할 수 있다.

중세의 삶에서 자연은 지배가 아니라 은총과 완성을 위한 준비단계에 있었다. 하지만 근대의 자기의식과 더불어서 자연은 지배의 대상으로 전락하기 시작했다. 그 결과 오늘날은 자연이 완전히 우리 주관의 통제에 따라 그 운명이 결정되어 버렸다. 하지만 인간의 자연에 대한 통제는 부분을 통제하는 것에 그치기 때문에 전체는 항상 우리의 지배를 벗어나 있다는 역설을 피할 수가 없다. 이 역설 때문에 우리는 부분을 지배하면서도 전체를 지배하지 못하는 딜레마에 빠지게 되었다. 부분은 앎의 대상이다. 하지만 전체는 앎의 대상이 아니다. 인간의 자연 지배는 전체에 대해 여전히 속수무책이다. 자연에 대한 인간의 연대책임은 자연 안에서 살아가는 인간의 삶 때문에 피할 수 없는 과제가 되었다. 우리는 루소처럼 자연을 낭만화할 수가 없다. 또한 홉스가 그린 것처럼 자연상태의 빈곤만을 강조해서도 안 된다.

인간은 자연 안에서 살지만 자연을 통해 결정되어 있지 않다. 역사가 없는 자연은 인간의 삶 안에 역사적으로 편입되지 않을 수 없다. 자연의 역사화는 자연이 인간의 삶의 구성 요소인 한에서 불가피하다. 하지만 그렇다고 해서 사연을 인긴화히면서 살 수밖에 없는 인간은 자연의 가능싱을 존중히면서 인간화해야만 한다는 필요를 벗어날 수는 없다. 여기에 자연과의 연대적 대화가 필수다. 하지만 이 대화는 이제 자연과 인간이 같이 공진화할 수 있는 바탕 위에서 진행되어야만 한다. 늦은 감은 있지만 이산화탄소 배출을 제한시키고, 친환경적인 재생에너지와 대체에너지를 개발하고, 금욕을 통해 자연의 엔트로피화를 막고, 미래의 자원들을 고갈시키지 않는 범위

안에서 자연의 인간화가 진행되어야 한다. 열역학 제2법칙은 에너지가 보존된다는 것만 우리에게 알려 준다. 하지만 우리는 에너지 보존을 에너지 재생과 같은 것으로 착각해서는 절대 안 된다.

자연의 무질서를 질서로 유지해야만 인간 삶이 가능하다. 하지만 인간의 질서유지는 자연을 과잉 지배하는 것을 통해서 이루어져서는 안 된다. 사용 가능한 자연의 자원은 한계가 있기 때문에 우리는 한계 안에서 질서를 유지해야만 한다.

우리는 19세기 아일랜드가 겪었던 감자기근을 잊어서는 안 된다. 당시 아일랜드는 남미로부터 유입된 감자에 대한 의존도가 매우 높았었다. 그런데 감자마름병이 발생해서 감자수확량이 줄어들었고 그 결과 대략 100만 명이 넘는 사람들이 굶어 죽었다. 이런 사정은 유전자 공학이 정점에 달한 21세기의 오늘에도 별반 나아진 것이 아니다. 유전공학의 발전에도 불구하고 아프리카에서는 4초당 한 명씩 사람들이 죽어 가고 있다. 자연에 대한 인간의 지배가 가속화되는 것에 비례해서 자연이 지니고 있는 예측 불가능성의 위험 역시 같이 증가해 왔다는 것을 우리는 망각해서는 안 된다. 과학은 자연을 통제하지만 전체를 통제하지 못하는 근본적인 한계를 지니고 있다.

열역학 제1법칙은 전체 에너지의 총량은 변하지 않는다는 것만 알려 준다. 열역학 제2법칙은 에너지가 힘으로 변할 때마다 효율성이 떨어진다는 것을 알려 준다. 에너지의 총량은 변하지 않지만 에너지를 사용할 때마다 유용한 에너지의 양은 줄어들 수밖에 없다. 지구의 자원은 한정되어 있다. 사용된 에너지는 절대로 재생되지 않는다. 우리는 에너지를 대체해서 효율성을 높일 수는 있어도 에너지 자체를 재생하는 것은 아니다. 에너지 보전은 에너지 재생과 혼동해서는 안 된다. 사용 가능한 에너지의 양은 한계가 있다는 자각만큼 우리에게 절박한 것도 없다. 에너지 사용이 엔트로피의 증가로 이어지는 현실 자체를 되돌릴 방법은 없다. 여기에 인도인의 지혜가 필요하다. 즉 자연을 신격화할 필요는 없지만 자연을 인정하고 존중할 필요는 있다는 것이다.

인간이 자신들의 이기적 욕구충족을 위해 다른 종을 전멸시키면서까지 지배해 온 자연의 역사는 결국 이제 인간이 스스로를 전멸시킬 수도 있는 위험 앞에 우리를 내몰고 있다. 자연이 지니고 있는 예측 불가능한 위험을 우리는 오늘날에도 여전히 경험하고 있다.

사실과 해석

1. 사실은 누가 만들었는가?

인간의 행동은 그것이 결정된 것이든 아니면 자유의지를 통해 이루어진 것이든지 간에 하나의 공통점이 있는데 그것은 바로 인간이 각자 자신들의 행동을 통해 어떤 사실을 만들었다는 것이다. 사실이란 의지의 개입이 있어야만 가능하다. 사실이 사태의 현존인 한 우리는 이런 사실을 의도된 행위의 결과로 이해하지 않을 수 없다. 인간이 자신의 의식적인 각성을 통하든 아니면 맹목적인 습관에 의하든 간에 인간은 자신들의 행동을 통해 인위적으로 어떤 사실을 만들어 내고 있다. 사실은 주어진 것이 아니고 인위적으로 만들어진 것이기 때문에 사실의 이해와 해석에는 그 사실을 만든 인간의 동기를 판독하는 것이 필수적이다.

그렇다면 우리가 사실을 접할 때 반드시 물어보지 않으면 안 되는 것이 있다. 누가 어떤 의도로 그런 사실을 만들었는가? 사실이 사태의 현존인 때에 한해서 우리는 사실이 참으로 확증될 때 그런 사태가 현존하고 있다는 것을 의심하지는 않는다. 하지만 사실을 결정되거나 고정된 것으로 우리에게 강요할 때 우리는 그런 결정되거나 고정된 사실에 대해 다른 의견을 보인다. 이 점에서 사실은 지속적으로 생성의 과정에 따르게 된다. 의지는 본성상 지속적인 창조로 드러나기 때문에 사실의 형성 자체가 이런 역동성에 기초해서 전개되게 된다. 의지가 궁극적으로 창조하려고 마음먹은 것이 사실의 가치를 형성한다.

가치란 흔히 경제학에서 물건의 효용을 측정하기 위해 고안한 것이다. 물건의 효용은 가치를 통해 측정된다. 이런 점에서 이제 가치는 일상생활에서 아주 흔한 의미로 범용화되었다. 값이 나간다는 것은 그것이 측정할 만한 어떤 유용성을 지녔다는 것이다. 거기에는 비교와 경중 그리고 서열이 있다. 비교연관, 서열, 경중과 고립된 채 순수 중립적인 사실은 아무런 의미를 지니지 못한다. 사실은 그 사실을 형성한 인간의 의지연관을 배제할 때 아무 의미가 없게 된다. 가치중립이라는 하나의 허구를 벗어낸다면 우리는 그 사실을 사실로 성립시킨 인간의 동기나 행동연관을 보다 분명히 이해할 수가 있다.

인간이 어떤 의도나 목적을 지니고서 가치를 창조하는가가 계속해서 밝혀져야만 한다. 인간의 행동을 지배하는 동기는 아주 복잡하고 깊어서 우리는 행위자조차 자기 행위의 지배자라는 것을 함부로 공언할 수 없을 정도다. 행위자의 행위 동기와 행위가 이루어지는 문맥적 복잡성을 이해하는 것이 요구되는 것도 이 때문이다. 기대지평, 동기부여, 관심, 이익, 욕구충족, 가치창조 등등이 먼저 배경요인으로 작용하기 때문에 사실의 해명은 사실을 사실로 성립시키는 이런 조건들에 대한 이해를 먼저 요구하게 된다. 이런 점에서 역사가의 탐구 대상이 역사적 사실임에도 불구하고 역사가는 사실 물신화보다는 사실의 해석에 더 많은 무게중심을 두게 되는 것이다.

심지어 자연과학조차 인간의 이해와 해석 그리고 선이해로부터 자유로운 순수 중립적인 관찰을 하나의 그릇된 허구로 배제하고 있다. 과학에서 우리가 다루는 것은 자연 그 자체가 아니라(in itself) 인간의 탐구와 관심으로부터 이해되고 해석된 자연이다. 과학이 객관성의 엄격한 요구 아래 자연을 탐구하는 인간의 주관적 개입을 배제하면 배제할수록 자연과학은 무규정적이거나 맹목적이 되게 된다. 우리는 자연 안에서 자연을 탐구하는 우리 자신을 만날 뿐이다. 그렇다고 자연이 우리의 이해 능력 안에 갇히거나 고정된다는 것은 아니다. 자연 그 자체라는 것은 배제될 필요는 없지만 우리는 그것에 대해 아는 것이 아무 것도 없다. 자연이 우리에게 이해되는 것은 자연이 우리 인간을 통해 해석될 때 한해서이다. 인간에 의해 철저하게 탐구되고 기술된 자연만을 우리는 이해할 수 있을 뿐이다. 우리는 자연 안에서 우리 자신만을 만날 뿐이라는 주장과 우리는 자연 안에서 우리 자신을 만나지 못한다는 상반된 주장들이 아직도 첨예하게 대립하고 있다. 하지만 전자가 자연의 규정과 이해 능력 안에서 이해되고 후자가 자연을 인간이 인위적으로 조작할 수 없다는 것으로 이해한다면 이 둘은 대립하는 주장들이 아니게 된다.

자연의 현상이나 사회의 현상들은 우리가 그것을 탐구하고 개방하는 인간의 어떤 전망 아래서만 가능하다. 모든 관찰은 이론에 의해 인도되고 있으며 모든 이론들은 패러다임에 기초하고 있다. 그렇다면 패러다임은 무엇에 기초하고 있는가라는 물음이 제기된다. 그것은 탐구자들의 선이해에 기초하고 있다고 보아야만 한다. 하지만 선이해가 그 자체로서 진리라는 보장이 없기 때문에 우리는 선이해를 생산적으로 개방하지 않을 수 없다. 모든 근거 문제는 항상 궁극에 가서는 자기근거의 문제에 걸려들게 되어 있다. 우리가 무한소급을 피한다면 우리는 모든 것을 지탱하는 것의 근거를 정당화할 수 있어야만 한다. 다른 것에 의존하거나 파생되지 않기 때문에 우리는 최후근거의 근거는 자기근거 해명으로 귀착된다고 말하지 않으면 안 된다.

사실은 누가 만들었는가가 중요하다. 왜냐하면 만든 자는 만든 이유와 목적이 있기 때문이다. 사실이 우리의 관심을 끄는 것은 그것을 만든 자의 의도를 이해할 때만이다. 인간은 자신이 누구라는 것을 증명하기 위해 스스로를 만드는 자로 드러낸다. 이 점에서 인간은 공작인이다. 그렇기 때문에 우리는 사실을 통해 사실을 만들어 낸 자를 다시 평가하지 않을 수 없다. 이미 만들어진 사실에 동의할 수도 있고 그것을 부정할 수도 있으며 그것을 다르게 만들거나 다른 관점에서 재구성할 수도 있다. 사실은 평가를 지속적으로 수반하기 때문에 결코 고정된 것으로 머물러 있지 않는다. 사실은 항상 형성되어 가는 과정 속에 있다. 사실은 그것이 이미 존재하고 있다는 점에서 단순한 허구와 구별된다. 사실은 형성되는 과정 중에 있기 때문에 고정된 것으로 우리를 강요하거나 압박하지는 못한다. 사실을 결정된 것으로 보는 것이 아니라 유동 중인 형성으로 볼 수 있기 때문에 우리는 사실을 접하면서 사실을 사실로 성립시킨 인간의 궁극적인 의도나 목적을 이해하게 된다. 그리고 이해는 이

행 중에 있으며 이 이행은 맹목적인 것이 아니라 생산적으로 개방할 수 있어야만 한다. 방향이 있는 이해가 중요하다.

이미 작용하고 있는 사실의 힘에 굴복할 필요도 없고 그렇다고 그것을 무시한 채 모든 것을 순수 백지 상태에서 새롭게 출발할 필요도 없다. 사실과 해석의 관계는 서로 긴밀하게 연결되어 있다. 해석이 새로운 사실을 만드는 것을 추구한다면 사실은 인간의 의도를 객관화된 것으로 드러내고자 한다. 우리는 이해의 공통성의 지반 위에서 누가 왜 어떤 근거에서 사실을 만들었는가를 비판적으로 재구성할 필요가 있다. 인간이 만든 것은 인간에 의해 다시 한 번 그 타당성이 비판적으로 검증되지 않으면 안 된다. 사실은 하나의 거대한 대양처럼 도도하게 흘러갈 뿐이다. 우리 모두는 대양 그 자체가 아니라 그것을 구성하는 기여자에 불과하다.

사실은 해석의 적대자로 굳어지게 해서는 안 된다. 해석은 무정부성에 의해 자의적이거나 주관적으로 방치해서도 안 된다. 이해의 형성 과정은 사실이 가능적 해석이고 해석이 가능적 사실이라는 상호연관을 드러내는 데 있다. 사실 숭배자는 사실이 지니고 있는 창조와 상상력을 상실하는 위험에 빠진다. 해석 상대주의는 사실의 견고함을 존중하지 못하고 그런 한에서 주관의 전횡 아래 모든 것을 주관화하는 위험에 빠지게 된다. 우리는 이런 양극단을 피하기 위해 사실과 해석을 역동적인 상호 얽힘과 창조로 활성화시키지 않으면 안 된다. 사실의 역동성은 그 해석에 있어서 해석독점주의를 절대 거짓으로 해체하지 않을 수 없게 만든다. 반면에 주관의 전횡 아래 모든 해석이 허용되고 같은 가치를 지닌다는 무차별주의는 해석의 긴장과 성실성을 밝히지 못하게 된다. 사실이라고 해서 그리고 해석이라고 해서 다 똑같을 수는 없다. 사실과 해석은 항상 독특한 개별적 맛을 반영하고 있기 때문에 이 관계는 상호 역동적이고 고유성 그리고 특수성에서 파악되지 않으면 안 된다.

2. 확증하는 사례와 지지하는 사례의 차이

아무리 많은 실험을 한다고 해도 이론이 옳다는 것을 증명할 수는 없다. 이론이 경험을 통해 확증되지 않으면 이론은 쓸모가 없게 된다. 한 번의 실험으로도 이론은 틀린 것으로 판명될 수 있다. 이론과 경험적 결과가 충돌할 때 우리는 이론을 포기하지 않으면 안된다. 왜냐하면 경험적으로 확증되지 못한 이론은 말 그대로 하나의 허구에 지나지 않기 때문이다. 이론은 우리가 관찰할 대상을 인도하는 등대로서 역할을 한다. 하지만 그 등대는 방향을 잃고 배를 다른 방향으로 인도할 수 있는 위험을 잠재적으로 지니고 있다. 이론은 이론이 설명하려는 대상들로부터 고립되지 않으려면 항상 대상들로부터 그 타당성과 정당성을 확증하지 않을 수 없다. 검증되지 못한 이론은 하나의 주관적 견해나 학설로 남아 있게 된다.

모델은 절대로 경험적으로 증명된 사실이 아니다. 모델은 실재의 복잡성을 설명하기 위해 우리 인간이 미리 고안해 낸 틀이다. 우리는 이 틀을 통해 관찰될 대상을 미리 규정하게 된다. 하지만 모델은 실재의 복잡성을 설명하는 한에서만 유지되기 때문에 그 경험적 타당성은 항상 실재를 통해 충족되지 않으면 안 된다. 실재의 복잡성은 그것이 전체로서 우리에게 이해되지 않기에 우리는 불가피하게 그것을 제한된 관점에서 선택하지 않을 수 없다. 하지만 우리가 실재를 파악하기 위해 선택하지 않을 수 없는 모델은 그것이 대상으로부터 고립되지 않기 위해서는 끊임없이 대상과 생생한 관계를 유지해야만 한다.

사태의 복잡성, 모델의 단순성, 단순성을 복잡성으로 다시 소환해서 검증하는 과정을 통해 모델은 사태와 객관적인 관계를 유지해 갈 수 있다. 소위 말해서 법칙이란 모든 경우들에 타당한 이론으로서 그 현실적 적합성은 경험적 일치를 통해 정당화될 수 있는 것이다. 법칙과 필연성이 같은 것은 아니다. 이 구별의 정당성은 법칙이 예외를 허용하는가 허용하지 않는가에 있다.

예외를 허용하지 않는 법칙은 필연적이다. 법칙이 필연적이라는 것은 법칙이 단 하나의 예외도 허용하지 않고 모든 경우를 설명하는 것을 말한다. 법칙이 있다고 해서 반드시 예외가 있을 필요는 없다. 하지만 예외가 있다는 것은 그것이 항상 법칙을 전제하지 않을 수 없다. 왜냐하면 예외란 항상 법칙으로부터의 일탈이거나 벗어남이기 때문이다. 이론이나 가설은 아직 법칙으로 확정된 것이 아니다. 그것들은 경험적 검증을 거쳐서만 타당한 법칙으로 인정될 수 있다. 법칙은 항상 예외를 허용하는가 아니면 허용하지 않는가에 따라 필연적 법칙과 예외를 허용하는 법칙으로 구별된다.

법칙에서 사례라는 것은 법칙의 타당성을 단지 설명하기 위한 것에 지나지 않는다. 법칙의 타당성은 사례들의 수를 아무리 모아 놓고 확장한다고 해서 타당하게 되는 것이 아니다. 사례들은 법칙의 타당성을 단지 예화시키는 것에 불과하다. 사례란 법칙이 이미 옳다는 것을 다시 한 번 경험을 통해 확증하는 것에 지나지 않는다. 우리는 법칙의 타당성을 정당화하기 위해 다른 사례들을 얼마든지 대체하거나 다른 사례들을 적합한 것으로 제시할 수 있다. 사례들은 법칙이 타당하다는 것을 단지 경험적으로 확증하는 것(confirming case)에 불과하다. 아마도 물리학의 법칙이 이런 경우에 속한다.

하지만 귀납에서는 필연성이 절대로 보장되지 않기에 우리는 성급한 일반화를 감행할 수가 없다. 여기서 사례들이란 원하고자 하는 결과를 얻는 데 중요한 바탕이 된다. 여기서는 사례들이 많으면 많을수록 한 이론의 경험적 범위를 정도가 충족되거나 일반화가 높은 것으로 지지한다. 그래서 귀납의 경우는 사례들의 증가가 일반화의 정도를 높여 주거나 지지하는 정도에 따라 그 제한된 기능과 역할을 인정받게 된다. 사례들이 많다는 것은 그렇지 못한 것에 비해 일반화를 더 잘 충족시켜 준다. 생물학에서 생명현상을 이해할 때 우리는 귀납을 채택하지 않을 수 없다. 왜냐하면 모든 생명체들은 단 하나의 통일된 이론으로 설명할 수 없는 각기 다른 그것들의 고유 기능들과 역할들에 따라 평가되지 않으면 안 되기 때문이다. 경험적인 현상은 이론에 의해 날조되어서는 안 된다.

예외를 인정하지 않는 법칙의 필연싱과 필연성을 배제할 수밖에 없는 귀납의 일반화 요구 사이에서 사례들은 각기 다른 역할을 하는 것으로 판명된다. 물리현상을 설명할 때는 법칙을 통해 개별 사실들로 접근하는 것이 유용하지만 생명현상을 설명할 때는 개별 사례들에 충실해서 조심스럽게 일반화로 나가는 것이 유익하다. 우리가 자연을 일의적인 것으로 엄격하게 사용할 수 없듯이 생명의 규정 역시 일의적인 것으로 정의할 수가 없다. 왜냐하면 생명체들마다 생명의 기능과 역할은 각기 다르게 드러나고 작용하기 때문이다.

원숭이가 아무리 타자 실력이 좋다고 해도 그가 타자를 친 것이 셰익스피어의 작품이 될 확률은 거의 없다고 보아도 된다. 원숭이의 진화에는 분명히 한계가 있다. 아무리 자연에서 돌연변이가 일어난다고 하더라도 원숭이가 인간의 지능을 갖고 문명을 만들어 낼 것이라고 기대할 수는 없다. 이것은 지금까지의 관찰 사례들에도 없었지만 앞으로도 그럴 것이다. 자연에 있어서 생의 비약은 시도 때도 없이 일어나는 것이 아니라 어쩌다가 간헐적으로 일어날 뿐이다. 예외가 질서를 대체할 수 없다. 하지만 자연현상에서 예외가 일어난다는 가능성을 배제할 수는 없다.

아인슈타인이 아니어도 누군가는 질량과 에너지의 등가, 시간팽창, 길이수축 같은 자연법칙을 발견했을 것이다. 뉴턴이 발견했기에 중력법칙이 비로소 타당한 것이 아니라 중력법칙이 이미 작용하고 있었기 때문에 뉴턴이 그것을 발견할 수 있었을 뿐이었다. 뉴턴은 중력법칙의 발견자이지 중력법칙 자체를 창조한 것은 아니다. 하지만 셰익스피어의 작품은 셰익스피어만이 창조할 수 있고 그 이외의 어느 누구도 그것을 창조할 수 없다. 하지만 이해하거나 해석할 수는 있다. 모든 사람들이 중력법칙이나 아인슈타인의 상대성 이론을 이해하는 데 원리상 제한을 받는 것은 아니다. 하지만 모든 사람들이 셰익스피어의 작품을 아주 똑같이 이해하는 것은 아니다.

자연과학에서는 누가 발견했는가는 그렇게 중요하지 않다. 물론 발견자에게 노벨상과 그에 따른 경제적 이익이 돌아가는 것은 사실이지만 여기서는 발견자보다는 법칙의 타당성이 문제가 된다. 중력법칙은 뉴턴에 의해서 비로소 성립한 것이 아니라 이미 성립하고 있었지만 그것이 비로소 그를 통해 규정된 법칙으로 드러나게 되었을 뿐이다. 뉴턴이 중력법칙을 독점할 수 없듯이 법칙의 타당성은 모두에게 강제를 하게 된다. 자연과학에서 주관이 배제된 것은 아니지만 주관이 마음대로 할 수 없는 것이 이미 작용하고 있다는 것을 우리는 인정하지 않을 수 없다.

설명과 예측은 법칙포괄형 모델의 두 축을 형성한다. 설명은 결과로부터 원인을 추구하는 것을 말한다. 원인을 알고 있으면 우리는 결과를 예측할 수가 있다. 자연법칙은 누구 하나가 독점할 수는 없다. 그렇기 때문에 자연법칙은 그 타당성 검증에 있어서 언제나 상호주관적 절차를 통해 객관적으로 확인하는 것이 가능하다. 검증이 객관성을 통해 확인될 수 있다는 장점 때문에 자연과학에서의 가설검증은 어느 누구 하나가 독점할 수 없게 된다. 심지어 우주 상수를 주장한 아인슈타인의 가설은 본인이 그것이 잘못되었다고 인정할 정도다. 법칙은 주관화의 폭력에 저항하게 된다.

해석은 법칙과 같이 강제하는 구속이 없다. 그렇다고 해석이 무정부적으로 진행되어도 좋다는 것은 아니다. 해석은 공감 때문에 지지하는 정도하고 연관성이 더 깊다. 하지만 지지하는 자들의 공감이 더 좋은 해석을 보장하는 것은 아니다. 공감을 한다고 해서 그리고 해석의 지시사들이 많다고 해서 이것이 더 좋은 해석의 기준으로 작용하는 것은 아니다. 해석의 기준은 드러냄과 경험적 충실에서 밝혀져야만 한다. 하지만 이런 기준 역시 애매성을 포함하기는 마찬가지다. 해석의 독점과 무정부성이 배제되어야만 한다면 우리는 해석의 객관성을 어디에서 확보할 수 있을까? 사실 이 문제는 누구에 의해서도 아직 만족할 만하게 해결되지 않고 있다.

3. 꼭 그런 것만은 아니고

사실의 해석은 다차원에 거쳐서 이루어진다. 대안을 배제하는 해석은 해석의 필연성이 성립할 수 없다는 것 때문에 경직될 위험과 다른 대안들을 인정하지 않는 폭력을 드러낸다. 반대로 모든 것을 무차별화시키는 무정부적 해석은 사실들이 함축한 차이들을 밝히지 못하는 한계를 지닌다. 모든 사실들이 다 같은 값을 지니는 것은 아니다. 그렇다면 우리는 사실을 평가하거나 해석할 때 더 좋은 해석과 나쁜 해석을 어떻게 구별할 수 있을까? 해석의 기준에 대한 메타기준은 없다. 만약에 그렇지 않다면 이것은 무한퇴행에 빠지게 된다.

사실의 해석이 불러일으키는 공감의 깊이가 현재로서는 좋은 해석의 잠정적 기준이 된다. 영원이나 영구성의 관점에서 생성의 역동성을 추방하는 위험을 우리는 피해야만 한다. 역사적 삶 안에서 작용하지 못하는 영원성은 말 그래도 순수 추상에 지나지 않는다. 반대로 하루살이와 같이 시시각각 변하는 사실의 충실한 신봉자들은 사실이 함축하고 있는 보편화 가능성에 대해 맹목적이 될 위험이 있다. 미와 가치 평가 그리고 도덕의 기준이 변해 가는 시점에서 영원불변한 기준을 고집하는 것은 경직성과 적응불가능성의 위험을 보인다. 경우에 따라서는 이런 태도는 허구에다가 인간을 종속시키는 폭력을 행사하기도 한다. 반대로 원리 없이 기회원인론에 충실한 태도는 사실을 기회주의의 노예로 만드는 위험이 있다. 모차르트의 곡이 평범한 트로트 가수의 곡과 같을 수는 없다.

우리는 사실을 해석할 때 다르게 해석될 수 있는 여지를 남겨 둘 필요가 있다. 꼭 그런 것만은 아니고 다르게 해석될 가능성을 열어두는 개방성이 필요하다. 사실은 발생학적으로 볼 때 항상 어떤 누구인가가 만들었던 것이다. 만든 자의 의도가 개입되어 있다. 객관성 요구는 해석하는 자의 주관성을 제거하는 데 있는 것이 절대 아니다. 다만 해석하는 자가 자기 해석을 타인들에게 설득할 수 있도록 철저화시키는 데 있다. 해석은 이해를 전제로 한다. 이해는 같이 공유할 수 있는 경험의 공유를 통해서만 달성된다.

사실들은 해석의 원자료들이다. 사실들은 항상 이해를 전제로 해서만 해석된다. 해석은 사실을 성립시킨 자의 해석지평을 밝히는 것이다. 해석지평을 밝히는 과정에서 이런 지평이 공유되기도 하고 거부되기도 한다.

이미지가 단순히 복제된 것과 같을 수 없는 것과 마찬가지로 사실 역시 단순히 자료와 같은 것이 아니다. 이미지는 이미지를 창조한 자의 해석을 전제한다. 마찬가지로 사실 역시 해석을 전제로 할 때만 그 의미가 충분히 드러나게 된다. 다만 해석이 전제로 하는 지평은 고정된 것이 아니라 끊임없는 변화의 과정에 있다. 하나의 역사적 사실도 해석하는 자의 관점들과 지평들에 따라 서로 상이하게 내려질 수 있다. 그리고 의미연관 역시 삶의 조건들에 영향을 받기 때문에 고정된 것이 아니다.

대화는 진리를 대체할 수 있는가

1. 규칙의 강제성

분석적 판단은 경험과의 비교 없이 개념분석이나 정의를 통해 진 릿값이 결정된다. 모든 명제는 참이거나 거짓으로 구분된다. 분석판 단은 정의나 자명성에 의해서 그 진릿값이 항상 참으로 정의되거나 결정된다. 그렇기 때문에 이것의 자기부정은 필연적으로 자기모순 에 걸려들지 않을 수 없게 된다.

분석명제는 술어가 이미 주어 안에 포함되어 있기에 주어에 있는 것만을 풀어내면 된다. 주어에 포함되지 않은 것을 풀어낼 때 분석 판단은 자기모순에 빠지게 된다. 분석판단의 부정은 모순으로 귀착 되기 때문에 분석판단에서 부정은 부정된다. 전제가 참이면 그 전 제로부터 우리는 필연적으로 결론을 참으로 도출해 낸다. 전제가 거짓이면 결론 역시 필연적으로 거짓으로 추론되지 않을 수 없는 것이다. 추론의 타당성은 우리 모두를 항상 강제한다는 점에서 어떤 경우에도 예외를 허용해 주지 않는다.

수학과 연역논리는 분석판단에 해당한다. 필연성은 대안이 부재하는 한에서 항상 그럴 수밖에 없다는 강제성을 지닌다. 자연과학의 법칙은 예외를 허용하는가, 예외를 허용하지 않는가에 따라 구별된다. 후자는 법칙이 필연성을 유지하지만 전자는 그렇지 못하다. 왜냐하면 예외를 허용하는 법칙은 필연성의 정의에 근본적으로 위배되기 때문이다.

종합판단은 명제의 진릿값이 사실과의 대응을 통해 결정된다. 명제는 사실을 충족시킬 수도 있고 충족시키지 못할 수도 있다. 필연판단은 분석판단이다. 여기서 우연은 처음부터 제거된다. 분석판단은 필연성을 충족하고 있기 때문에 그것의 부정적 기준은 자기모순으로 귀착된다. 귀류법은 연역 증명의 한 방식이고 그 증명방식은 단지 간접증명을 통해 이루어질 뿐이다.

하지만 종합판단은 필연판단이 아니다. 그것은 참일 수도 있고 참이 아닐 수도 있기 때문에 종합판단의 진릿값은 필연성의 기준에 의해 측정되지 않는다. 참이라는 것은 명제에 대응하는 사태가 현존하는 경우를 말한다. 거짓이라는 것은 명제에 대응하는 진릿값이 부재한 경우를 말한다. 따라서 종합판단은 그 진릿값이 사실과의 대응을 통해 참과 거짓으로 구분될 수 있다.

수학과 논리학은 규칙을 강제한다. 우리가 그 규칙을 따르기 때문에 참이 아니라 참이기 때문에 우리가 그 규칙을 따르지 않으면 안 된다. 2+3=5라는 것은 우리가 따르기 때문에 참인 것이 아니라 참이기 때문에 우리가 참으로서 받아들이지 않으면 안 되는 것이다. 논리학과 수학의 타당성은 이 점에서 우리 주관에 의존하지 않는다.

우리는 이것을 따르지 않으면 안 되도록 강제당하고 있다. 논리학과 수학이 심리학에 기초하지 않는 것은 이 점에서 아주 분명해진다.

규칙 따르기의 강제성 때문에 수학과 논리학은 시간과 장소 그리고 사람에 관계없이 무제약적 필연성을 지니게 된다. 논리학의 타당성과 수학적 증명의 필연성을 의심하는 회의주의자들은 사실상 헛수고를 하는 셈이다. 그들이 의심한다고 해서 그 강제성이 소멸되는 것은 아니다. 자연과학의 과학적 가설에 대해서는 그 타당성을 의심할 수 있어도 논리적 규칙이나 수학적 공리는 의심의 대상이 되지 않는다. 하나라도 자명한 것이 있으면 회의주의자들은 필연적으로 난파하게 되어 있다. 수학과 논리는 근거에 있어서 심리주의를 배제하고 그 타당성의 강제성에 있어서 회의주의자를 불필요한 것으로 추방시켜 버린다. 박테리아는 물질에 기생해서 살 수 있지만 회의주의자들이나 심리주의자들은 수학과 논리에 의존할 수조차 없다.

2. 탐구의 개방성

우리들이 지니고 있는 가설과 믿음은 그것이 잘못될 수도 있기 때문에 수정될 여지가 있다. 만약에 대화가 참과 거짓, 옳음과 그릇됨을 통해 발전할 수 있기를 바란다면 대화는 진리를 소유로서가 아니라 목적으로서 인정하게 된다. 우리가 지니고 있는 믿음이나 가설연관 아니면 선이해들은 참으로 가는 과정에서 비로소 그 타당성이 입증되지 않으면 안 된다. 따라서 우리는 선입관이나 가설 없이 진행할 수 없기는 하지만 그렇다고 해서 우리들이 지니고 있는 선입관이 진리를 충족한 것은 아니다. 선입관은 불가피하게 작용하지만 그 불가피한 작용은 참인 것으로 계속해서 검증되어야만 한다. 선입관 자체가 참으로 증명해야만 하는 짐을 지고 있기에 선입관은 진리주장을 충족시키기 위해 정당화의 짐을 완성시키지 않을 수 없다.

이미 말한 바와 같이 필연판단은 분석적으로 항상 참이기 때문에 모두가 이것을 따르지 않으면 안 된다. 공리의 자명성을 부정하는 것은 자기모순에 빠지게 된다. 모순은 불가능하기 때문에 허용되지 못한다. 분석적 진리는 참을 참으로 따르도록 강제되고 있다. 여기서 대화는 아무 의미가 없다. 분석적 판단의 진릿값은 그것을 지지하는 대화상대자들의 동의나 의견에 전혀 기초하지 않는다. 그것은 주관독립적으로 타당하기 때문에 모두를 강제하고 구속하게 된다. 주관독립적이라는 것은 그 원리나 근거가 주관에 의존하지 않고 타당성을 유지하고 있다는 것을 말한다. 수학과 논리학의 규칙들이 우리 인간에 의해 이해되어야만 그 타당성이 비로소 입증되는 것은 아니다.

뉴턴이나 라이프니츠가 미적분의 타당성을 발견하기 이전에도 그 법칙은 이미 있었고 그 법칙의 타당성은 그들의 발견과 더불어 비로소 타당하게 된 것이 아니다. 뉴턴이 중력법칙을 발견하기 이전에도 중력법칙의 타당성은 여전히 유효하다. 아인슈타인이 상대성 원리를 발견하기 이전에도 상대성 원리의 타당성은 이미 존재하고 있었다. 자연과학에서 법칙은 발견의 대상이 된다. 그 법칙의 타당성은 발견되기 이전에도 여전히 타당했고 발견 이후에도 여전히 타당하다. 다만 인간들만이 그 발견의 시점을 통해 알지 못했던 것을 알아들을 수 있게 되었을 뿐이다. 자연과학에서 법칙은 발견의 과정에서는 발견자의 심리적 상태가 중요한 역할을 할 수도 있지만 그 타당성은 발견자와 아무 관련 없이 그 자체로서 타당성을 유지한다.

연역이나 수학의 공리 그리고 논리적 추론은 그것이 이미 타당한 것이기 때문에 우리 모두에게 그것을 따르도록 강제한다. 논리학의 타당성이 심리학에 의존하지 않는 것은 바로 이것을 두고 하는 말이다. 이들 학문에서 동의한다는 것과 진리적 타당성을 지닌다는 것은 전혀 별개의 문제다. 그렇기 때문에 분석적 진리에서는 대화 모델은 아무 쓸모가 없다. 증명은 모두를 구속하고 강제하기 때문에 증명에 대한 합의나 의견의 일치는 불필요하다. 증명은 의견에 의존해서 진리인 것이 아니라 그것이 타당한 진리이기 때문에 우리 모두를 강제한다. 진리는 진리일 따름이다. 우리가 아무리 그것에 합의를 한들 진리는 합의에 기초하지 않는다. 적어도 분석적 진리에서는 그 타당성이 주관 독립적으로 이루어지고 있다. 그렇기에 주관에 무제약적으로 그 타당성을 강제한다. 적어도 이 경우에는 진리에 대한 우리의 태도가 아무 문제가 될 수 없다.

법칙의 일반적 타당성은 그것이 해당된 모든 사례들에 타당하기 때문에 사례들의 수에 의존하지 않는다. 법칙은 모든 경우들에 타당하기 때문에 일반적 타당성을 지닌다. 그렇기 때문에 법칙의 진릿값은 개별 사례들의 지지에 의해서 보장되는 것이 아니다. 법칙이 개별 사례들을 참으로 보증하기 때문에 법칙은 그 타당성 검증에 있어서 개별 사례들의 도움이나 동의를 필요로 하지 않는다. 자연과학에서의 법칙은 모든 사례들에 대해 타당하게 작용하기 때문에 사례들은 법칙이 타당하다는 것을 다시 한 번 확인시켜 주는 개별 사례들에 지나지 않게 된다. 수학과 논리학은 규칙을 강제하지만 자연과학은 법칙을 발견한다. 법칙을 강제하는 것과 법칙을 찾는 것은 구별된다. 자연과학은 탐구대상을 구체적으로 다루지만 논리와 수학은 구체적인 탐구대상이 있는 것이 아니다. 세계를 다루는 자연과학과 사고법칙의 무제약적 타당성을 강제하는 수학과 논리학은 이 점에서 구별된다. 세계나 실재가 수학적 차원을 지니고 있다는 것과 세계나 실재가 수학으로 환원된다는 것은 전혀 다른 종류에 속한다.

그렇다면 이제 진리와 구별되는 의미에서 대화의 진리 값에 대해 더 물어보아야 할 필요가 생긴다. 진리는 그것이 타당하기 때문에 주관 모두를 구속할 수 있다. 하지만 주관 모두를 구속하기 때문에 진리가 되는 것은 아니다. 진리는 대화에 기초하지 않는다는 것이 여기서는 분명하게 드러났다. 그렇다면 대화와 진리를 같은 것으로 여기는 것은 제한된 관점에서만 그 연관성이 밝혀져야만 한다는 것이 드러나게 된다.

자연과학에서 우리는 가설이 수정될 수 있다는 가능성 때문에 그것을 탐구과정의 역동성 안에 편입시키지 않을 수 없다. 가설과 함께 그러나 가설에 거역해서 진행되는 역동성 때문에 우리는 가설이 진리충족을 향해 가는 과정에 있다고 말해야 한다. 탐구란 과정 중에 있는 진리실현을 말한다. 우리가 논점무지의 오류에 빠지지 않으려면 우리는 우리가 제한되게 알고 있는 것을 무제약적으로 타당한 것으로 독단화할 수가 없다. 자연과학의 가설검증은 모든 가설

이 진리검증을 통과하도록 한 점에서 독단화를 철저하게 폐기처분
시키고 있다. 가설검증의 객관적 요구는 어떤 영역도 예외나 면책
특권을 허용하지 않는다.

어떤 것이 오류라고 명백하게 증명되지 않았다고 해서 어떤 것이
참이라는 보장은 없다. 어떤 것이 참이라고 명백하게 증명되지 않
았다고 해서 우리가 그것을 거짓으로 여겨야 할 필요는 없다. 가설
이 현재 참이라고 확정할 수 없다고 해서 그것이 오류라는 것이 될
필요는 없다. 반대로 어떤 것이 아직 거짓이라고 밝혀지지 않았다
고 해서 우리가 그것을 참으로 받아들여야만 하는 것은 아니다. 탐
구의 역동성은 연구진행을 통해 충분한 근거제시가 확보되면 주장
에 대한 진리검증을 평가할 수 있다. 그렇기 때문에 우리는 가설을
가설로 방치하지 않고 가설을 진리로 완성시키지 않을 수 없는 것
이다. 가설은 진리충족의 과정에서 폐지될 수도 있고 그러는 한에
서 새롭게 설정되지 않을 수 없게 된다. 이것이 가설과 함께, 그러
나 가설에 거역해서 진행되는 진리실현의 과정을 말한다. 한마디로
이 역동성은 어떤 정해진 절차에 따라 진행되는 것이 아니라 사태
의 그러그러함을 따라가려는 필요성에 의해 움직일 뿐이다.

자연과학의 법칙은 법칙의 일반적 타당성 범위 확정에 있어서 예
외를 허용하고 있는가, 예외를 허용하지 않는가를 구별할 필요가
있다. 그리고 적용의 범위에 있어서 범주적 오류적용을 반드시 피
해야만 한다. 법칙이 있다고 해서 예외가 있어야만 한다는 필연성
은 없지만 예외가 있다는 것은 항상 법칙으로부터의 예외라는 것을
전제하지 않을 수 없다. 우리는 예외에 적용되는 사례들과 그렇지
않은 사례들을 정확하게 구획 지을 수 있어야 한다. 적용의 오류를

피하려면 법칙의 포괄적 적용과 예외현상을 명백하게 구별할 수 있어야만 한다. 예외는 항상 질서로부터의 예외다. 그렇기 때문에 예외 자체가 질서를 만들 수 없다. 예외는 어디까지나 법칙의 타당성이 그 영향력을 미칠 수 없는 한계 사례로 남아 있게 된다. 한계 사례를 일반 사례들과 혼동하지 말아야만 하는 이유가 여기에 있다. 에이즈 면역 반응에 있어서 예외를 보이는 인간들이 발견되었다고 해서 인간 모두가 에이즈 면역체계를 지니고 있다고 볼 수는 없다.

법칙의 일반화 요구는 법칙의 타당성이 적용되는 개별 사례들의 범위를 두고 하는 말이다. 일반화란 어느 정도 예외를 두고 있는지, 아니면 어떤 경우에도 예외를 두지 않는가에 따라 구별되어야만 한다. 그리고 예외에 타당한 것과 예외가 아닌 것들에 타당한 것을 우리는 분명히 구별해야만 한다. 이 적용의 혼동은 오류 발생의 근거다.

3. 두 삶의 방식의 구별

우리는 자연현상들을 법칙의 일반성 아래 설명한다. 법칙포괄형 모델에서 설명과 예측은 한 사태의 상이한 측면들에 속한다. 반면에 인간의 역사적 삶에 있어서 우리는 그 개별성을 그 고유한 가치에 따라 이해할 것을 요구한다.

셰익스피어나 괴테 같은 천재들은 우리가 그 고유성에 있어서 이해할 때 제대로 그 값이 음미된다. 하지만 아인슈타인이나 뉴턴 같은 물리학자들은 그들의 발견이 구속력 행사의 근거가 되지 못한다.

뉴턴이 없어도 누군가는 중력의 법칙을 발견했을 것이고 아인슈타인이 없어도 누군가는 상대성 이론을 발견했을 것이다. 그들이 발견했기에 그들에 의해 그 물리적 법칙들이 비로소 타당성을 지니는 것이 아니다. 그들의 발견을 통해 우리는 좀 더 잘 자연의 현상들을 이해하게 되었을 뿐이다. 자연과학에서는 발견이 곧 구속력의 근거가 되지는 않는다. 하지만 셰익스피어의 작품은 그 이전에도 없었고 그 이후에도 없을 것이다. 그것은 오직 그에게만 속한다. 괴테 이전에도 괴테는 없었고 괴테 이후에도 괴테는 없다. 이것은 모차르트나 피카소 같은 예술적 천재들에게도 그대로 적용된다. 작품들은 작품들을 산출한 그 인간의 고유성과 독특한 맛을 떠나서는 이해되지 않는다. 뉴턴과 아인슈타인은 모방될 수 있기도 하고 경우에 따라서는 능가될 수도 있다. 하지만 괴테는 누구에 의해서도 능가되지 않는 고유성과 절대성이 있다.

인간은 자연의 현상들을 설명할 때 법칙포괄형 모델을 사용한다. 개별 사례들은 일반 법칙 밑에 하나의 사례로 포섭된다. 법칙의 포괄성은 모든 개별 사례들에 무제약적으로 적용된다. 법칙의 일반성을 개별 사례들에 예측적으로 적용하고 개별 사례들을 일반법칙 밑에 포섭시킴으로써 설명하는 것이 가능하다. 법칙의 일반성에서는 개별 사례들은 법칙의 타당성을 다시 한 번 타당한 것으로 확인하는 것들에 지나지 않는다. 중력법칙의 타당성은 밀물과 썰물, 지구 탈출 속도, 사과가 떨어지는 것 등등에 무제약적으로 적용된다. 우리는 중력법칙이 타당하다는 것을 설명하기 위해 제시된 사례들 중 어느 사례를 사용해도 무방하다. 왜냐하면 개별 사례들 하나하나는 모두가 예외 없이 중력법칙의 타당성이 구속력이 있다는 것을 확인하는 사례들에 불과하기 때문이다. 사례들은 법칙이 타당하다는 것을 다시 한 번 확인시켜 주는 역할만 할 뿐이다. 예외 사례는 법칙의 일반성을 제한하는 역할을 한다.

인간은 자연을 지식의 정복 대상으로 다룬다. 인간은 인간이 인위적으로 만든 작품들에 대해 그것을 이해한다. 자연현상을 설명하는 것은 자연과학자들이 하는 일이다. 인간이 만든 작품을 그것의 고유성에서 이해하는 것은 인간이 인간을 서로 이해할 수 있다는 것을 전제로 할 때만 성립한다. 괴테는 복제 불가능하고, 대체 불가능하고, 재생산 불가능한 고유성을 지니고 있지만 그렇다고 해서 이해가 차단된 것은 아니다. 우리는 여전히 그를 이해할 수 있다. 하지만 그 이해는 똑같은 것을 재생산한다는 의미에서가 아니라 그의 경험의 깊이를 같이 공유한다는 점에서 그렇다. 디지털 시대는 정확성을 재현하는 점에서 가장 탁월하지만 그렇다고 해서 그런 기술적 능력이 괴테나 모차르트를 만들어 내지는 못하고 있다. 이미 한 번 만들어진 것을 재현하는 점에서 디지털 시대는 가장 탁월한 기술적 능력을 보인다. 하지만 만들어 내는 것 자체를 디지털이 할 수 있는 것은 아니다. 미국은 탁월한 디지털 복제 기술을 지니고 있지만 모차르트를 어전히 산출하지 못히고 있다.

모차르트의 곡들은 많은 사람들에 의해 깊이 공유되고 있다. 하지만 공유는 항상 같음과 차이라는 긴장을 수반하면서 진행된다. 이해의 공감대는 형성되고 있지만 동일한 이해가 요구되는 것은 아니다. 과학은 역사가 중요하게 작용하지 않지만 예술과 문학작품은 역사적 이해가 중요하게 작용한다. 상대성 원리를 알아듣기 위해서 우리는 아인슈타인의 일생을 연구할 필요는 없다. 그가 어떤 계기를 통해 그것을 발견했는가를 연구하는 것은 나름대로 가치가 있을지 모르지만 물리학도들은 그런 사생활을 알지 못하고도 그 법칙의 타당성을 충분히 알아들을 수가 있다. 하지만 예술, 역사, 문학, 문화적 삶에서는 작품을 산출시킨 자들의 역사성 이해가 결정적인 중요성을 지니고 있다. 개방된 자세나 태도로 타인을 이해하려는 것이 여기서는 요구된다.

4. 개별성의 침잠과 이해

아무나 천재가 될 수는 없다. 천재는 자연이 준 최대의 선물이고 그렇지 않은 사람들은 그들을 단지 추후적으로 이해할 뿐이다. 삶의 비극은 천재가 아닌 사람들이 천재를 따라 하려다 아무것도 하지 못하고 끝나는 데 있다. 천재는 자연의 은총이고 선물이다. 그리고 노력에 의해 그들은 그 자연의 재능을 완성할 뿐이다. 천재가 아닌 자들은 노력은 하지만 완성은 시키지 못하고 있다.

무수히 많은 문학자들이 문학작품을 쓰지만 그들이 쓴 것 모두가 우리의 주목을 받지는 못한다. 이것은 작곡가들, 미술가들, 건축가들에게도 타당하다. 천재가 아닌 자들은 천재들의 작품을 이해할 능력은 있다. 천재들은 가능성을 현실적인 것으로 완성했다는 점에서 우리에게 모범과 등불이 되어 준다. 우리는 그들의 길을 따라 그 경험의 깊이를 같이 나누어 가질 수 있다. 그렇다고 똑같이 모방하는 것에 머무르지만은 않는다. 경험을 통해 경험을 깊이에서 같이 그 깊이를 공유하는 것이 가능하다면 우리는 그들을 이해하면서 그 이해를 변형시키고 있는 것이다. 우리의 경험은 이 점에서 항상 같음과 다름이라는 역동적인 긴장관계를 형성해 간다.

숭고미는 우리가 그것에 도달할 수 없다는 점 때문에 우리를 좌절시킨다. 반대로 우리는 좌절하기 때문에 그것이 되고 싶다는 분발을 느끼게 된다. 좌절과 분발은 숭고미가 지니고 있는 측면들이다. 이것은 한 사태의 상이한 측면들에 속한다. 디지털 시대는 모방과 원형의 차이를 제거해 버렸다. 하지만 이런 제거는 기술적 차원에서 한정해서 말할 때는 성립하지만 그렇지 않을 때는 위험하다. 모차르트의 곡들은 기술적으로 완벽하게 재현될 수 있지만 모차르트 자체가 재생산될 수는 없다. 디지털 시대는 예술과 기술이 서로 배척관계로 작용하고 있다. 그가 작곡한 곡들 모두는 그 하나하나의 개별 경험과 깊이에서 음미되어야지 일반적인 설명을 통해 뭉뚱그려 설명될 수가 없다. 원형과 복제의 차이 제거는 기술적으로는 가능할지 몰라도 예술적 천재들에게는 타당하지 않다. 같은 것이 계속 같은 것으로 재생산되는 음악에는 귀의 퇴화만이 남아 있을 뿐이다.

작품을 작품이게 히는 것은 계속해서 작품의 본질로 남아 있다. 그것으로 인해 사품의 본질이 유지되기 때문에 우리는 작품이 풍기는 맛을 제거할 수가 없다. 다만 그 작품이 풍기는 맛은 경험의 깊이에서 같이 공유하는 것이 가능할 뿐이다. 우리는 같은 것을 공유하는 과정에서 차이나 좌절이 개입하는 것을 경험하게 된다. 어느 역사가도 역사적 작품을 똑같이 쓸 수는 없다. 하지만 다르다고 해서 이해가 단절된 것도 아니다. 우리는 같은 것을 공유하면서 여전히 차이도 함께 공유하고 있다. 그리고 이런 차이가 계속해서 새로움을 향해 나가도록 만들고 있다. 고독, 동경, 완성되지 않고 남아 있는 신성한 불만 등은 예술작품들이 계속해서 새롭게 쓰이는 것을 가능하도록 만들고 있다.

모든 문학작품들과 예술품들이 다 숭고미를 원형으로 진행될 필요는 없다. 숭고미 역시 아름다움의 한 종류다. 그런데 우리가 아름다움의 한 종류로서의 숭고미가 아니라 이해의 한 방식으로 숭고미를 이해할 때 우리는 항상 동일과 차이, 좌절과 분발이라는 감정을 느끼게 된다. 작품이 만들어지는 개별 과정에 동참함으로써 작품의 고유성을 그 고유성에서 같이 나누어 가지려는 철저함과 고통만이 우리가 작품의 창조성과 생산성을 같이 존립시키는 길이 된다.

5. 열린 대화

대화는 대화당사자들이 가능한 한에서 진리를 추구대상으로 한다는 전제 아래서만 의미 있게 진행된다. 이기고 지는 승부욕은 대화의 진정한 방향을 방해하기 때문에 위험하다. 이기고 진다는 전략적 승부를 떠나서 대화가 의미 있게 진행되려면 대화는 가능한 한 참된 것을 목적으로 하지 않으면 안 된다.

대화당사자들은 어떤 사안에 대해 의견의 불일치를 보기 때문에 그 사안에 대해 권리싸움을 한다. 역설적이지만 차이가 바로 대화를 가능하게 하는 것이다. 합의된 것을 단지 확인하는 것이 아니라

면 대화는 대개는 차이로 인해 발생하게 된다. 그렇기 때문에 대화
는 서로의 입장 차이를 가능하게 하는 차이로부터 자기 전제의 한
계를 경험하게 된다. 한계는 자기 한계일 수도 있지만 대화의 경우
에는 외부로부터 오는 한계가 된다. 그래서 차이가 대화를 가능하
게 하는 것으로 작용하게 되고 우리는 이 차이를 가능한 한에서 해
소하려는 욕구를 지니게 된다. 왜냐하면 차이의 제거는 동시에 자
기 한계의 제거로 진행되기 때문이다.

합의를 불필요한 것으로 여기는 차이의 절대화는 역설적이지만
대화 자체를 불가능하게 한다는 점에서 비생산적이다. 반대로 차이
가 제거된 순수일치는 대화를 할 필요를 거부해 버린다. 차이의 불
인정과 제거는 대화의 자멸을 의미한다. 합의를 전제로 하지 않는
차이의 절대화는 대화가 불가능하다는 것을 보여 준다. 하지만 우
리는 대화를 진행하면서도 차이를 유지할 수 있다. 차이를 유지한
다는 것은 대화를 긴장되게 이끄는 한에서 매우 필요하다. 역설이
지만 대화를 통한 일치의 과도한 요구 아래 차이를 가볍게 처리하
는 것은 사실상 대화 자체의 소멸로 이어진다.

합의를 지연시킨 차이에 대한 철저한 인정만이 대화가 나갈 방향
과 생산성을 결정하고 있다. 따라서 합의를 불가능하게 하고 있는
차이의 정확한 인식을 통해서만 우리는 대화를 생산적인 것으로 진
행시킬 수 있게 된다. 헤게모니나 독점에 대한 요구 자체를 우리는
거부하지 않으면 안 된다. 사실상 대화의 과정에서 쟁점이 되고 있
는 구체적인 사안을 떠나서 우리가 차이나 일치에 대해 선험적으로
규정할 수는 없다. 동성애를 주장하는 자들에 대해 그것을 비판하
는 자들이 아무리 다수를 차지한다고 하더라도 우리는 동성애자들

을 맹목적으로 거부할 수만은 없다.

대화는 어떤 구체적인 사안들에 관한 권리싸움이다. 대화는 찬성하는 자들과 반대하는 자들로 양분된다. 대화는 동시에 상대방을 가능한 한에서 설득하는 것을 목적으로 한다. 하지만 설득은 대화의 과정에서 성공할 수도 있고 실패할 수도 있다. 대화의 과정에서 합의는 필연적으로 보장되어 있지 않다.

개방성은 독점과 헤게모니의 욕구에 반대한다. 책임은 자기주장에 대해 무한한 증명을 제공하는 것을 요구한다. 관용은 나와 다른 상대방에 대해 그 입장을 인정할 준비가 되어 있을 때만 가능하다. 관용은 무차별적 용인이 아니라 차별적 인정을 수반한다. 타인을 통한 내 입장의 상대화는 동시에 나의 입장을 통한 타인 입장의 한계화를 아울러 가능하게 한다. 이런 상호성에 기초해서만 관용은 헤게모니 욕구를 대화의 필요로 진행시킬 수가 있다.

가설은 임시로 지은 건물에 지나지 않는다. 우리는 가설을 임시 집으로서가 아니라 진정한 집으로 만들기를 원한다. 검증을 통해 증명된 것만이 가설을 진리로 고양시킬 수가 있다. 그렇기 때문에 가설은 그것이 단순히 가설로 머무르지 않으려면 진리로 검증되지 않으면 안 된다. 진리로 검증된 가설만을 우리는 수용할 수 있을 뿐이다. 가설은 사실과 적합성을 유지해야 하고 사실에 대해 충분한 근거를 제공할 수 있어야 한다. 그럴 때 한해서 우리는 가설을 참된 것으로 수용하게 된다. 우리가 수용하기 때문에 참된 것이 아니라 참된 것으로 증명되었기 때문에 우리가 그것을 수용하게 된다.

가설과 함께, 그러나 가설에 거역해서 사고할 수 있다는 것은 가설을 진리의 지평에서 수용하는 것을 불가피하게 요구한다. 현대

자연과학은 패러다임의 역동적 변화를 통해 가설을 완결된 이론으로서가 아니라 하나의 과정으로 수용할 것을 요구한다. 진리는 가설 해체의 지평으로 작용한다. 반대로 가설은 진리와의 객관적 비교를 통해 가상으로 전락할 수 있는 가능성에 노출된다. 진리는 가설의 해체근거이지만 가설은 진리로 가는 과정의 불가피한 조건이 된다. 그렇기 때문에 조건과 함께 조건을 넘어서는 것이 가능하다.

불완전한 단상들

1

양심에 대한 인간의 고민은 인간이 항상 부딪히며 사는 문제다. 양심이 있기 때문에 인간은 항상 자신이 죄를 저지르면서 죄를 저지른 것에 대한 고통을 받는다. 양심은 내면의 궁극법정으로서 스스로를 스스로에게 재판한다.

양심은 항상 자신의 행위에 대해 이 행위가 궁극적으로 옳고 그른가를 결정하는 법정이다. 따라서 양심의 밝음 때문에 우리는 양심의 법정에서 심판을 받는다. 양심은 자기를 자기에게 구속시키는 힘이다. 이런 구속을 통해서 자기는 자기를 심판한다. 모든 것은 속여도 양심은 절대로 속이지 못한다. 양심은 우리 안에서 가장 자명하게 빛나는 것이다.

양심에 대한 각성은 인간이 항상 초월적이라는 것을 보여 준다. 행위에 대한 궁극성이 항상 양심에 의해 측정되기 때문에 양심을 통해서만 인간은 자신의 도덕적 본성을 일깨운다. 양심은 그렇기 때문에 자기에 대한 변명을 하지 않는다. 양심은 변명하는 것을 부끄럽게 아는 마음이다. 아담과 이브가 에덴동산에서 추방당할 때도 그들은 부끄러움을 느낀 것이 아니라 부끄러움을 가능하게 하는 양심의 고통을 먼저 느꼈다. 양심이 없다면 부끄러움에 대한 감정도 생기지 않는다.

인간은 칸트의 말대로 나무가 똑바로 펴지지 못한 존재다. 따라서 나무를 똑바로 펴는 것은 인간의 기나긴 과제다. 인간은 유에 있어서 진보를 말할 수 있지만 개체에 있어서 진보를 말할 수 없다. 계몽의 실패는 유의 진보를 개체의 진보로 착각한 데 있다. 21세기가 되어도 히틀러보다 더 잔인한 인간은 태어날 수 있다. 우리가 이런 인간을 제어하는 것은 이런 인간이 발붙일 수 있는 가능성과 터전을 아예 주지 않는 데 있다. 계몽은 진보라는 이름을 무한히 찬양할 수가 없다. 인간의 역사는 양심의 각성을 통해서 설득과 토론이 폭력과 전쟁을 이기는 선의 역사다. 이런 선의 역사는 양심의 각성을 통해서만 가능하다.

인간이 자신의 광기를 제어하고 자신의 합리성에 따라 사는 길은 양심의 각성을 꾸준히 훈련하는 길밖에 없다. 양심은 홀로 있을 때 가장 찬란히 빛난다. 따라서 양심은 인간이 스스로 인간이 되어 가는 과정에서 자신의 올바름과 양식에 대한 의식적인 깨어 있음을 가능하게 한다. 좋은 양심은 있어도 나쁜 양심은 없다. 왜냐하면 양심은 인간을 전체로서 선의 방향으로 움직이게 하는 추진력이기 때문이다. 양심의 자명함과 빛남에 대해서는 더 이상 의문이 있을 수가 없다. 양심은 항상 의식적인 각성을 통해서 자신을 전체로서 선하게 만들려는 것이다.

나를 넘어서 나를 부르며 부르는 소리에 응답하면서 사는 것이 양심적인 삶이다. 양심은 항상 책임에 대한 의식과 결합되어 있다. 책임이란 양심이 스스로를 속박하는 힘이다. 양심은 인간을 항상 책임과의 연관 아래서 묶기 때문에 연대성에 대한 각성된 의식이다. 양심은 근원에 있어서 주관적이지만 동시에 책임에 대한 의식적 각성 때문에 항상 연대적이다. 신이 인간을 부르는 호소나 요구가 없다면 양심은 그렇게 강렬하게 우리를 지배하지 못한다. 이것은 인간이 동물성을 벗어나 항상 책임과 의무를 지는 존재로서 사는 것을 가능하게 한다. 그렇기 때문에 양심은 주관적이지만 동시에 연대적 책임을 가능하게 하기 때문에 공동적이다. 인간은 유로서 양심의 각성을 하지는 않지만 개체로서는 항상 양심의 각성을 느낀다. 이런 각성을 의식적으로 함에 의해서 양심은 인간이 신 앞에 설 때 스스로를 증명하는 법정이다. 인간은 개체로서 주관적인 양심의 각성을 철저하게 할 때 양심의 주관성을 객관적인 것으로 증명할 수 있다.

인간을 인간으로서 깨우치게 하는 힘이 바로 양심에 대한 의식적인 각성이다. 인간은 욕망하기 이전에 양심에 대한 의식적인 각성을 통해서 스스로를 책임 있는 존재로 만든다. 마음 안에 들어와 있는 신의 음성을 들을 수 있는 능력이기 때문에 양심은 혼자 있을 때도 가장 찬란히 빛난다. 우리 마음 안에 심어진 영원한 신의 불빛이 양심의 타오름이다. 불빛이 존재하는 한 인간은 항상 자신의 행위를 책임 한가운데 위치 짓는 것을 의무화한다. 이런 의무는 양심의 자기 자신에 대한 의무다.

자기 자신과 도덕적 갈등에 빠진 자는 자신과 모든 세계와의 갈

등보다도 더 심각하게 양심의 고통을 느낀다. 따라서 자신과 세계의 대립, 자신과 모든 사람과의 대립은 자신과 자신이 불일치에 있는 양심의 고통을 통해서 해소될 수 있다. 양심의 절대성은 양심을 통해서 인간이 의식적으로 스스로를 항상 책임 있는 존재로 만드는 것을 말한다. 이것 때문에 인간은 항상 자기 안에서 자기에게 말 걸어오는 신의 호소에 대답하게 된다. 양심은 그 안에서 인간의 자기 초월성이 검증되는 장소다.

2

대상화란 무엇을 우리의 의식 앞에 갖다 놓는 것을 말한다. 의식이 관계하는 대상을 의식 앞에 제시하는 것이 대상화이기 때문에 대상화하는 사고는 의식의 지평 안에서 이러저러하게 주제화된다.

시각의 비유를 들어 보자. 의식이라는 눈 안에 주어진 것은 이미 대상화된 것들이다. 그러나 눈은 이런 대상화 안에서 들어온 것이 아니라 대상화를 가능하게 한다. 눈을 통해서 어떤 시야가 지평의 한계 안에 주어진다. 그러나 눈은 이 시야 안에 있는 것이 아니다. 그렇다면 눈은 대상화를 가능하게 하지만 대상화의 지평 안에 주어지지 않는다는 결론이 나온다.

물리학은 사물들 간의 관계를 탐구하는 학문이다. 중력, 전자기력, 약력, 핵력이라는 범주에 의해 모든 관계들의 힘은 측정된다. 존재하는 모든 힘들은 이런 범주들에 의해 분류되고 이런 범주 안에서 규정된다. 만약에 존재하는 것이 이런 분류의 기준을 벗어나 있다면 물리학은 새로운 범주를 찾도록 강제된다. 학문에 있어서 시야를 결정하는 것은 눈이다. 그러나 눈은 대상이 다루어지는 범위를 미리 확정하고 이것을 규정하는 틀을 제공하기 때문에 항상 일정한 관점이라는 것이 전제된다. 다시 말해서 모든 지평을 포괄하는 그런 지평이 불가능하기 때문에 학문은 제한된 전망과 지평 안에서 대상을 통제적으로 다룰 수밖에 없다. 이런 점에서 보면 철학은 존재하는 것 전체에 개방되어 있기 때문에 특정한 관점을 배격한다. 그렇기 때문에 학문과 철학은 항상 갈등관계에 놓이게 된다.

대상화하는 사고＝학문과 대상화의 가능조건에 대한 학문＝철학은 항상 배타적인 관계가 아니라 상호보완적이다. 철학을 과학의 시녀로 만드는 작업과 철학을 과학의 근거제공으로 만드는 시도는 둘 다 배격된다. 동일화는 차이를 설명하지 못하고 차이를 절대화하면 철학의 근거가 사라진다. 이런 긴장을 감안하면서 철학은 근거에 대한 요구를 계속 진행시킬 수밖에 없다.

이런저런 관점이 아니라 존재하는 것 전체를 묻고 이런저런 전망이 아니라 존재하는 것 전체를 가능하게 하는 것을 묻는다는 점에서 철학은 분명히 제한된 지평에 대한 학문이 아니다. 그러나 그렇다고 해서 무정부주의나 무관점주의를 채택할 수도 없다. 관점이 제한되지 않았다는 것이 무관점을 옹호하는 것은 아니다. 지평을 넘어서 자유로 비약하려는 것이 철학의 기나긴 자기운명이다. 현상을 구원하기 위해 현상에 충실하려는 것이 철학의 자기임무다. 이런 요구와 책임이 있는 한 철학은 학문에 대한 요구와 합리성에 대한 집요한 추구를 단념할 수가 없다.

3

인간은 자신의 자유를 누리기 위해 항상 타자의 자유도 함께 고려해야만 한다. 자유는 의지사용의 절대화가 아니라 의지사용의 공공화를 통해서만 성취된다. 의지사용의 절대화는 오직 한 사람의 지배만을 가능하게 한다. 이것은 자유에 위배된다.

자연상태라는 가설은 분명히 잘못이다. 어느 공동체나 지배는 있다. 그러나 지배의 정당화가 문제라면 사람들의 의지사용은 필연적으로 정당한 지배와 그렇지 못한 지배를 분간해야만 한다. 사회는 질서와 자기유지를 위해 통제를 필요로 한다. 지배의 정당화는 사회가 성립하기 위해 반드시 필요하다.

사람이 있고 사회만 있으면 거기에는 어떤 형태로든지 간에 지배의 문제와 지배를 정당화라는 문제가 발생한다. 이런 문제 때문에 모든 사회는 자기유지를 위해 정당한 지배를 마련하도록 요구된다.

자유란 항상 나의 자유가 타인에 의해 인정되고 타인이 나에 의해 인정되는 상호연관을 전제한다. 그렇지 않을 경우 자유는 공공의 힘이 없다. 공공의 힘이 없다면 자유는 성립할 수가 없다. 타인에 이해 인정되지 않는 나만의 자유는 자유가 아니라 고독이다. 자유란 상호주관적인 관계를 통해서 공공의 힘으로 제도화될 때만 의미가 있다. 그런 한에서 모든 사람이 자유를 누리기 위해 만인의 만인에 대한 인정이 요구된다. 사회지배의 성립은 만인의 만인에 대한 지배의 정당화를 통해서만 달성된다.

자연의 폭력과 인간의 야만적인 폭력을 제어해서 인간을 법의 지배 아래 두는 것이 진정한 의미에서 법의 지배가 노리는 바다. 법 밑에 모든 사람이 지배를 당하기 때문에 어느 누구도 법의 지배로부터 자유롭지 못하다. 법은 누구에 의해 침해될 수 없기 때문에 침해된 법은 반드시 복귀되어야만 한다. 법은 법을 어긴 자를 공공의 질서라는 이름으로 처벌한다. 따라서 법을 두려워하는 것이 아니라 법을 어긴 자신의 폭력을 더 두려워해야만 한다.

동양은 불행하게도 모든 사람을 법의 지배 아래 종속시키는 삶과 제도를 창조하지 못했다. 지배의 정당화를 통해서 권력사용을 공공화하는 방식이 정착되지 않았기 때문에 법치국가는 동양에서는 아주 요원한 현실로 있다. 단적으로 이것이 정치적 후진성을 말한다. 말할 것도 없이 이런 법의식 상태에서 건전한 민주주의가 자라날 리가 없다. 동양적 가치의 폐쇄성은 보편화의 추구와 생활화에 걸림돌이다.

한비자는 법의 지배를 말할 뿐이지 법 자체를 공공화하고 정당화하는 것에 대해서는 아무 말도 하지 않는다. 동양에서 자연법의 전통은 목적론과 연결되지 못한 채 자연의 유비를 통해서만 은유적으로 존재해 왔다. 따라서 만인이 만인에 대해 동등한 권리를 지니고 민주적인 사회를 만들고 유지하는 데 있어서 한비자의 법가사상은 아무런 이론적 기여도 하지 못했다. 공자가 말하는 덕의 정치는 이런 덕이 지나치게 자의적으로 흐르는 것을 막을 길이 없다. 따라서 임금이 덕이 있으면 왕도정치가 가능하고 임금이 패륜아면 폭군정치가 되어도 임금을 제어하는 정치나 지배체재가 동양에는 없었다. 여전히 왕은 법 위에서 절대 권력을 누렸다. 이런 전통에서 모택동과 같이 권력은 총구로부터 나온다는 말이 자라날 수가 있었다. 언제든지 법의 지배를 불구로 만드는 야만의 상태에 빠질 수 있는 것이 동양정치의 반민주성이다.

만인의 만인에 대한 동등한 권리주체를 불구로 만들어 버리는 전통의 불합리성을 계몽적 이성을 통해 제거하는 것이 요구된다. 그런 한에서만 지배를 정당화하고 정당화된 지배를 통해 사회를 성숙하게 만드는 것이 가능하다. 그런 한에서만 헤겔에 의해 낮은 등급의 평가를 받은 동양의 역사가 보편사의 세계사적 실현을 향해 나갈 수가 있다. 생활세계의 민주화는 자유에 대한 의식적인 각성과 함께 시작한다. 봉건적인 주종관계가 지배하는 한 생활의 민주화는 물 건너간다.

4

보이지 않는 것을 보이게 한다는 것, 말할 수 없는 것을 말하려는 것, 들을 수 없는 것을 들으려는 것, 현상적인 것을 넘어서 가려는 인간의 구원적인 욕구는 바로 인간이 형이상학적 충동을 통해 규정된다는 것을 증명한다. 언제 어디서나 인간은 이런 충동에 의해 지배되는 한에서 항상 절대자를 추구한다. 따라서 서구 형이상학이 모든 존재론을 신학에 근거 지으면서 사고한 것은 아주 당연한 논리적 귀결이다.

학문이 검증 가능한 것을 다루는 한 학문은 지평의 축소 때문에 필연적으로 형이상학과 적대적으로 된다.

5

역사의 종언은 민주주의의 생활화 속에서 이성이 정치적 실존으로 작용할 때 정점에 도달한다. 이성의 보편화와 보편화의 실현에서만 사실은 이념에 일치함으로써 서로서로는 통일된다.

6

토마스 아퀴나스에 의하면 인간은 자기 자신의 도덕성의 주인이 아니다. 그러나 칸트는 인간이 자기 자신의 도덕성의 주인이라고 말한다. 중용에는 인간이 명령하는 것이 아니라 하늘이 명령한다고 쓰여 있다. 명령의 주체는 하늘이다. 기독교에서 명령의 주체는 인간이 아니라 신이다. 칸트는 의지가 의지에 명령을 하는데 경향성에 의해 지배되는 의지에 법칙에 따르는 의지가 명령을 한다.

인간을 지배하는 행위의 원칙이 이미 앞서서 내용적으로 들어와 있고 인간의 본성 안에 각인되어 있기 때문에 인간은 자신의 본성 안에 깊이 심어진 본성의 결을 따라 행위하면 된다. 중용에는 그렇기 때문에 하늘이 명령한 것을 따르고 명령에 따라 행위하는 것이 인간의 도고 인간의 도는 이런 실천을 통해서 스스로를 덕으로 형성해 간다고 쓰여 있다.

신은 이 세계를 창조하면서 모든 피조물에게 그에 합당한 본질을 함께 만들어 놓았다. 따라서 모든 피조물은 자신의 본성의 결을 따라서 행위하면 된다. 토마스 아퀴나스에 따르면 인간은 본성에 따라 합리적으로 행위할 때 행위의 충족으로 행복을 실현한다. 노자의 말대로 인간은 땅을, 땅은 하늘을, 하늘은 도를 본받는다. 따라서 인간의 본성 깊숙이에는 인간이 스스로 만든 질서가 아니라 이미 들어와 있는 질서를 판독하는 능력에 따라서 살 수 있는 행복이 있다.

칸트는 도덕법칙의 자기창조를 통해서 인간을 도덕법칙의 주인으로 묘사한다. 그러나 칸트에 의해 창조된 도덕법칙은 도덕법칙의 근원이 인간이고 인간이 보편화 가능한 법칙에 종속한다는 것을 제외하면 아무 내용이 없다. 이와는 반대로 인간이 도덕법칙의 주체나 창조자가 아니라 도덕법칙을 보다 커다란 질서로부터 수용하는 입장에서는 인간의 의식이 이런 질서를 알아듣고 깨우치는 능력에 따라 도덕법칙을 따라서 행위하는 것이 요구된다. 위대한 것은 인간이 아니라 신이다. 따라서 신에 의해 미리 규정된 질서를 따라 사는 것이 인간의 인간성을 도덕화하는 것이다.

인간이 도덕법칙의 주인이 아니라 도덕법칙을 따르는 한에서 인간은 보다 위대한 질서를 따라간다. 따라서 칸트의 정언명법처럼 내용은 없고 형식적 보편화만 과도하게 강조하는 것 대신에 내용의 결을 따라가는 것이 요구된다. 신이 인간을 창조할 때 이미 인간은 어떻게 행동해야만 하는 것이 어느 정도는 규정되어 있다. 사르트르처럼 인간이 자유롭기 위해 미리 주어진 본성을 인간의 자유에 위배되는 것으로 거부할 이유가 없다. 자유는 인간이 자신의 본성과 합리성의 결에 따라 사는 것을 말한다. 인간은 자유에 선고받은 것이 아니라 자유를 통해서 행복을 추구하도록 움직여지고 있다.

형식적 보편화의 과도한 요구는 도덕법칙의 내용에 대한 실질근거가 못 된다. 인간은 본성의 결에 따라서 본성을 자기 것으로 만들고 실천하는 가운데 스스로 도덕적으로 되고 도덕적으로 되는 것은 인간이 행복을 실현하는 것으로 이어진다.

덕이란 인간이 자신의 가능성을 현실화하면서 자신의 재능을 자기화하는 데서 완성된다. 따라서 인간은 자기 자신을 덕으로 형성할 때 비로소 행복해진다. 행복이란 덕을 완전히 실현하고 자기 것으로 만들 때 충족된다. 주어진 상황에서 잘 처신하고 적합하게 행위하며, 모든 일을 하는 데 있어서 신중하고, 지나치거나 부족함이 없는 중용의 상태를 유지하고, 타인과의 관계에서 더불어 사는 공동의 지혜를 만드는 것 안에서 인간의 덕은 드러난다. 따라서 인간은 스스로를 덕스럽게 만들면서 자신의 재능을 다 실현할 때만 행복해질 수 있다.

칸트처럼 순수도덕법칙의 순수성 요구 아래 인간의 경향성과 덕의 추구를 낮은 것으로 보는 것이 아니라 덕의 완성을 위해서 인간이 스스로 도덕적으로 살 것이 요구된다. 순수도덕법칙의 싸늘한 보편성은 인간이 도덕과 경향적 삶의 총체적 실현을 통해서 자기충족적으로 되는 것을 충분히 밝히지 못한다. 인간을 위한 도덕법칙인가? 아니면 법칙을 위한 법칙 때문에 인간이 자신의 인간성을 이루는 모든 조건을 제거한 채 오직 의무를 위한 의무에 따라서 살아야만 하는가?

칸트처럼 도덕법칙의 순수성을 확보하기 위해 인간의 본성 안에 미리 쓰여 있는 것을 타율규정으로 제거하면 오직 남아 있는 것은 도덕성의 근원이 의지의 자율에서 비롯된다는 것이다. 그 결과 우리는 도덕법칙의 보편화 요구는 얻지만 이것의 실질규정을 충분히 규정하지는 못한다. 칸트의 윤리학은 완벽한 형식주의 이상도 그 이하도 아니다. 그러나 상황 안에서 내가 어떻게 처신해야만 할 때 어떻게 행위해야만 하는 궁극적 근거가 단지 보편화라는 근거는 행위의 복잡성과 다층성을 충분히 반영하지 못한다.

자연법은 비록 생득적인 것이 아니라 할지라도 여전히 인간이 행위하는 데 있어서 근원적인 배경과 원형을 형성한다. 인간은 자기 안에 미리 쓰여 있는 신의 질서에 따라 살게끔 되어 있다. 따라서 자기 안에 미리 각성한 질서를 의식적인 각성에 의해서 자기 것으로 만들며 사는 덕이 의지의 훈련으로 필요한 것이지 내용 없는 보편성 요구에 현혹될 필요가 없다.

인간의 본성 안에 자명하게 쓰인 사실은 인간이 선을 행하고 악을 피한다는 사실이다. 따라서 형식윤리학이 아니라 구체윤리는 이런 내용을 자기 것으로 만들며 사는 인간의 추구를 덕으로 본다. 선은 추구의 대상이다. 이런 추구는 인간의 궁극성을 반영한다.

7

신의 섭리는 우리에게는 알려지지 않는다. 이것은 우리의 이해능력을 벗어나 있다. 그렇기 때문에 신의 섭리는 우리 인간이 신을 변화하기 위해서 자의적으로 사용할 수가 없다. 신의 의도는 우리 인간의 이해 능력을 벗어나 있다. 그래서 이것은 우리에게 하나의 풀 수 없는 신비다. 그렇기 때문에 전쟁이 신의 보다 큰 뜻을 이루기 위한 수단으로 미화될 수 없다. 전쟁의 비극은 전쟁의 비극이다. 우리는 이것에 대해 의문을 제기하고 이것의 의미를 물을 수 있다. 전쟁을 통해 인간의 일상성이 충격을 주고 깨진다고 전쟁을 미화할 아무런 이유가 없다.

단지 죽은 자만이 전쟁의 종말을 볼 수 있을 뿐이다. 문제는 그렇기 때문에 항상 전쟁의 방지에 신경을 써야만 한다. 누구든지 신의 성스러움을 위한 전쟁을 미화하거나 정당화할 수가 없다. 전쟁은 전쟁일 따름이다. 역사의 잔해를 보면서 우리는 우리가 알 수 없는 묘한 조락의 기분을 느낀다. 거기서 우리가 얻는 것은 그런 흔적이 분명히 무엇을 지시하고 연관 짓는다는 것이다. 우리는 그렇기 때문에 사건을 보다 커다란 연관 안에서 이해할 필요는 있지만 그렇다고 해서 이것을 미화시키는 것이 정당화되는 것은 아니다. 인간은 보다 커다란 사건의 연관을 다 알지 못한다.

역사는 진행 중이어서 우리는 진행 중인 역사를 한마디로 완결 지을 수가 없다. 역사에 있어서 새로운 것이 들어오고 새로운 것이 삶의 한복판에서 일어나기 때문에 역사는 분명히 우연을 자신의 조건으로 수용한다. 헤겔 역사철학의 스캔들은 자유를 최고의 필연성으로 파악하면서 우연을 제거한 데 있다.

신이 악을 완전히 제압하기 때문에 악은 항상 패배하게 되어 있다. 그러나 악 때문에 고통을 당하는 인간의 문제는 악을 피해 갈 수는 없다. 신이 새날이 오면 악을 다 쓸어버릴 것이다.

8

    동요를 알지 못하는 자는 구원받을 수가 없다. 인간은 절대자 신에게 가기 전에는 자기의 행복을 완성시킬 수가 없다. 신을 등진다는 것은 인간이 자기 스스로가 되는 것을 스스로 포기하는 것과 같다. 반대로 인간이 자기충족을 하려면 인간은 절대자 신에게까지 나아가야만 한다. 우리 존재의 제일원인이기 때문에 신은 우리 인간의 궁극성을 형성한다. 나의 실존 하나하나는 신에 의해 철저히 각인되기 때문에 인간은 오직 신과의 만남을 통해서만 완전해질 수가 있다. 따라서 신은 우리에게 항상 절대척도다.

    고독, 동경, 채울 수 없는 결핍의 감정이 없다면 인간은 신에게 나가는 길을 유지할 수가 없다. 모든 예술은 무한성을 충족하려는 인간의 노력 이외에는 아무것도 아니다. 철학과 종교는 유한한 것을 진리로 인정하지 않기 때문에 무한자를 진리로 여긴다.

    각자는 자기 안에서 자기의 궁극성을 향한 여정을 한다. 무한에 의해 삼투된 유한한 인간이 무한성을 동경하면서 자신의 유한성을 넘어서 가는 추구만이 인간의 근원적인 행복이다. 인간이 형이상학적 동물로 규정되는 것은 인간이 절대자를 궁극적으로 추구하기 때문이다. 모든 유한한 것을 넘어서 간다는 것은 유한한 것을 더 이상 궁극적으로 여기기 않는다는 것을 말한다.

9

　교사를 누가 가르치는가? 가르치는 사람을 가르치는 문제는 계속해서 남아 있다. 통치자를 통지하는 것은 정치철학의 영원한 과제다. 앞의 물음이 교육철학의 문제라면 뒤의 문제제기는 정치철학의 본래 문제에 속한다.

　교육과 정치의 문제가 독립된 것이 아니라 인간의 자기이해와 형이상학적 토대 위에서 이해되어야만 하는 것은 아주 당연한 문제다. 그러나 이런 당연성이 잊히고 망각될 때 정치나 교육은 상업적인 거래의 대상이 된다. 비경쟁적인 가치마저 경쟁적인 상품으로 둔갑시키지 않으려면 인간은 항상 자신을 규정하는 본질에 충실해야만 한다. 그런 한에서만 인간은 자신의 인륜적 기초를 견고하게 세울 수 있다.

　덕이란 인간이 스스로 세우고 스스로 자기를 유지하는 활동이다. 따라서 자기유지를 위해서 인간이 상황에 적합하게 처신하는 것이 필요하다. 잘 행동하기 위해서는 행동에 대해 심사숙고하는 것이 요구된다. 행동은 항상 행동을 잘 인도하는 지혜를 따른다. 우리의 의지는 항상 옳은 것을 추구하기 때문에 행위를 인도하는 옳음에 대해 먼저 알고 있지 않으면 안 된다.

　덕이란 누가 가르쳐서 얻어지는 것이 아니다. 덕이란 각자가 노력에 의해 스스로를 유지하는 데서 연마된다. 덕의 연마는 쉬지 않고 계속된다. 교사가 분발해야 하고 정치가가 좋은 삶의 가능성을 창조하기 위해 쉬지 않고 일해야 하는 이유가 여기에 있다. 고인 물은 다 썩는다. 스스로 자기를 계발하지 않는 자는 도태된다. 노력하지 않는 자를 우리는 구원할 수가 없다.

인간이 아무리 많은 지식을 가지고 있다고 하더라도 매사에 있어서 잘 처신한다는 보장은 없다. 매사에 분별력 있게 잘 처신한다고 해서 그가 지식이 많다는 결론이 보장되는 것은 아니다. 잘 행동한다는 것은 주어진 상황의 요구에 슬기롭게 잘 대처한다는 것이다. 행위가 벌어지는 상황의 문맥은 늘 불투명하다. 그러나 이런 불투명성에도 불구하고 상황에 적합하게 행동해야만 한다는 것은 반드시 요구된다. 따라서 좋은 행위는 상황 안에서 가장 적합하게 처신하는 것이다.

선생이 가르치면서 동시에 배운다는 것은 가르침이 일방적인 전달이 아니라 상호주관적인 교감을 전제로 해서만 의미가 있다. 정치가가 좋은 공동체의 가능성을 위해 노력하는 것은 바로 그런 공동체 안에서 인간의 가능성이 피어나는 데 봉사하기 위해서다. 정치는 그래서 지배나 지배의 정당화에 대한 기술이 아니라 좋은 공동체의 창조와 유지를 위한 실천이다. 지식이 아무리 많다고 하더라도 인간이 슬기로워지는 것이 아니다. 정치가 아무리 요란해도 좋은 공동체가 유지되고 창조되는 것이 아니다. 우리는 공동체의 부보다는 좋은 공동체의 유지를 더 자랑스럽게 생각해야만 해야 된다.

경제는 재물에 대한 학문이 아니라 제화와 용역을 규제하는 제도다. 따라서 경제는 공정한 규칙을 전제로 해서만 발전할 수 있다. 공동체 전체의 정의에 대한 에토스가 선행하지 않으면 정치안정과 경제의 지속적인 발전은 유지되지 않는다. 공동체가 자기유지를 위해 공동체에 적합한 규범을 올바른 근거와 원리의 곧바름에 의해 세우지 않는 한 공동체의 발전은 없다. 한 사회를 떠받치는 것은 가장 근본적인 원리에 의해서만 가능하다. 따라서 공동체의 정치적 실존은 공동체를 가장 근본적인 원리에 의해 지탱하고 유지하는 것에 의해 매개될 때만 잘 자라날 수가 있다.

정치가의 덕이란 책임, 성실, 가능성의 창조, 정의로운 공동체의 유지에 헌신하는 것에 의해 유지되어야 한다. 교사의 덕은 강의의 명석성에 의해 측정된다. 경제의 덕은 공정한 규칙에 의해서 신용을 지속적으로 창조하는 데서 평가된다. 노동의 덕은 가능성에서 머무르는 것을 작품으로 완성하는 것에서 실현된다. 각자에게는 그에게 기대되는 덕의 실현이 충족될 때 동시에 타인에 대한 덕을 요구할 수가 있다. 공동체의 보이지 않는 성숙은 이런 보이지 않는 인륜적 덕의 실현을 통해서만 피어난다.

10

불교는 인간의 마음 안에 하나의 가능성으로서 불성이 있다고 한다. 그러나 이런 불성을 잘 개발해서 스스로를 불성으로 유지하기 위한 수련이 필요하다. 인간은 마음 안에 불성의 흔적을 지니고 있지만 이런 불성을 잘 유지하고 지켜 가는 것이 필요하다.

불교의 영향을 받은 주희는 인간의 마음 안에는 언제나 理가 내재해 있기 때문에 이런 理를 다시 밝히는 것이 필요하다고 한다. 이는 기에 우선한다. 이는 기질지성에 의해 후천적으로 가려질 수 있기 때문에 수련에 의해서 이런 본연지성이 가려지지 않고 드러나게 해야만 한다. 마음은 항상 이런 본연지성을 복귀시키는 것을 통해서 본래의 理를 회복하는 것이 문제다. 수련은 바로 이런 이를 본래적으로 유지하려는 것이다.

맹자는 인간의 四端으로서 仁, 義, 禮, 智를 둔다. 인은 惻隱之心이며, 의는 羞惡之心이고, 예는 辭讓之心이고, 지는 是非之心이다. 인간은 자신의 반성 안에 이런 네 가지의 싹이 자라나고 있다. 이런 싹을 키우고 유지하는 것이 필요하다. 주희가 이의 기에 대한 우선성을 인정하고 이를 본래적인 것으로 復性시키는 것으로 보았다면 맹자는 이런 것이 도덕적 수양을 통해서 개발해야만 할 것으로 보았다. 성이란 인간의 타고난 심성이다. 주희는 복성을 통해서 이를 다시 복귀시키는 것이 중요하다고 보았고 맹자는 이런 성을 개발하는 것이 중요하다고 보았다.

인은 타인과 자기에 대한 사랑의 마음이다. 나의 어린이가 아니라 다른 사람의 어린 아이가 우물가에 다가가려고 하면 인간은 이것을 막으려고 한다. 왜냐하면 그런 심성이 우리 안에 내재해 있기 때문이다. 나의 사람만이 아니라 모든 사람을 다 같이 사랑의 마음으로 대하라는 것이 인의 의미다. 인은 사람의 보편성을 구체화시키는 것이다.

의는 부끄러움을 느낄 줄 아는 마음이다. 수치를 느낀다는 것은 항상 타인과의 관계에서 발생한다. 그렇기 때문에 인간이 사회생활을 유지하는 한 항상 타인과의 기대로부터 오는 것을 유지하기 위해서는 부끄러운 짓을 하지 말아야만 한다. 의는 그렇기 때문에 인간의 건전한 유대를 지탱하는 공동체적 감정이다. 이런 부끄러움의 감정이 없다면 사회는 역할의 기대로부터 오는 것을 더 이상 신뢰하지 않고 이런 신뢰가 무너지면 사회공동체는 안정성을 상실한다. 플라톤은 인간의 네 가지 덕으로서 지혜, 용기, 절제, 정의를 들고 있다. 여기서 의는 항상 정의의 감정과 연결되어 있다. 서양에서는 의가 수오지심이 아니라 항상 사회정의와의 연관 아래서 지탱되어 왔다. 그러나 유교에서 의는 사회정의가 아니라 타인으로부터 오는 부끄러운 감정과의 연관 아래서 고찰되었다. 의가 정의로 연결될 때 정의롭지 못하게 행동한 사람은 항상 공동체의 규제로부터 제재를 받는다. 그러나 의가 수치의 감정으로부터 연결될 때 의롭지 못하게 행동한 사람은 타인의 비난 대상이 된다. 따라서 비난만 면하면 된다는 것이 가능하다면 사람은 공동체의 규범적 처벌보다는 타인의 눈치나 마음을 사로잡고자 한다. 타인의 그물이 아니라 공동체의 법적 제재 아래 인간의 정의를 구속시킬 때 정의의 감정은 타인에 대한 연결이 아니라 공동체의 자기유지를 위한 것에 종속한다.

의롭다는 것은 항상 타인에 대한 것이 아니라 이것을 포함하면서 나와 타인을 함께 묶는 공동체의 규범에 종속하는 한에서만 의미가 있다. 수치의 감정이 지나치게 대인 중심적이라면 이런 인정을 공동체의 규범적 구속에다가 묶는 것이 가능하다. 수오지심은 법적 감정에 의해 보다 객관화될 필요가 있다.

지는 단순히 지식이 아니라 지혜를 말한다. 그렇기 때문에 지혜는 항상 상황 안에서 옳고 그른 것을 가릴 줄 아는 능력이다. 옳거나 그른 것은 항상 규범과의 연관 아래서만 가능하다. 옳고 그른 것은 규범과의 일치를 통해서만 그 적합성과 부적합성이 구별된다. 따라서 옳고 그른 것을 판별해 줄 규범의 적합성이 먼저 설정되어야만 한다. 인간은 자기 마음 안에 규범에 일치하지 않는 행동을 할 때 항상 규범적 제재를 받는다. 규범은 행동의 옳고 그름을 구별하는 잣대다. 이런 잣대는 항상 규범이 그 자체로서 옳다는 전제 아래서만 가능하다. 지는 옳고 그름을 분별하는 능력으로서 규범의 적합성에 따르려는 인간의 감정이다.

공자는 자기 몸을 죽여서라도 예로 돌아가라고 한다. 克己復禮는 자기를 이기고 예로 돌아가라는 요구다. 殺身成仁의 자세가 있다면 인간은 자기의 사적인 욕망을 제어해서 인을 이루도록 해야만 한다.

11

법을 어기면 법규정에 해당하는 것에 의해 처벌을 받는다. 양심을 어기면 도덕적 갈등과 고통을 받는다. 법을 어기면 외적인 물리적 제재를 받고 양심을 어기면 내면적인 양심의 분열을 느낀다. 마음속으로 간음하면 간음하지 말라는 십계명을 어겼기 때문에 고통을 당한나. 그러니 법에서는 이것이 외적으로 타인에게 물리적인 고통을 기한 것이 아니기 때문에 처벌익 대상이 못 된다. 나의 신체가 존중되듯이 타인의 신체 역시 존중된다. 따라서 인간이 타자를 물리적으로 폭력을 가하지 않으면 인간은 법의 처벌을 받지 않는다. 그러나 법의 처벌을 받지 않는다고 해서 인간이 마음속에서 간음한 것까지 면책되는 것은 아니다. 양심은 우리를 근본적으로 투명하게 우리의 행위를 의식하게끔 한다. 양심이라는 거울에 아무도 빠져나

갈 수가 없다. 양심은 우리 마음 안에서 가장 찬란하게 빛나는 거울이다. 이 거울에 비치지 않는 것은 하나도 없다. 양심은 절대 빛이다.

12

인간의 인간성을 구성하는 문제는 인간이 본성을 통해서 인간의 본성이 구체화되고 확인되는 것과 같다. 인간이 선일반을 추구하고 선에만 개방되어 있다는 것은 아주 자명하다. 그렇기 때문에 인간은 오직 선일반에만 무제약적 추구를 통해서 자신의 인간성을 형성해 간다.

추구의 대상이 되는 것이 선일반이기 때문에 선은 나의 행위의 원인이 된다. 추구의 대상이 원인이라면 이런 원인은 인간의 행위를 구성하고 규제하고 인도하는 것이기 때문에 인간이 이런 원인 자체를 만드는 것은 아니다. 따라서 비록 행위가 나의 행위라 하더라도 나의 행위는 원인에 의해 인도되는 한 항상 절대적일 수가 없다. 인간은 자기 자신에 대해 도덕법칙의 절대주체가 되지 못한다.

원인이나 근거는 이것으로부터 파생된 것에 대해서 항상 현실적인 우위를 지닌다. 그렇기 때문에 원인으로부터 파생된 것은 항상 원인에 대해 이차적이거나 덜 현실적이다. 선일반은 행위의 원인이기 때문에 이것이 행위의 추구 대상이 된다. 행위는 추구대상을 행위의 대상으로 만드는 것이 아니라 행위의 근거로 삼는다. 그런 한에서만 행위는 행위의 근거를 현실화하고 자기 것으로 만듦에 의해 충족된다.

행위의 목적론적 구조는 항상 하기 위해서라는 구조를 지닌다. 풀은 포스터를 바르기 위해 도구적으로 필요하다. 포스터는 벽에 고정됨으로써 사람들에게 물건을 선전한다. 물건을 선전함에 의해서 기업은 많은 물건을 사람들에게 각인시키고 이윤을 낼 수 있다. 이윤을 극대화하기 위해 최소비용으로 초대효과를 내는 것이 요구된다. 이런 일련의 조직을 위해서 행위의 하나하나는 전체적이고 유기적으로 연결된다. 따라서 행위의 궁극성인 이윤극대화를 위해서 모든 것은 총동원된다.

수단은 목적의 성취를 위해서 항상 도구적으로 측정된다. 행위의 목적이 있다면 수단은 이런 목적의 실현을 위해 동원된다. 행위의 목적론적 구조는 일차적으로 설정된 목적을 위해 수단이 도구적으로 적합하게 총동원되는 것을 말한다.

인간의 실천에 있어서 행위의 목적은 물건과 같이 수단과 목적의 적합성에 의해 평가되는 것이 아니라 행위 그 자체의 좋음과 선함에서 평가된다. 행위의 목적은 행위 자체다. 그렇기 때문에 행위는 항상 무엇에 대한 도구적 적합성이 아니라 그 자체로서 옳고 그 자체로서 추구의 대상이 되기 때문에 나른 것을 위한 수단이 아니다. 도구나 제작은 목적이 그 자체에시기 아니라 항상 수단괴의 고려하에서 선택되기 때문에 궁극성이 결여되었다. 그러나 인간의 행위는 그 자체가 목적이기 때문에 다른 것을 위한 수단이 아니다.

일차적으로 인간의 행위는 행위의 충족이 다른 무엇을 위한 도구적 봉사가 아니라 그 자체가 목적이다. 행위의 궁극성은 행위 자체에 있기 때문에 행위는 그 자체가 최고의 실천이다. 이런 실천은 인간이 자기 자신이 되는 과정에서 필연적으로 제기된다. 왜냐하면 인간의 행위는 행위의 궁극성을 통해서 행위 자체를 충족하는 데서 마감되기 때문이다. 인간의 행위는 인간의 자기 되어 감에 있기 때문에 행위는 그 자체가 목적이다.

유교에서 행위의 목적은 內聖外王에 있다. 내적으로는 성인이 되는 것이고 외적으로는 성군이 되는 것이다. 왕은 덕의 정치를 실현해야만 한다. 그러나 여기서 짚고 넘어가야만 하는 것은 행위의 목적이 내적으로 성인이 되고 외적으로 왕이 되는 것이라면 이것이 행위의 궁극성에 대한 궁극적 충족인가라는 의문이 일어난다. 자기 자신이 된다는 것은 이런 것하고 반드시 일치하는 것이 아니다. 자기 자신이 되기 위한 것이 궁극적으로 행위의 충족이유라면 이런 자기충족의 한 방식이 內聖外王일 수가 있다. 그러나 내성외왕이 자기 자신이라는 것은 성립하지 않는다.

진정한 의미에서 자기 자신이 되는 궁극성은 행위의 자기완성을 통해서 스스로가 되는 것에 있다. 이런 궁극성은 행위 자체에서 드러나기 때문에 행위는 항상 궁극적인 자기 되어 감을 추구한다. 즉 추구의 대상이 되는 것은 이런저런 목적이 아니라 궁극적인 자기목적, 즉 자기 자신이 되는 것이다. 이런 궁극성에 비추어서 행위는 항상 궁극성을 실현하는 데 이바지한다. 행위 자체가 하나를 열어 밝히는 실천이다.

자기 자신이 된다는 것은 궁극적으로 자기가 결정하는 문제에 속한다. 그러나 자기가 자기 되어 감의 과정에서 항상 타인과 함께 지내는 가능성 자체를 포함하기 때문에 자기는 일인칭의 고유행위이면서 동시에 타자와 소통 가능한 가능성을 공유한다. 자기 되어 감은 그렇기 때문에 유아론을 비판한다. 자기 되어 감 속에는 항상 개체의 자기보편화가 있기 때문에 보편화를 통해서 타인을 그 안에 포함시킨다. 이것이 행위가 항상 유아론을 넘어서는 이유다. 자기 되어 감이라는 궁극성은 항상 유아론을 넘어서 공동존재의 가능성을 포함하고 요구한다.

13

순수가능태는 이것이 항상 되어 가는 것이기 때문에 형상에 종속한다. 순수가능태인 질료는 분명히 개별화의 원리다. 질료는 항상 형상의 도움과 인도를 받기 때문에 한계 지어진 가능성 안에서 움직인다. 형상에 의해 통제되거나 규정되지 않는 순수질료는 우리는 알 길이 없다. 오직 형상에 의해 제약되고 한정된 질료만이 우리에게 이해된다. 질료 자체는 우리에게는 항상 미지수다. 형상에 의해 규정된 질료만이 항상 우리에게 이해 가능한 것이 된다.

모든 실체는 질료와 형상의 복합이다. 신은 질료가 전혀 없는 순수현실이다. 형상에 의해 매개되지 않은 순수질료는 절대추상이다. 우리가 알고 있는 모든 복합체는 질료와 형상의 결합으로 되어 있다. 질료와 형상의 결합이 개별자로서 이 실체다.

보편자는 질료와 형상의 복합체인 개별실체가 아니기 때문에 존재하는 것이 아니다. 실체는 개별실체로서 시간과 공간 안에서 존재한다. 그러나 보편자는 개별자를 규정하는 규정원리지 개별실체처럼 존재하는 것이 아니다. 있는 것은 개별자로서의 이 실체만이 있다. 보편자는 개별자를 규정하는 규정원리지 그 자체 존재하는 것이 아니다.

내가 사는 집 앞에는 개가 두 마리가 있다. 각각의 개는 진돗개와 풍산개의 종에 속한다. 비록 그 개가 개별자로서는 구별되지만 그것들이 개라는 종의 지배에 종속하는 한 그 개들은 개의 일반규정을 통해 규정된다. 이 개는 풍산개의 종에 속하고 형상과 질료의 복합으로 특징지어진다. 그러나 저 개는 진돗개의 종에 속하고 형상과 질료의 복합으로 특징된다. 그러나 이 개와 저 개는 개라는 일반유에서는 같지만 개별적으로는 다르다. 이 개와 저 개를 구별하는 일차적인 기준은 일차적으로는 질료의 차이에서 이해된다. 풍산개를 진돗개로 착각하지 않고 진돗개를 풍산개로 착각하지 않는다면 이런 착각을 배제하는 것이 개별자로서의 개의 고유한 특징에 속한다. 모든 개에 적용되는 일반적인 규정이 개의 본질규정이다. 본질은 모든 개에 적용되는 점에서 보편적이다. 그러나 이 개 저 개는 분명히 다르다. 이런 다름의 일차적인 징표가 바로 질료에 있다. 따라서 이 개와 저 개를 구분하는 일차적인 차이는 질료의 차이에서 비롯된다.

이 세상의 어떤 개도 동일한 개는 없다. 모든 개체는 완전히 다르다. 비록 복제인간이 둘 있다고 하더라도 이런 인간들은 둘이 아니라 개체에서 보면 하나다. 개체는 둘이 가능하지 않기 때문에 절대적으로 하나다. 이런저런 실체는 분명히 숫자에 있어서는 하나다. 어떤 개체도 둘 이상이 없다. 그렇기 때문에 개체는 지시대상이 오직 하나만 있다. 물건은 다른 것으로 대체할 수 있지만 개체는 대체할 수가 없다. 물건은 동일한 유형 아래서 같은 것을 만들어 낼 수가 있지만 개체는 똑같은 것을 만들어 낼 수가 없다. 이것은 개체의 정의에 위배된다. 물건은 동일한 것을 제작할 수 있지만 개체는 절대로 제작이 불가능하다. 오직 하나인 것 그래서 다른 것으로 대체가 불가능한 것이 개별자의 의미다. 모든 실체는 개별자다. 그리고 개별자만 시간과 공간 안에서 존재한다.

인간은 인간이라는 유에 앞서서 그 자체가 고유한 개별자다. 개별자는 오직 지시대상이 하나다. 개체는 오직 하나로서 지시대상이 하나다. 홍길동은 김형선과 절대적으로 구별된다. 개체는 하나기 때문에 대체 불가능하고 그러기에 오직 하나의 지시대상만 가리킨다. 실체는 형상과 질료의 복합이기 때문에 숫자에서는 하나다. 이 실체가 저 실체와 다르다면 이런 다름의 일차적 징표는 질료에 있다. 질료는 모든 개별화의 본질적 원리다.

인간은 흑인과 황인 그리고 백인이라는 점에서 분명히 종의 차이를 지닌다. 그러나 인간은 인간을 이루는 유의 보편성 때문에 동시에 보편규정의 지배를 받는다. 질료가 개별화의 원리로서 차이를 대표한다면 본질의 지배를 받는 개체는 본질의 규정 아래서 보편성의 지배를 받는다. 따라서 보편은 그 자체로서는 아무것도 아니지만 개별자 안에서 개별자를 개별자로서 실질적으로 규정하기 때문에 개체 안에서 개체를 만들어 주는 규정의 역할을 한다. 절대 개별화의 원리인 질료는 우리에게 이해가 되지 않는다. 개별자로부터 독립된 보편자는 순수질료만큼이나 절대추상이다. 따라서 보편자는 규정과 앎의 원리로서 개별자 안에서 개별자를 규정하는 것을 중단할 때 개별자의 규정원리이기를 포기한다. 개별자는 개별자에 머무르는 한 다른 개별자와 절대차이 때문에 상호소통의 가능성이 없다. 절대차이는 공동의 규정을 배제한다. 개별자 안에서 규정의 원리로 작용하지 못하는 보편자는 그 자체가 절대 추상이다. 따라서 개별자로부터 고립된 보편자는 순수 공허한 추상이고 보편규정으로부터 고립된 순수 개별자는 절대타자고 모든 앎의 피안에 있다. 형상이나 보편규정에 의해 알려지지 않는 개별자 그 자체는 우리에게 전혀 앎의 대상이 못 된다.

내각의 합이 180도며 두 변의 길이의 합이 나머지 다른 한 변의 길이보다 커야만 하는 삼각형의 본질은 직각 삼각형, 예각 삼각형, 이등변 삼각형, 둔각 삼각형, 정삼각형 안에서 분명히 규정의 원리로 작용하고 있다. 비록 이런 정의가 모든 삼각형에 해당하는 구체적 정의는 아니라고 하더라도 모든 삼각형에 해당하는 적절한 정의는 된다. 삼각형을 삼각형이게 해 주는 원리가 삼각형의 형상으로서 삼각형의 적절한 본질을 구성한다. 이런 원리는 감각에 의해 알려지는 것이 아니라 우리 지성의 고유한 파악대상이 된다. 그리스인들은 감각의 피안에서 감각으로 알려지는 것이 아니라 지성에 의해 알려지는 것의 파악을 앎의 근본원리로 이해했다. 우리는 삼각형의 본질에 대한 이해나 파악을 구체적인 것을 통하지 않고 그 자체로 알아차릴 수가 있다. 우리의 이해능력은 감각의 피안에서 감각적인 것을 넘어서 가는 형상에 대한 파악이 가능하다.

보편본질의 파악은 분명히 감성적인 지각과는 다르다. 그러나 이것의 인식은 우리에게 항상 형상의 파악으로만 가능하다. 따라서 우리는 개별자를 이해할 때 항상 보편규정을 매개로 하지 않을 때 개별자를 그 자체로서 이해할 수는 없다. 우리는 보편규정이라는 추상을 통하지 않고서 개별자를 이해할 수 없다. 보편규정의 지배를 받지 않는 개별자는 없다. 앎의 원리에 있어서 우리는 보편자에 대한 파악을 통해 개별자에 다다른다. 개별자로부터 보편자로 상승하는 과정과 보편자로부터 개별자로 하강하는 과정은 분명히 한 사태의 상이한 측면이다. 인식은 이 둘이 결합할 때만 가능하다.

14

존재한다는 것의 우연성은 분명히 존재하는 것이 자기 안에 근거가 없기 때문에 제기된다. 학문은 우연성을 다루지 않는다. 그러나 학문이 아니라 실존에서는 우연이 중요하다. 왜냐하면 우연성은 존재의 본질적인 특징을 이루기 때문이다.

신은 존재하기 위해서 다른 것에 의존할 필요가 없다. 이것은 신의 정의에 위배된다. 그러나 신이 아닌 존재는 존재하기 위해 자기 안에 필요 충분한 근거가 없다. 따라서 모든 피조물의 신에 대한 의존성과 신의 피조물에 대한 의존성은 항상 비대칭성을 통해 특징지어진다. 신은 피조물에 대해 전혀 자유롭다. 그러나 피조물은 신에 대해 전적으로 의존되어 있다. 이런 비대칭성을 근거로 해서만 존재하는 것의 우연성, 즉 신에 대한 의존성이 설명된다.

인간이 존재하는 한 인간의 존재는 자기 안에 깊이 새겨진 우연성을 지워 버릴 수가 없다. 이런 우연성은 인간을 규정하는 가장 본질적인 요소다. 그렇기 때문에 우연을 통해 규정되는 존재는 필연적으로 자기 안에 자기근거를 지니고 있지 못하다. 따라서 인간은 자기근거를 위해서 근거에 참여하는 것이 필수적이다. 이런 근거에 대한 참여가 인간의 근원적인 형이상학을 반영한다. 왜냐하면 형이 상학만이 인간이 근거에 대한 물음을 지속시키기에 인간은 자기근 거를 위해 제일근거에 참여함으로써만 이런 영적 갈망을 충족하기 때문이다.

존재＝우연성이 등장하자마자 즉각적으로 이런 우연성의 해소가 등장한다. 당연히 이런 해소는 인간이 스스로 할 수 없다. 우연은 인간 존재가 전적으로 근거에 있어서 신에 의존되어 있다는 것을 가리킨다. 그런 한에서만 근거의 충족 역시 신으로부터만 가능하다 는 결론이 나온다. 인간의 존재가 우연이기 때문에 인간의 삶은 전 적으로 신에게 의존되어 있다. 그렇기 때문에 신이 될 수 없는 인간 은 죽을 수밖에 없다. 이런 죽음의 감정이 인간에게는 분명히 절망 의 기분으로 나타난다. 따라서 우연의 인간적 감정은 필연적으로 우수나 절망의 감정으로 나타난다.

신의 충만함에서 보면 신의 현실성은 인간에게는 분명히 힘이다. 그러나 인간의 절망 쪽에서 보면 신의 현실성은 인간에게는 차이의 감정으로 나타난다. 절망은 그렇기 때문에 항상 무엇 때문에 절망 하는 것으로 된다. 절망이란 신에 대한 인간의 근본태도를 말한다. 인간은 자기 안에서 늘 선택을 하도록 강요된다. 즉 신 중심으로 살 것인가 아니면 자기중심적으로 살 것인가가 문제다. 인간 중심주의 는 그러나 자기 안에 허무주의가 있기 때문에 오래 지속하지 못한 다. 인간이 우연성에 대한 인정을 하는 것은 우연성을 받아들임에 의해 우연성을 능가하고자 하기 때문이다. 그러나 이런 넘어섬은 신으로부터 오는 은총에 의하지 않을 때 충족되지 않는다는 절망감이 자리 잡는다. 인간이 존재하는 한 우연에서 비롯되는 절망은 필연적이다. 그러나 이런 필연성은 절대 필연성이 아니다.

15

인간은 그가 흑인이든 백인이든 황색인종이든지 간에 관계없이 인간이라는 이유 하나만으로 자유를 누릴 자격이 있다. 인간의 존엄성은 능력이나 자질에 앞선다. 사람은 능력이나 재능에 있어서 다 차이가 있다. 그러나 인간으로서 누려야 할 존엄성에는 절대적으로 존엄하다. 따라서 장애인은 기능에 있어서 불편하지만 인간으로서는 절대적으로 존엄의 대상이고 존엄을 누릴 자격이 있다.

레싱은 자신의 희곡인 『현자 나탄』에서 다음과 같이 서술하고 있다. 어느 한 기독교 청년은 자신의 딸을 구해 주었지만 종교가 다르다는 이유 하나만으로 대화를 하지 않으려고 하였다. 현자 나탄은 이 청년에게 다음과 같이 묻는다. "자, 우리는 반드시, 친구가 되어야 하네. 내 민족을 하고 싶은 대로 경멸해 보게나! 그런데 우리 중에서 누가 스스로 우리 민족을 선택했단 말인가? 우리는 우리의 민족인가? 민족이란 무엇인가? 유대인과 기독교인은 인간이기 이전에 유대인이고 기독교인인가? 내가 당신에게서 인간이라는 것을 기꺼이 발견할 수 있다면 얼마나 좋을까?"

오늘도 유대인과 팔레스타인은 서로 싸운다. 오늘도 일본의 역사

왜곡에 대해서 한국과 중국은 일본의 망령을 깨우치기 위해 싸운다. 카인이 아벨을 죽인 이래 죽음과 타인을 죽이려는 싸움은 계속해서 역사에서 벌어진다. 인간은 자신의 조건을 이루는 싸움과 갈등에 대해 역사 이래로 계속해서 한 번도 쉬지 않고 끊임없이 스스로를 증명해 왔다. 죽음과 투쟁은 이미 이것의 무의미성과 불필요성이 증명된 이후에도 계속해서 우리를 지배하고 있다.

도스토옙스키에 의하면 우리는 어제저녁 모든 사람을 사해동포로서 사랑하며 감미로운 잠을 잤다. 그러나 아침에 일어나 빚을 받으러 온 사람을 보았을 때 죽이고 싶을 정도로 미워졌다고 고백한다. 이것이 인간 안에서 일어난 감정의 변화를 솔직하게 묘사한 것인지도 모른다. 갈등과 죽음은 분명히 정치공동체가 존재하는 한 인간의 역사를 이루어 왔고 지금도 이루어 가고 있다. 그러나 이것이 설령 부인할 수 없는 사실이라고 할지라도 인간은 인간인 이상 이런 갈등과 죽음의 논리에 의해서 역사를 지탱해 갈 수 없다.

인간의 차이는 분명히 인간이 통합되는 것을 막는다. 그러나 이런 차이에도 불구하고 인간은 인간인 이상 모든 사람에게 공통인 것을 함께 누린다. 인간은 토론과 설득에 의해서 야만과 폭력을 이겨 가고 있다. 인간이 인간인 이상 인간을 공통으로 묶는 것은 인간성이라는 이념이다. 따라서 이념의 빛에 의해 인도되는 한 인간은 자신의 폭력과 차이를 벗어나서 타인과 함께 공존할 수 있는 역사의 지평에서 문화적으로 살 수 있다.

배고프면 먹을 수밖에 없다는 점에서 인간은 이미 본능의 지배를 받는다. 그러나 인간은 본능에 의해 결정된 것이 아니라 본능을 넘어서 문화와 역사적으로 의미 있는 것을 추구한다. 인간은 단지 살기 위해서 스스로를 불태우지는 않는다. 인간은 자신의 인간성의 이름을 지니는 한에서 언제나 스스로를 의미 있는 것으로 창조하며 산다. 스스로를 증명한다는 것은 개체로 인간의 보편적 본성을 증명하는 것을 말한다.

행위와 행위가 일으킨 결과를 고려함에 의해서 행위에 대한 책임을 자발적으로 걸머지는 사람이 있는가 하면 행위가 산출한 결과만을 측정해서 동기와 무관하게 결과를 중심으로 행동하는 사람도 있다. 사람들은 구체적으로 해부해 보면 이처럼 다 다르다. 이런 다른 사람들을 하나로 묶어 주는 규범의 끈은 분명히 없다. 사람들은 살아가면서 이런 끈을 찾도록 강요된다. 따라서 본능을 넘어서 규칙에 자발적으로 따르는 것이 요구되는데 이것이 사람이 사람으로서 건전한 보편성을 충족하며 사는 이유다. 인간과 동물의 차이가 있다면 인간은 가장 탁월한 의미에서 자기가 준 법칙에 스스로 따르고 그런 한에서 보편성을 실현할 수 있다는 데 있다.

16

자유란 방종이 아니고 자의가 아니다. 자유란 내가 원하는 것을 내 마음대로 다 하며 사는 것이 아니라 내가 할 수 있는 것을 하며 사는 것을 말한다. 자유에는 분명히 한계와 책임이 따른다.

17

인간의 정치적 삶은 분명히 하나로 환원할 수 없는 다양성과 복잡성을 통해 규정된다. 역사나 정치는 아버지와 아들도 의견의 차이 때문에 서로 다투는 영역이다. 정치는 그렇기 때문에 항상 구성원들 사이에서 합의를 도출하는 지혜를 추구하는 것이지 이런 지혜를 강제하는 것이 아니다. 다수성의 인정과 근본적인 갈등과 차이를 인정하는 것은 같은 말이다. 차이와 다양성이 없다면 정치 공동체는 죽은 것이나 다름이 없다. 전체주의는 이런 차이나 다양성에 대한 테러를 말한다.

인간은 자신을 드러내고 표출을 한다. 인간은 자기가 누구라는 것을 증명하기 위해서 표현을 하고 행위를 한다. 이것이 계속되는 한 인간은 자신의 의견을 타인에게 설득하기 위해 애쓰게 된다.

18

주관성을 진리로 고양시킨 사람은 분명히 키르케고르다. 아도르노는 헤겔의 범논리주의에 맞서서 개체의 진실성을 옹호할 때 키르케고르의 주체성이 진리라는 것을 자주 이용한다. 데카르트의 확실성 요구도 아니고 칸트처럼 종합을 수행하는 칸트적 주체와도 구별되는 키르케고르의 주체성은 분명히 주체의 성실한 실존적 결단과 관련이 있다.

진리는 주관화의 위험에 저항한다. 그렇다면 주체성이 진리라는 키르케고르의 주장은 진리를 주관화하는 오류에 빠지는가 하는 물음이 제기된다. 이 문제는 매우 복잡하기 때문에 일의적으로 답하기가 그렇게 간단하지 않다. 데카르트 이래 그리고 키르케고르에 이르기까지 또한 주체를 해체하고 탈주체를 요구하는 해체주의의 시대에까지 주체는 절대로 일의적으로 사용된 적이 없다. 분명히 이런 용어의 사용은 사용자의 독특한 의미규정에 따라 이해되기 때문에 일의적인 정의가 불가능한 것은 아니지만 정의 내리기가 어렵다.

키르케고르는 주체성을 실존적 진실성으로 이해한다. 전통적으로 철학은 대상을 다루는 범주의 진리가능연관을 주요 테마로 다루었다. 그러나 사물이 아니라 또한 사물로 환원될 수 없는 인간의 자기이해에 대한 개념적 장치의 요구가 대두되면서 키르케고르는 주체성의 진리를 실전적 성실성의 차원에서 주제화하고 있다. 철학의 주요한 테마를 형성하지는 못했지만 그러나 간과할 수 없는 문제가 바로 주체의 진실성 문제다.

학문은 검증이 불가능하다는 이유로 자주 양심이나 진실성의 문제를 제외하려는 위험을 보인다. 내성주의 심리학이든 행위에 대한 행태주의적 접근이든 양심이나 진실은 주체의 내면적인 문제에 속하기 때문에 상호주관적으로 검증 가능한 객관성이 결여되었다는 것이 비판의 요지다. 양심은 관찰 가능한 내성의 사건도 아니고 자극-반응의 도식에 의해 관찰되거나 공개적인 검증이 가능한 것도 아니다. 양심은 주체의 진실성의 표현으로서 주체의 절대적인 사건을 말한다. 인간은 분명히 이런 양심의 요구에 의해 자기에게 가장 고유한 것을 스스로 밝힐 뿐이다.

양심은 가장 주관적이지만 동시에 가장 객관적이다. 양심이 주관적인 이유는 양심이 주체에 가장 고유한 것이기 때문이다. 양심이 가장 객관적이 될 수 있는 것은 양심이 진실에 입각하기 때문이다. 양심에는 방황이 있을 수 없다. 왜냐하면 양심은 스스로를 스스로 재판함으로써 자기의 의혹이나 불투명성을 심판하기 때문이다. 무지로 인해 실수를 한 것과 양심의 각성 때문에 실수를 하지 않음에도 불구하고 실수를 한 것은 아니다. 양심은 실수를 하지 말아야만 한다는 조심성을 가능하게 하기 때문에 우리의 행위에다가 그 행위가 진정으로 타당하고 옳고 선한가를 묻는다. 이런 물음을 피해 갈 수 없는 한 양심은 우리의 행위를 항상 올바름으로 인도하는 안내자다. 이런 마음의 나침반 때문에 양심은 방황할 수가 없다. 역사를 왜곡하는 자는 역사를 왜곡한다는 거짓말을 알고 있다. 다만 그들은 이것을 자기기만이나 최면술을 통해 은폐할 뿐이다. 그러나 이런 은폐에도 불구하고 그들은 양심의 그물을 벗어날 수가 없다. 우리는 모든 것을 다 속여도 양심은 속일 수가 없기 때문이다.

양심은 스스로를 스스로 재판하는 법정이다. 그렇기 때문에 양심보다 더 강하게 우리의 내면을 비추는 것은 없다. 스스로 빛나는 것, 그렇기 때문에 이런 밝음으로부터 벗어날 수 있는 것은 없다. 소크라테스는 분명히 자기의 내면 속에서 신의 음성을 들었다. 우리는 혼자 있을 때 가장 자명하게 양심의 빛을 통해서 스스로를 반성한다. 그렇기 때문에 양심의 각성이나 양심의 침잠을 통해 스스로를 반성하게 하는 각성의 심화가 우리가 주체성의 진리를 통해 밝히고자 하는 것이다. 이런 양심의 소멸은 문화나 역사가 점점 더 무책임과 혼란으로 가는 길을 재촉할 따름이다. 양심을 보존하고 양심의 보존을 가로막는 것을 물리치는 용기야말로 주체성의 진정한 용기다. 이것은 주체 자신의 자기훈련을 통해서 얻어진다.

中庸은 비록 양심에 대한 언급은 없지만 天命을 통해서 우리에게 다가오고 우리를 지배하는 도덕법칙의 자명성을 강조한다. 오늘날 우리에게 자명한 것은 자명하지 않다는 것이 분명해진 것이다. 양심의 진실성 요구는 오늘날 많이 퇴색해 버렸다. 그 대신 사람들은 양심을 단지 주관적인 것으로 격하시키는 것을 통해서 충동추구의 삶을 정당화하는 쪽으로 나가고 있다. 이것이 근본적으로 종교나 문화의 초월적 힘이 사라지는 이유 중의 하나다.

19

인간은 자기가 자기하고 불일치하는 것 때문에 괴로워하는 존재다. 동물은 욕구가 충족되지 않을 때 생의 존폐에 대한 위기 때문에 고통을 당한다. 그러나 인간은 양심의 갈등 때문에 실존적으로 괴로워한다. 이것은 생존의 고통이 아니라 의미의 고통이다.

나와 나 자신이 서로 불일치에 있다는 양심의 가책은 나와 모든 인간이 대립하는 것보다 더 괴롭다. 그렇기 때문에 양심의 형벌을 통해 우리는 스스로를 늘 반성하게 된다. 반성한다는 것은 항상 나의 행위가 옳은가에 대한 검증이다. 그렇기 때문에 신은 우리 인간에게 양심을 통해서 신에게 오기 전에 스스로를 반성하고 판단하며 평가하는 능력인 양심을 심어 주었다. 양심은 우리 안에 있는 신적인 것이다. 우리 안에서 신을 발견하는 장소가 바로 양심이다. 그렇기 때문에 양심은 주관적이면서 동시에 가장 객관적으로 된다.

우리의 모든 행동은 궁극적으로 신에 의해 다시 심판된다. 누구든지 심판받지 않으려면 심판하지 말라는 성경의 가르침은 신만이 판단의 절대기준이라는 것을 강력하게 주장하는 글이다. 우리는 양심을 통해 신에 의해 판단되기 이전에 우리 자신을 스스로 판단한다. 신 앞에서 거짓말할 수가 없듯이 우리는 우리의 양심 앞에서 거짓을 할 수가 없다. 양심의 심판은 절대적이다. 그렇기 때문에 양심의 주체만이 스스로를 가장 잘 안다.

하이데거만이 스스로 자신이 나치에 참여한 것인지 아니면 어쩔 수 없는 한 시기의 방황으로서 실수를 한 것인지에 대해 가장 잘 안다. 우리는 객관적으로 그를 판단할 수 있는 외적 한계에 직면한다. 하이데거 자신이 자신의 양심을 통해서 이것을 가장 잘 증명할 수 있다. 우리는 양심의 소리를 피할 길이 없기 때문에 양심의 반성에 의해 증언하는 것은 믿어도 된다. 양심을 어기면 의미론적 고문을 당한다. 양심 때문에 인간은 스스로를 항상 올바름과 선함에 향하게 할 수가 있다.

아이히만은 누구보다도 성실하게 직업적으로 유대인을 효과적으로 죽이는 데 직업적인 능숙함을 증명했다. 그에게는 양심이 먼저가 아니라 그의 행위를 규제하는 법에 대한 성실한 집행이 먼저다. 직업적인 전문성과 양심이 충돌할 때 그는 양심 대신에 직업논리를 따랐다. 그는 정말이지 양심의 고통을 느끼지 않았을까? 그렇지는 않다. 하지만 그를 제외하고 어느 누구도 그가 무엇 때문에 그렇게 담담하고 괴로워했는지를 알 수는 없다. 왜냐하면 그의 내면의 양심만이 그에 대해 절대 심판자이기 때문이다. 양심 때문에 우리는 우리를 재판하는 것에 스스로를 맡긴다. 우리는 이것을 연기하거나 도피할 수는 있지만 근본적으로 이것으로부터 피할 길이 없다. 그렇다면 양심의 적극성을 인정해서 스스로를 항상 옳은 것으로 유지하는 것이 필요하다. 양심의 훈련이 없이 인간은 행복해질 수가 없다.

20

인간은 항상 구체적인 개별자로서 동시에 개체의 보편화로서만 자신의 의미 전체를 묻고 이것을 자기 것으로 실현하며 사는 존재다. 본성이란 인간이 자기를 규정하는 질서를 자발적으로 떠맡음에 의해서 스스로를 실현하는 것을 말한다.

인간의 本然之性은 氣質之性에 의해서 흐트러질 수는 없다. 동시에 기질지성은 본연지성을 따름에 의해서 스스로를 활성화한다. 본연지성은 기질지성의 인도자며 기질지성은 본연지성을 활성화함에 의해 스스로를 활성화한다. 그렇기 때문에 한 인간 안에서 육체와 정신이 조화로운 활동을 하듯이 이 둘은 의지와 행위의 관련처럼 서로서로 긴밀히 연결되어 있다.

의미 전체는 우리가 우리의 행위를 정향할 때 이런 정향을 미리 규정하는 것을 가능하게 하는 것을 말한다. 그렇기 때문에 모든 개별자는 자신의 행위를 정할 때 이미 이런 정향을 가능하게 하는 의미연관의 전체성을 형성하며 살고 있다. 의미연관 전체 안에서 우리의 행위가 인도된다면 우리의 개별행위는 항상 이런 선행적인 전체연관 아래서 그때그때 이해되고 초월된다.

행위의 목적 적합성은 우리의 개별행위가 항상 이런 의미연관 전체와의 관련 아래서 의미 있게 실현되는 것을 전제한다. 행위가 추구하는 것은 추구의 실현이고 이런 실현은 궁극적으로는 행위의 자기 목적을 위한 것이다. 자유인의 행동은 행위의 목적이 바로 자기 완성을 향한 목적론적 운동으로 측정된다. 인간이 개별자로서 자유로운 사람이 되는 것은 자유를 실현하며 사는 것을 말한다. 그렇기 때문에 자유에 대한 이론이 아니라 인간이 자유인으로서 스스로를 완성하는 것이 중요하다.

자유란 항상 인간이 자신의 의미연관 전체를 창조하면서 이것을 자기 것으로 만들면서 살 때 실현된다. 그렇지 않으면 의미연관은 항상 가능성의 지평에 머물러 있다. 가능성에 머무르고 있는 것을 현 실태로 옮기면서 실현해 가는 것이 바로 자유의 자기실현이다. 자유란 자의도 아니고 방종도 아니다. 자유란 가능성에 머무르는 것을 현실화하는 실천 속에서 완성될 뿐이다. 우리 모두는 가능성에 있어서 자유인으로서 태어나지만 가능성을 현실화하는 활동에 의해 스스로를 자유인으로 즐기며 살 수 있다. 즉 모든 인간이 자유를 자기 것으로 실현하며 사는 것은 아니기에 자유를 즐기려면 자유를 현실화하는 의지의 활동을 완성해야만 한다.

시베리아의 문화권 안에서 영향을 받은 무속문화에서 의미연관은 항상 吉凶禍福에 의해 측정되었다. 한국인의 무의식에 깊숙이 자리 잡은 근본신앙은 바로 기복불교다. 하느님 앞에서 인간이 항상 우연적 존재고 자기 존재의 근거를 지니지 못하기에 신에게 모든 것을 의존할 수밖에 없는 피조물은 신을 기복의 대상이 아니라 믿음의 중심으로 삼아야만 한다. 그렇기 때문에 신은 나의 소원을 들어주는 해결사가 아니라 내가 의존할 수밖에 없는 궁극적인 현실이고 구원이다. 그러나 신을 이해하는 한국인의 기복적 세계관에서 신이 인간의 중심이고 근거를 형성한다는 본래적인 믿음은 퇴색해버리고 있다. 기독교의 본래적인 이해를 통해서 기복신앙을 극복하는 것이 요구되지 기복신앙의 관점에서 신을 우리 것으로 변형시킬 수는 없다.

공자는 무속에서 합리성으로의 전환을 마련했다. 그러나 그가 마련한 합리성의 요구는 충분한 것은 못 된다. 유교의 윤리는 분명히 보편화의 정당화에 있어서 취약성에 노출되어 있다. 의미연관은 유교에서는 샤머니즘처럼 길흉화복이 아니라 합리성이다. 즉 是非善惡에 대한 인간의 올바른 행동에 있다.

21세기의 시점에서도 샤머니즘은 여전히 우리의 무의식을 사로잡고 있다. 연공서열에 의한 사고방식과 수직적인 위계질서에 대한 질서예찬은 분명히 우리의 인간관계를 여전히 지배하고 있다. 우리의 의미연관을 그때그때 형성한 과거는 지나간 것이 아니고 우리를 지배하는 전통으로서 영향력을 행사한다. 또한 합리적으로 스스로를 형성하려는 사람은 이런 전통에 대한 갈등 때문에 전통비판적이면서도 동시에 전통에 연루될 수밖에 없는 자기 자신을 발견한다. 이런 갈등과 긴장 때문에 전통이나 전통의 비판적 형성은 하나의 긴밀한 대화 구조 안에서 움직인다. 그러나 이런 대화가 형성되는 근원적인 방향은 미리 결정된 것은 아니지만 의미연관의 올바른 형성을 따른다.

중국의 서안에서 출발해서 비단길을 여행하면서 내가 느낀 것은 중국인을 오랫동안 지배한 샤머니즘 전통이 아직도 곳곳에서 발견된다는 것이다. 전통을 통해 형성된 인간의 삶은 그렇게 쉽게 변하지는 않는다. 문명과 현대가 공존하면서 이것들이 어우러져 가는 중국의 삶을 보면서 나는 나를 한때 깊숙이 결정했던 그런 무속의 흔적을 발견했다. 그러나 나는 이것을 이제는 더 이상 고집하지 않는다. 왜냐하면 의미연관의 중심은 의미연관의 무한한 지평확장을 요구하는 보다 깊은 절대자와의 만남을 통해 부단히 개방되기 때문이다. 바로 신의 깊이를 통해 신을 이해한 나의 제한된 지평이 은밀히 변화하기 때문에 신에 대한 나의 사고는 신의 현실성에 의해 인도된다. 이렇게 해서 나는 신을 인간중심적으로 파악하는 것과 단순히 합리성과 이성의 한계 안에서 신을 바라보려는 인간중심적인 태도를 극복할 수 있었다.

비단길을 여행하면서 나는 나를 따뜻하게 맞이해 주었던 이름 모를 많은 사람들을 기억하며 고마워한다. 그들은 내가 믿는 기독교의 신을 알지 못한다. 그러나 그들은 그들 나름의 신을 알고 있었고 그들에게 가장 소중한 것을 늘 바치고 있었다. 나는 그들에게 내가 믿는 신을 강요할 수는 없다. 그러나 나는 그들에게 우리의 의미연관을 무한히 넘어서 가는 보다 깊은 신의 존재에 대해 복음의 기쁨을 함께 나누어 가질 수는 있다. 스스로 개종하기 전까지 인간은 누구도 변화시키지 못한다. 스스로 변화시키는 것이 가장 바람직하다. 내가 만난 사람들은 분명히 명시적인 의미에서 기독교인은 아니다. 그들은 분명히 익명의 기독교인에 속한다.

합리화를 통해서 전 지구가 목적 수단 지배구조의 단일한 체재 아래 편입되는 삶과는 무관하게 그들은 자연 안에서 자연과 하나가 되어 자연의 운명에 따르면서 살고 있다. 비단길은 분명히 동과 서가 만난 장소다. 우리 모두는 의미연관이라는 틀 안에서 살고 있다. 그러나 비단길을 통해 동과 서가 만났듯이 의미연관은 이해되고 소통된다. 이해와 소통의 합리성을 인정한다면 우리는 변화될 수 있다. 우리 인간이 이런 변화를 다 의식적으로 통제할 수 있는 것은 아니다. 그러나 인간은 운명의 맹목적 지배에 맞서서 자신의 변화에 대한 의식적인 앎을 요구한다. 그렇다면 자연의 힘에 맞서서 자연의 힘을 인정하고 사는 사람과 자연을 인간의 목적에 일치시켜서 자연을 지배의 대상으로 만든 사람 모두는 자연에 대해 진정한 관계를 형성했다고 볼 수는 없다. 비단길은 분명히 이런 두 문명의 상이한 의미연관이 일면적이라는 것을 증명하는 장소다. 따라서 자연에 대한 맹목적 숭배도 자연의 무한지배도 자연에 대한 인간의 도리는 아니다. 자연의 자립성은 인간의 인간화에 어느 정도 따라야 하고 인간의 자연 도구화는 지배라는 동인에 의해서가 아니라 인간과 자연의 조화로운 삶이라는 공통의 실존에 의해 재편성되어야만 한다. 비단길은 인간의 자연에 대한 태도정립을 새롭게 요구하는 것에 의해 새로이 포장되어야만 한다.

21

우리 앎의 궁극대상은 존재 자체다. 존재가 전제되지 않을 때 인식은 충족되지 않거나 공허해진다. 칸트는 불필요하게도 우리가 알 수 있는 인식틀을 먼저 고정시킴에 의해서 있는 그대로가 아니라 우리 인간에게 필수적인 인식구조를 고정화시키는 오류를 저지르고 있다. 우리 앎의 대상은 존재 자체다. 존재는 그 자체로서 우리와 무관하게 있다. 이것이 우리에게 알려지는 것은 반성적인 틀 안에서다. 그러나 칸트가 간과한 것은 범주를 통해 대상이 우리에게 인식된다는 데 있는 것이 아니라 그런 범주를 고정화시킴에 의해서 우리의 앎을 단지 시간과 공간을 통해 주어지는 것에 제한하는 데 있다.

앎의 대상이 전제되지 않을 때 사고의 대상 관련은 방향을 잃는다. 그렇다면 앎은 무엇에 대한 앎의 연관을 상실한다. 이런 상실을 피하는 한에서 우리는 사고의 대상 관련을 인정해야만 한다. 사고는 항상 무엇에 대한 사고이기 때문에 지식 역시 무엇에 대한 지식이다. 따라서 존재가 그 자체로서 우리에게 알려질 수 있고 또한 우리는 대상을 있는 그대로 알 수 있기 때문에 우리의 선험적인 인식틀을 고정시키거나 형식화할 이유가 없다.

인식의 규정조건은 항상 대상에 대해서 타당해야만 한다면 인식은 항상 대상 속에서 인식에 해당하는 틀을 재발견할 때만 가능하다. 인식의 규정조건과 인식될 대상 사이에 있는 구조의 동일성이 전제된다면 이런 구조는 주관과 객관 양쪽에서 동시에 발견되어야만 한다. 이런 동일성의 확인 작업은 이런 동시성이 양쪽에서 일어날 때만 실현된다. 그렇기 때문에 진리는 주관과 객관을 포괄하는 것에 있지 이 둘 중 어느 한쪽에 있는 것이 아니다. 칸트는 주관의 인식구조를 불가피한 것으로 설정함에 의해서 항상 우리 인간의 사고조건에 의해 제약된 틀 안에서만 대상을 규정하고 이해하는 것, 즉 주관 안에서의 객관에만 관심을 갖는다. 진리는 이런 주관의 조건을 따라가는 것이 아니라 있는 그대로의 실재의 질서를 따라간다. 진리는 주관화의 위험에 저항한다.

22

존재진리는 철학에 접근 불가능하다. 즉 사고가 무엇에 대한 사고a thinking about인 한에서 말이다. 이것은 무엇에 대한 주제화된 사고를 말한다. 눈은 눈을 볼 수가 없다. 눈을 통해 우리는 다른 것을 본다. 눈은 눈 속에 있지 않다. 눈은 분명히 배경이다. 이것으로부터 올바른 사고가 도출된다. 동시에 모든 사고는 존재로 돌아간다. 칸트의 실패는 존재로부터 인식을 고려한 것이 아니라 인식으로부터 존재를 사고한 데 있다.

23

여기 이 공간에 그리고 지금 이 시간에 이 현진이라는 나의 아들이 있다. 그렇다면 존재는 그렇게 시·공간 안에서 지시가 가능한 방식으로 있지는 않다. 존재는 존재하지 않는다. 존재는 범주를 초월해 있고 이것은 모든 있음의 총괄을 뜻한다. 따라서 존재만이 우리의 탐구대상이고 우리에게 알려진다. 칸트는 존재가 아니라 시간과 공간 안에서 우리에게 주어질 수 있는 현상만을 우리 앎의 대상으로 만들었다.

칸트의 코페르니쿠스적 전회는 인식론적 전회로서 존재를 그 자체로서가 아니라 우리 인간에게 알려지는 바로서의 세계만을 아주 좁게 다루는 것을 말한다. 아리스토텔레스로부터 칸트로 이행할 때 존재론의 물음은 인식론의 물음으로 아주 좁게 설정되었다. 이런 이유 때문에 무엇이 있고 이것이 우리에게 알려질 수 있는가가 아니라 우리 인간 쪽에서 어떻게 알아 갈 수 있는가가 제기된다.

안다는 것은 무엇에 대해 안다는 것만이 아니라 앎의 원인을 안다는 것을 말한다. 대상과 객체의 우위를 주장하는 입장에서는 무엇이 있고 이것이 우리에게 알려진다는 입장을 취한다. 그러나 주관의 우위를 말하는 자는 우리가 어떻게 대상을 알아 가는가가 문제다. 주체철학의 문제는 주관의 확실성과 객체의 실질성을 일치시키는 보장을 주관 안에서 할 수가 없다는 데 있다. 주관 안에서의 객관성은 실재의 객관성이라는 보장이 없다. 따라서 주관 안에서의 객관성은 실재의 객관성에 의해 다시 한 번 측정되어야만 한다.

주관과 독립한 실재론의 한계는 이것이 우리 인식 주관에 의해 알려지거나 주제화되지 않을 때 우리에게 전혀 알 수 없는 것이 된다는 데 있다. 따라서 마음과 독립한 실재가 있다면 이것은 우리에게 어떤 형태로든지 간에 알려져야만 한다. 우리의 인식주관에 의해 주제화된 실재가 그 자체로서 그러하다고 할 때 주관은 객체 속에서 객체의 형상을 그리고 객체는 주관을 통해서 형상으로서 알려지게 된다. 안다는 것은 아는 주체가 알려지는 대상을 통해서 그 형상의 동일성을 다시 발견하는 것이다.

인식하는 주체에 의해 마련된 형상의 구조가 알려지는 대상에서 같은 것으로 다시 충족될 때 우리 인식주관의 질서는 인식주관에만 머무르지 않고 동시에 객체의 형식적 구조가 된다. 아는 것은 그렇기 때문에 시간과 공간을 통해 제약된 현상계만이 아니라 있는 그대로에 철저하게 개방되어 있다는 것을 말한다. 즉 있는 그대로를 있는 그대로 알 수 있다는 것이 앎의 궁극목표다. 주체에 의해 매개되지 않는 객체는 우리에게 전혀 알려지지 않고 주어지는 X에 불과하다. 그러나 사고의 지향연관인 객체가 없을 때 우리는 무엇에 대해 아는 것이 아니라 우리의 사고법칙만 아는 꼴이 된다. 사고는 항상 무엇에 대한 지향적 연관이기 때문에 대상에 대한 앎이다. 대상이 우리에게 알려지는 것은 대상의 형상을 통해서만이다. 우리가 대상을 아는 것은 대상의 형상을 우리 마음 안에 받아들이는 한에서만이다.

주관의 사고 질서가 주관으로 마무르지 않고 동시에 알려지는 대상에서 알려지는 대상의 형상을 형성할 때 앎은 충족된다. 일치의 형식적 가능조건은 주관 안에 있지만 동시에 대상 안에서도 있다.

우리의 인식조건은 다시 한 번 대상을 통해서 측정된 측정이다. 칸트가 말한 것처럼 우리의 오성은 자연에 대해 입법을 하지만 이런 입법은 절대 입법이 아니라 항상 대상을 통해 측정된 측정에 불과하다. 칸트는 우리의 주관이 대상에 대해 형식적 입법자라는 것을 통해서 알려질 자연에다가 질서를 주는 구조화를 강조할 따름이다. 그러나 이런 질서제공자로서의 주관의 질서는 대상을 통해 충족되지 않으면 아무것도 아니다. 따라서 우리의 주관을 통해서 객체에다가 형상을 주었다는 것이 문제가 아니라 우리에 의해 제공된 질서가 진정한 의미에서 실재의 실질질서인가를 검증하는 것이 문제다. 진리의 기준은 우리 주관도 아니고 주체가 배제된 객체도 아니고 주체와 객체를 포괄하는 있는 그대로이다. 있는 그대로가 주관 안에서는 질서로 그리고 객체 안에서는 질서의 실현으로 발견되는 곳에서만 진리일치가 가능하다.

주체도 아니고 객체도 아니고 주체와 객체를 동시에 포괄하면서 넘어서 가는 그런 통일성과 동근원성만이 진리의 기준이다. 이런 동근원성은 전제되어 있지만 동시에 확인되어야만 한다. 검증은 항상 이런 동근원성을 양쪽에서 확인하는 것이다. 주체 없는 객체는 알려지지 않는 X다. 객체 없는 주체는 충족되지 않은 공허다. 따라서 오직 동근원성을 통해서만 객체는 우리에게 알려지고 주체는 형상을 통해서 객체를 그런 것으로 알 수 있다. 칸트는 주관 안에서의 객관성 확보를 통해 존재론을 인식론화시켰지만 인식의 형식을 고정불변하는 것으로 여기는 오류에 빠졌다. 칸트는 우리 인식질서의 역동적인 전개를 반영하지 못하고 있다. 이런 한계 때문에 그의 인식론은 시간과 공간이라는 한정된 틀 안에 우리의 앎을 무리하게 가두어 버린다.

있는 것 전체가 우리 앎의 대상이다. 시간과 공간만이 우리 앎의 대상이 아니다. 우리가 아는 것은 있는 것 전체의 질서지 우리 주관을 통해서 매개된 사고의 구조가 아니다. 따라서 있는 것이 그 자체로서 우리에게 알려지는가의 문제는 우리가 시간과 공간만을 앎의 대상으로 여기는 것과 같은 것이 아니다. 인간의 인식질서는 만물의 척도가 아니라 항상 만물에 의해 측정된 조건부적 측정이다. 인간은 자연의 입법자이지만 동시에 자연의 질서를 수용하는 그런 입법자다. 자연이 우리에게 그의 질서 때문에 입법을 가능하게 한다는 것이 가능하기 때문에 인간만이 자연에 대해 형상의 질서를 주는 것은 아니다.

이정일 ────────────────────────────

▍약 력

한국외국어대학교 독일어과 졸업
서울대학교 대학원 철학과 졸업(석사)
튀빙겐대학교 박사과정 수료
서강대학교 박사
연세대학교와 충북대학교에서 Post—Doc
현) 명지대학교, 충북대학교, 가톨릭대학교, 남서울대학교 출강

▍주요 저서

『칸트의 선험철학 비판』(2000, 인간사랑)
『칸트와 헤겔, 주체성과 인륜적 자유』(2002, 동과서)
『칸트와 헤겔에 있어서 인륜적 자유』(2007, 한국학술정보(주))
『상호인정과 계몽된 삶』(2008, 한국학술정보(주))
『실천철학, 오늘의 삶을 말하다』(2009, 한국학술정보(주))

초판인쇄 ｜ 2010년 5월 31일
초판발행 ｜ 2010년 5월 31일

지은이 ｜ 이정일
펴낸이 ｜ 채종준
펴낸곳 ｜ 한국학술정보㈜
주 소 ｜ 경기도 파주시 교하읍 문발리 파주출판문화정보산업단지 513-5
전 화 ｜ 031) 908-3181(대표)
팩 스 ｜ 031) 908-3189
홈페이지 ｜ http://www.kstudy.com
E-mail ｜ 출판사업부 publish@kstudy.com
등 록 ｜ 제일산-115호(2000. 6. 19)

ISBN   978-89-268-1016-3 93170 (Paper Book)
       978-89-268-1017-0 98170 (e-Book)

이담 Books 는 한국학술정보(주)의 지식실용서 브랜드입니다.

이 책은 한국학술정보(주)와 저작자의 지적 재산으로서 무단 전재와 복제를 금합니다.
책에 대한 더 나은 생각, 끊임없는 고민, 독자를 생각하는 마음으로 보다 좋은 책을 만들어갑니다.